DIGITALE FOTOS

OPTIMIEREN • GESTALTEN • DRUCKEN

BEST FRIEND

DIGITALE FOTOS

OPTIMIEREN • GESTALTEN • DRUCKEN

NINA MARTINI

DATA BECKER

Copyright	© 2001 by DATA BECKER GmbH & Co. KG Merowingerstr. 30 40223 Düsseldorf
	1. Auflage 2001
E-Mail	buch@databecker.de
Reihenkonzeption	Marc-André Petermann
Produktmanagement und Lektorat	Henrik Hoppe
Umschlaggestaltung	Inhouse-Agentur DATA BECKER
Textmanagement	Jutta Brunemann (jbrunemann@databecker.de) Korrektorat: Andreas Weiss
Textbearbeitung und Gestaltung	Astrid Stähr (astaehr@gmx.de)
Produktionsleitung	Claudia Lötschert (cloetschert@databecker.de)
Druck	Media-Print, Paderborn

ISBN 3-8158-2221-1

Wichtiger Hinweis

Die in diesem Buch wiedergegebenen Verfahren und Programme werden ohne Rücksicht auf die Patentlage mitgeteilt. Sie sind für Amateur- und Lehrzwecke bestimmt.

Alle technischen Angaben und Programme in diesem Buch wurden vom Autor mit größter Sorgfalt erarbeitet bzw. zusammengestellt und unter Einschaltung wirksamer Kontrollmaßnahmen reproduziert. Trotzdem sind Fehler nicht ganz auszuschließen. DATA BECKER sieht sich deshalb gezwungen, darauf hinzuweisen, dass weder eine Garantie noch die juristische Verantwortung oder irgendeine Haftung für Folgen, die auf fehlerhafte Angaben zurückgehen, übernommen werden kann. Für die Mitteilung eventueller Fehler ist der Autor jederzeit dankbar.

Inhaltsverzeichnis

1 Bildkorrektur für perfekte Fotos

In diesem Buch finden Sie zahlreiche Tipps und Projekte, mit denen Sie Ihre Bilder effektvoll bearbeiten. Dieses erste Kapitel behandelt das Thema „Bildkorrektur". Sie können dieses Kapitel als Baukasten für jedes Bild anwenden.

Die Korrekturen, die auf das jeweilige Bild nicht zutreffen, lassen Sie einfach weg und fahren mit dem nächsten Schritt fort. In diesem Kapitel erfahren Sie, wie Sie Bilder auf direktem Wege optimieren.

Von der Wahl des Bildausschnitts und der -größe bis hin zu Problemen wie Über- und Unterbelichtung, Farbstichen oder geringer Bildschärfe hält dieses Kapitel die Lösungen parat. Für das gesamte Projekt wird dasselbe Beispielbild verwendet.

Die einzelnen Schritte in diesem Kapitel bewirken für sich genommen subtile Veränderung. Zusammen wirken die Bildkorrekturen jedoch gravierend.

Quicksteps – Perfekte Bilder

- Aktivieren Sie das Freistellungswerkzeug. Korrigieren Sie den Winkel und wählen Sie den Ausschnitt des Bilds.
- Wählen Sie den Befehl *Bild/Einstellen/Tonwertkorrektur.* Spreizen Sie die Tonkurven der einzelnen Farbkanäle.
- Rufen Sie den Befehl *Bild/Bildgröße* auf. Verkleinern Sie das Bild auf die Breite 9,2 cm und die Auflösung 200 dpi.
- Rufen Sie *Bild/Einstellen/Gradationskurven* auf. Hellen Sie die Mitteltöne auf, indem Sie in der Mitte der Gradationskurve klicken und diese hoch- bzw. runterziehen – je nach Voreinstellung Ihres Systems. Erhöhen Sie den Kontrast, indem Sie die Kurve in eine leichte S-Form bringen.
- Wählen Sie *Bild/Einstellen/Variationen.* Fügen Sie den Mitteltönen *Mehr Cyan* hinzu.
- Rufen Sie den Befehl *Bild/Einstellen/Selektive Farbkorrektur* auf. Verstärken Sie im Cyan-Kanal die Cyan-Anteile um 100 %, im Blau-Kanal den Magenta-Anteil um ebenfalls 100 % und verringern Sie den Magenta-Anteil im Grau-Kanal um -3 %.
- Rufen Sie den Befehl *Bild/Einstellen/Farbton/Sättigung* auf. Verschieben Sie den Regler *Sättigung* auf den Wert 15.
- Wählen Sie *Filter/Scharfzeichnungsfilter/Unscharf maskieren.* Verschieben Sie den *Stärke*-Regler auf den Wert 150 %, den Radius auf 1 Pixel und den Schwellenwert auf 10 Stufen.

1.1 Der richtige Bildausschnitt

Gerade bei Schnappschüssen kommt es häufiger vor, dass der Bildausschnitt noch nicht ganz ideal ist. Ihre Bildbearbeitungssoftware hält dafür ein praktisches Werkzeug bereit: das Freistellungswerkzeug. Einige Programme bezeichnen es als Beschneiden- oder Zuschneide-Werkzeug.

1. Laden Sie die Datei *Thailand.jpg* von dem Download-Bereich der DATA BECKER-Website (*www.databecker.de*).

Sie sehen, dass das Foto zu hell ist, einen Rotstich aufweist und auch die Bildschärfe einer Nacharbeitung bedarf. Zunächst soll allerdings der Ausschnitt gewählt werden.

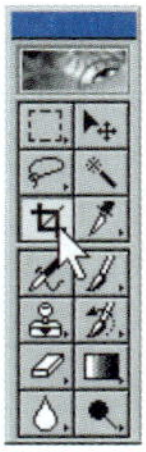

2. Aktivieren Sie das Freistellungswerkzeug. In Photoshop 5.0 teilte es sich seinen Platz mit den Auswahlwerkzeugen. Seit Photoshop 6.0 hat es einen Solo-Platz an dritter Stelle von oben links in der Werkzeug-Palette.

3. Klicken Sie an einer beliebigen Stelle im Bild und ziehen Sie einen Rahmen auf. Die exakte Position des Markierungsrahmens ist noch nicht wichtig, da Sie den Ausschnitt noch korrigieren können. Wenn Sie den Rahmen aufgezogen haben, wird dieser mit acht Markierungsknoten versehen.

4. Da das Bild gedreht werden muss, bewegen Sie den Mauszeiger in die Nähe eines Rahmeneckpunkts. Der Cursor wandelt sich daraufhin in einen gebogenen Doppelpfeil. Klicken und ziehen Sie jetzt, sodass der Rahmen gedreht wird. Drehen Sie den Markierungsrahmen so weit, dass er parallel zu einer Achse im Bild liegt. Solch eine Achse könnte in anderen Bildern z. B. der Horizont, ein Laternenpfahl oder die Gerade eines Hauses sein. In diesem Beispiel wurde die Oberkante der roten Unterseite des Boots verwendet. Wichtig ist, dass es sich um eine Linie handelt, die nach der Drehung des Bilds senkrecht oder waagerecht verläuft.

5. Zum Auslösen des Freistellungsvorgangs klicken Sie doppelt innerhalb des Markierungsrahmens. Hierbei ist es wichtig, dass Sie nicht exakt die Mitte treffen, da sich hier die Achse für den Drehpunkt befindet und die Freistellung beim Klicken darauf nicht ausgelöst wird.

best friend TIPP

Nicht ausgewählte Bildbereiche

Beim Freistellungswerkzeug hat Photoshop 6 eine positive Eigenschaft bekommen. Nicht ausgewählte Bereiche werden abgedunkelt, wobei die Deckkraft wählbar ist – eine gute Hilfe zum Beurteilen des neuen Ausschnitts. Die Option kann für besondere Fälle deaktiviert werden. Sobald Sie das Werkzeug verwenden und einen Markierungsrahmen aufziehen, verändert sich die Eigenschaftsleiste. Hier können Sie daraufhin Deckkraft und Farbe der Maske bestimmen. In Kapitel 2 erhalten Sie weitergehende Informationen zum Thema „Masken".

Auf exakte Bildgröße ausschneiden

Mit dem Freistellungswerkzeug können Sie Bilder auch direkt auf eine bestimmte Bildgröße beschneiden. Wählen Sie dazu *Fenster/Werkzeug-Optionen einblenden*. Innerhalb der Optionen-Leiste können Sie dann Werte direkt eingeben. Daraufhin lässt sich der Markierungsrahmen nur noch innerhalb dieser Proportionen aufziehen. Möchten Sie die Einstellungen verwerfen, klicken Sie auf die Schaltfläche *Löschen*. Falls Sie die Einstellungen eines bestimmten Bilds übernehmen möchten, um weitere Bilder auf exakt diese Maße zu beschneiden, aktivieren Sie ein beliebiges Bild, klicken auf die Schaltfläche *Vorderes Bild* und verwenden die Einstellungen dann auf die gewünschten Bilder.

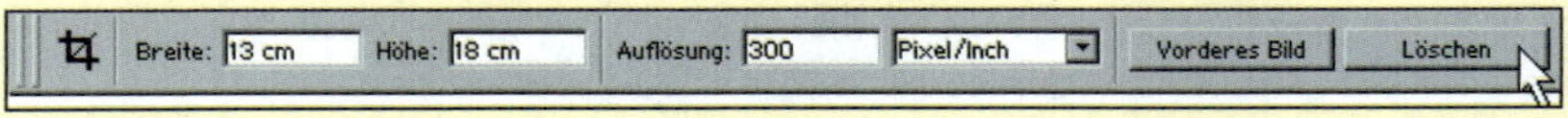

1.2 Bildprobleme aufdecken mit dem Histogramm

Es kommt vor, dass ein Bild flau wirkt, aber nicht gleich klar ist, worin das Problem liegt. Hierbei kann ein Blick auf das Histogramm die Ursache entlarven. Es zeigt die Verteilung der Farben im Bild.

Sie können entweder CMYK bzw. RGB insgesamt anzeigen lassen oder aus dem Listenfeld *Kanal* einen einzelnen Farbkanal auswählen. Farbstiche entlarvt das Histogramm auf einen Blick. Sie lesen hier ab, wie viele Bildpunkte jedes einzelnen Helligkeitswerts einer Farbe vorhanden sind – es ist die Bestandsaufnahme Ihres Bilds.

Der RGB-Modus

RGB – **R**ot, **G**rün, **B**lau ist das System der Lichtfarben. Die Farbmischung ist in diesem System additiv, das bedeutet, dass alle Farben zusammen Weiß ergeben. Mit diesem System wird die Farbe auf Monitoren dargestellt. Alle Grafiken, die für das Internet bestimmt sind, werden in diesem Farbmodus erstellt.

Betrachten Sie durch eine Lupe eine weiße Fläche auf Ihrem Monitor. Sie können hier die drei Grundfarben Rot, Grün und Blau erkennen. Stellen Sie sich für jede Farbe einen kleinen Scheinwerfer vor. Wenn Sie einen roten und einen grünen Strahler auf eine weiße Fläche beamen, erhalten Sie einen gelben Lichtkegel.

Verwenden Sie einen grünen und einen blauen Strahler, ist die Mischfarbe ein helles Blau, das Cyan genannt wird. Blaue und rote Strahler ergeben zusammen die Farbe Magenta – ein Pinkton.

Es können nicht nur Volltöne der einzelnen Farben gemischt werden, sondern auch unterschiedliche Helligkeitswerte. Bei einer 8-Bit-Darstellung einer Farbe sind 2 hoch 8 – also 256 Helligkeitsstufen darstellbar.

Das ergibt bei 24 Bit (2 hoch 24) für die drei Grundfarben Rot, Grün und Blau 256 × 256 × 256 = 16.777.216 Farben. Um diese Farben darstellen zu können, benötigen Sie eine 24-Bit-Darstellung – den so genannten TrueColor-Modus.

Bit-Tiefen

Der Begriff „Bit“ ist eine Abkürzung für „Binary Digit“. Es ist die kleinste Informationseinheit. Je nachdem, welche Bit-Tiefe Ihr Bild hat, setzen Sie eine 2 als Fußzahl und die Zahl der Bit-Tiefe als Exponent, um herauszufinden, wie viele Farben bei dieser Bit-Tiefe darstellbar sind. Bei Strichbildern mit einer Farbtiefe von einem Bit sind 2 hoch 1, also 2 Farben, darstellbar. Bei einer Farbtiefe von 8 Bit sind es schon 2 hoch 8, also 256 Farben. Im TrueColor-Modus von 24 Bit sind 2 hoch 24 = 16,7 Millionen Farben darstellbar.

Der CMYK-Modus

Dieses System der Körperfarben besteht aus **C**yan, **M**agenta, **Y**ellow und **K**ontrast (Schwarz). Im Gegensatz zum RGB-Modus ist die Farbmischung subtraktiv, da alle Farben zusammen Schwarz ergeben. Mit diesen Farben werden Drucksachen erstellt. Für das Webdesign ist dieses System irrelevant.

Die Farbmischung der Körperfarben ist für das menschliche Empfinden leichter zu verstehen, denn sie entspricht der Farbmischung, die man beispielsweise aus einem Tuschkasten kennt.

Yellow und Cyan ergeben hierbei einen Grünton, Yellow und Magenta ergeben Rot und Cyan und Magenta ergeben einen dunklen Blauton. Schwarz wird beim Druckvorgang als Kontrast eingesetzt. In der Theorie müssten 100 % Cyan, Magenta und Yellow zusammen Schwarz ergeben. In der Praxis ist das nicht der Fall, es entsteht ein dunkler Braunton. Um diesen dunklen Bereichen mehr Tiefe zu verleihen, wird zusätzlich Schwarz eingesetzt.

Beurteilen Sie, ob Farbanteile über das gesamte Farbspektrum verteilt sind oder ob bestimmte Bereiche vollständig fehlen. Dies kann ein Hinweis auf Bildprobleme sein. Finden Sie beispielsweise am linken Rand des Histogramms keine Bildpunkte vor, fehlen dunkle Bereiche. Fehlen Bildpunkte ganz rechts, sind keine hellen Bildpixel vorhanden.

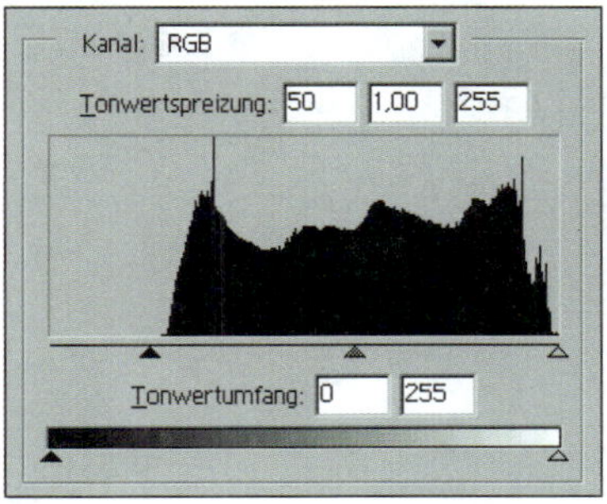

Grundsätzlich gilt, dass bei einem ausgewogenen Bild in sämtlichen Farbbereichen Bildpunkte vorhanden sein sollten, denn dann ist der Kontrast am ausgewogensten. Eine gleichmäßige Verteilung zeugt von hoher Qualität. Weist das Histogramm Lücken auf, deutet dies auf unschöne Tonwertsprünge hin. Andererseits ist es natürlich möglich, dass diese Tonwertsprünge beabsichtigt sind und als künstlerischer Effekt dienen. Wenn Sie Bilder für das Internet bearbeiten, dürfen alle Tonwerte von 0 bis 255 vorkommen, beim Druck verhält sich das anders. Hier sollten keine Werte unter ca. 20 bzw. über ca. 235 vorkommen, denn diese neigen dazu, im Druck wegzubrechen bzw. zuzulaufen, was zu ungewollter Flächenwirkung führt. Wenn Sie ausschließlich die mittleren Tonwerte korrigieren möchten, ohne dass Lichter und Tiefen davon berührt werden, schieben Sie den mittleren Regler unterhalb des Histogramms nach links, um das Bild aufzuhellen, und nach rechts, um es abzudunkeln.

Das Bild mit dem Histogramm beurteilen

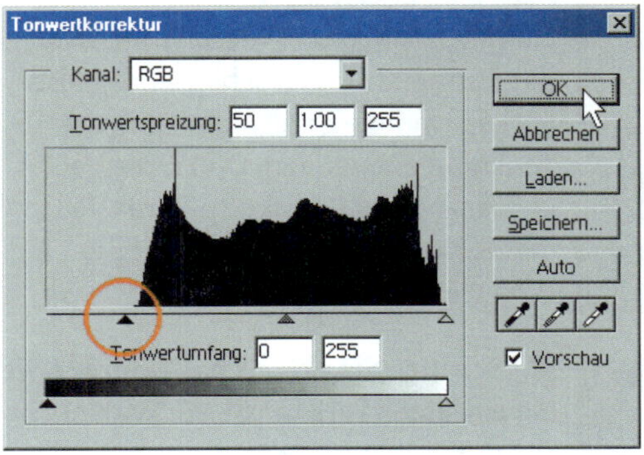

1. Wählen Sie den Befehl *Bild/Einstellen/Tonwertkorrektur*. Sie sehen, dass im linken Bereich der Tonkurve keine Bildpixel vorhanden sind. Im Bereich der Tonwerte von 0 bis 50 fehlen jegliche Informationen, dadurch sind keine dunklen Bildpixel vorhanden und der Kontrast ist gering.

2. Verschieben Sie den oberen linken Regler des Dialogfelds *Tonwertkorrektur* bis fast an den Beginn des „Bergs". Diese Aktion bewirkt, dass die Tonkurve gespreizt wird. Statt die Bildpixel wie zuvor in einem Bereich von 50 bis 255 zu verteilen, werden die Pixel jetzt über das gesamte Spektrum von 0 bis 255 verteilt. Bestätigen Sie das Dialogfeld mit *OK*.

3. Betrachten Sie das Ergebnis. Der Kontrast des Bilds wurde erhöht, allerdings besteht immer noch ein Rotstich.

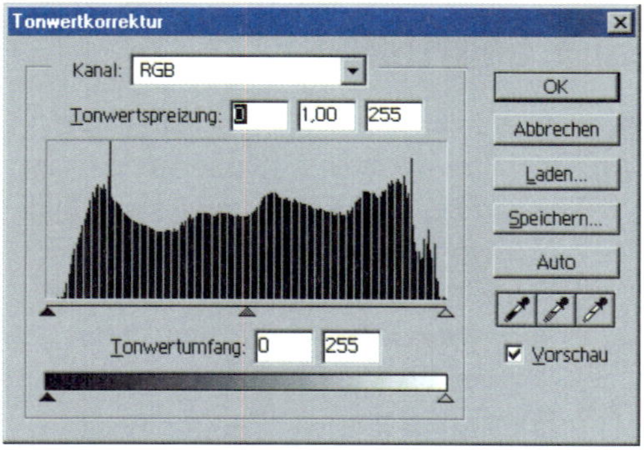

4. Um die Auswirkungen Ihrer Bearbeitung zu kontrollieren, wählen Sie erneut *Bild/Einstellen/'Tonwertkorrektur.* Sie sehen, dass jetzt Lücken innerhalb des Histogramms zu sehen sind. Diese Lücken sind durch die Spreizung der Tonkurve entstanden. Durch die Verkleinerung des Bilds im späteren Teil dieses Kapitels verschwinden diese Lücken wieder.

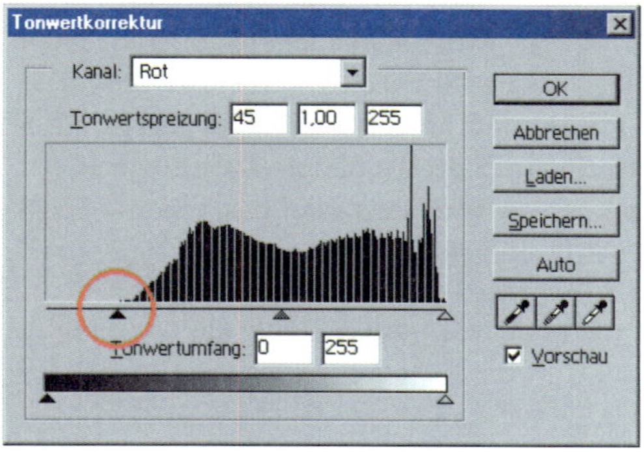

5. Schauen Sie sich als nächsten Schritt die einzelnen Farbkanäle an. Wählen Sie aus dem Listenfeld *Kanal* zunächst den Eintrag *Rot* aus. Sie sehen, dass auch hier die dunklen Anteile fehlen. Dieser Umstand bewirkt den Rotstich.

Farbstiche ausgleichen

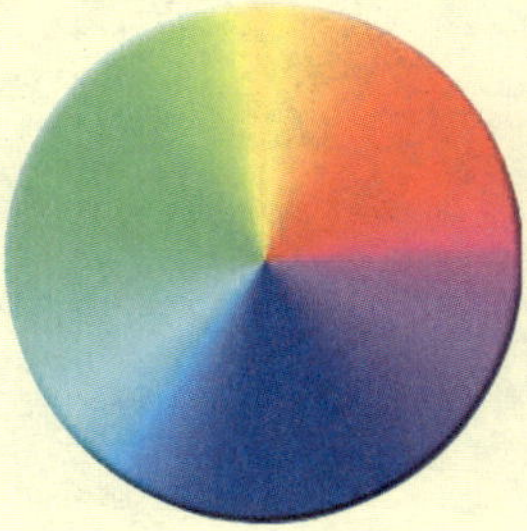

In dem Dialogfeld zuvor haben Sie gesehen, dass die fehlenden Farbwerte in den dunklen Bereichen des Rot-Kanals den Rotstich ausmachen. Das klingt zunächst verwirrend, liegt aber daran, dass das Bild im RGB-Modus vorliegt. Würden Sie das Bild in den CMYK-Modus umwandeln, wäre erkennbar, dass hier Cyan-Anteile fehlen. Farbstiche gleicht man grundsätzlich aus, indem man Anteile der Komplementärfarbe hinzufügt. Die Komplementärfarbe ist die Farbe, die im Farbkreis direkt gegenüberliegt. Wenn Sie den Farbkreis betrachten, sehen Sie, dass Cyan direkt gegenüber von Rot liegt. Einen Grünstich würden Sie mit der Zugabe von Magenta ausgleichen.

6. Kontrollieren Sie auch den Grün- und den Blau-Kanal. Sie erkennen, dass beide Kanäle fast über das gesamte Spektrum gespreizt sind und zurzeit keiner Bearbeitung bedürfen.

Die Tonkurve lässt in der Mitte einen Einbruch erkennen. Das bedeutet, dass in den Mitteltönen weniger Bildinformationen vorkommen als in Lichtern und Tiefen, also den hellen und dunklen Bildbereichen. Die Beurteilung von Histogrammen wirkt anfangs kompliziert, je öfter man diese allerdings kontrolliert, desto leichter fällt die Einschätzung.

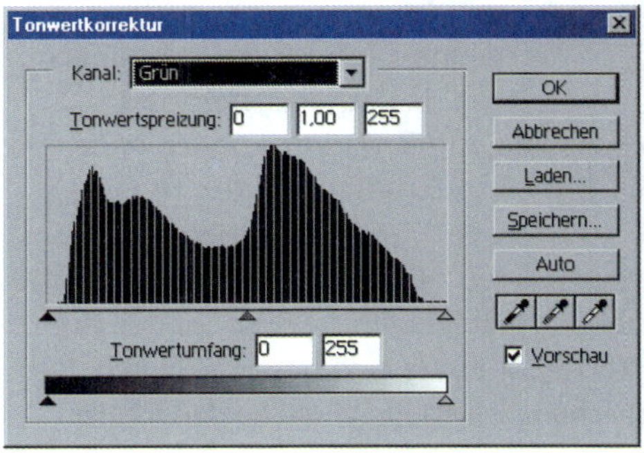

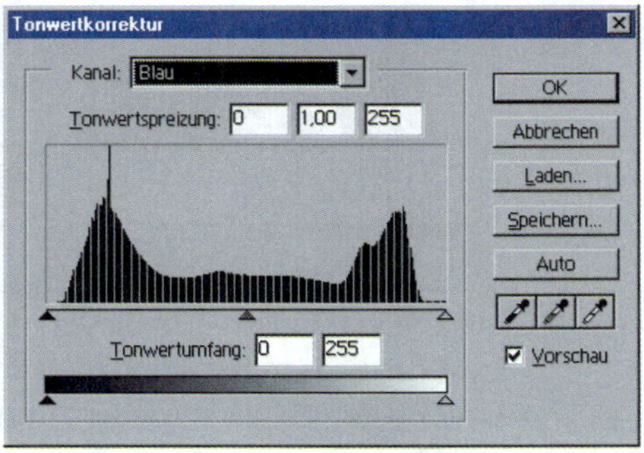

7. Betrachten Sie das Ergebnis der Bearbeitung. Der Rotstich wurde durch die Tonwertkorrektur schon verringert, besteht aber immer noch in einigen Bildbereichen. Diese feineren Korrekturen nehmen Sie in den folgenden Abschnitten vor.

best friend TIPP

Das Einschränken der Tonkurve

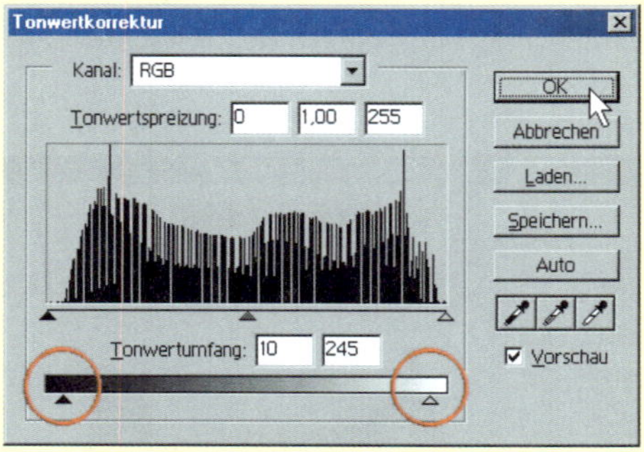

Wenn Sie nicht für die Präsentation am Monitor arbeiten, sondern für den klassischen Druck, müssen Sie den technisch bedingten Tonwertzuwachs bedenken. Je nach Papierart und Druckverfahren können in den Lichtern Bildpunkte „wegbrechen" und in den Tiefen „zulaufen". Dieser Effekt ist leider nicht ganz zu verhindern. Um diesem Problem vorzubeugen, können Sie den Kontrast des Bilds mithilfe der Tonwertkorrektur etwas einschränken. Durch den Druck wird dies dann wieder ausgeglichen. Schieben Sie die beiden Regler unterhalb des Rasterbalkens so weit nach innen, bis die gewünschte Tonwerteinschränkung erreicht ist. Fragen Sie im Zweifelsfall Ihre Druckerei, wie weit Sie den Kontrast begrenzen sollen. Übrigens kann man mit der Tonwertkorrektur auch Wasserzeichen-Effekte erstellen. Hierbei schieben Sie den unteren linken Regler so weit nach rechts, bis das Bild hell genug ist, um als Hintergrund einer Seite dienen zu können.

1.3 Die korrekte Bildgröße errechnen

Wenn man beginnt, sich mit der digitalen Fotografie zu beschäftigen stürmen einem eine Menge Begriffe zum Thema „Auflösung" entgegen. Kamerahersteller informieren über die Anzahl der Megapixel, Programme möchten bei der Druck-Ausgabe wissen, mit wie viel lpi man drucken möchte, und Druckerhersteller bringen immer höher auflösende Geräte auf den Markt.

An dieser Stelle entsteht der Konflikt. Man könnte davon ausgehen, dass alle Angaben das Gleiche bedeuten, leider besteht ein Unterschied zwischen diesen Werten. Zur Klärung dieser Begriffe lesen Sie ein wenig Theorie, bevor Sie das Berechnen der Bildgröße in die Tat umsetzen.

best friend INFO

ppi und dpi

Die Abkürzungen ppi (**P**ixel **p**er **I**nch) und dpi (**d**ots **p**er **I**nch) beschreiben im Grunde das Gleiche, nämlich die Informationsdichte, gemessen in Pixeln auf einer Distanz von einem Zoll, also 2,54 cm. Je mehr Pixel auf dieser Distanz versammelt sind, desto höher ist die Auflösung. Andere Programme verwenden die Bezeichnung ppi, andere wiederum dpi – lassen Sie sich nicht davon verwirren.

Die Ausgabeauflösung (Rasterfrequenz, Rasterweite)

Die Ausgabeauflösung ist nicht zu verwechseln mit der Geräteauflösung des Druckers bzw. Belichters. Um im Druck Graustufen bzw. Abstufungen anderer Farben darzustellen, wird ein Raster benötigt, das diese Abstufungen simuliert.

Der Drucker ist nur in der Lage, Volltonfarben auf das Papier zu bringen. Um Graustufen zu simulieren, werden unterschiedlich große schwarze Punkte auf das Papier aufgebracht. Die Ausgabeauflösung wird meist in lpi (**l**ines **p**er **i**nch) angegeben.

Wenn Sie ein hochwertiges Druckerzeugnis betrachten – beispielsweise einen Kunstdruck –, sind die einzelnen Rasterpunkte mit bloßem Auge kaum zu erkennen. In diesem Fall wurde das Bild mit einer sehr hohen Ausgabeauflösung (etwa 200 lpi) gedruckt.

Wenn Sie hingegen Bilder in Ihrer Tageszeitung betrachten, können Sie die einzelnen Punkte meist erkennen. Die Höhe der maximalen Auflösung in lpi hängt mit der Art des Papiers und dem Druckverfahren zusammen.

Die Ausgabeauflösung im Zeitungsdruck ist auf jeden Fall niedriger und bewegt sich etwa zwischen 85 und 150 lpi. Am deutlichsten sind die einzelnen Punkte beim Plakatdruck zu erkennen. Wenn Sie sich großformatige Plakate aus der Nähe ansehen, sind die einzelnen Rasterpunkte gut auszumachen. Die Aufgabeauflösung ist hier extrem gering und liegt bisweilen unter 60 lpi.

Hier sehen Sie drei unterschiedliche Rasterweiten in lpi. Auf einem Inch (2,54 cm) wurden von links nach rechts 20, 90 und 150 Linien untergebracht. Der Eindruck der Graustufen wird nur durch die Verteilung der schwarzen Rasterpunkte erzeugt.

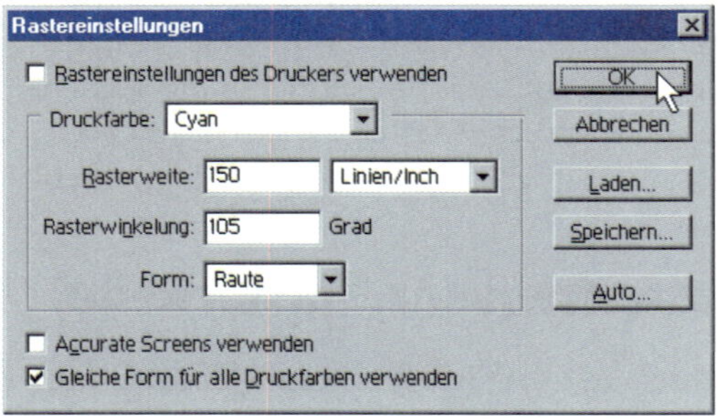

Sie regeln die Ausgabeauflösung innerhalb des Drucken-Dialogfelds. In Photoshop wählen Sie zunächst *Datei/Drucken,* klicken dann auf die Schaltfläche *Einrichten* und dann auf *Rasterung.* Standardmäßig wird in Photoshop die Einstellung des Druckers verwendet. Sie können aber auch Ihre eigenen Werte eingeben, wenn Sie das entsprechende Kontrollkästchen deaktivieren.

Die Bildauflösung

Die Bildauflösung beschreibt die Gesamtanzahl der vorhandenen Bildpixel. Diese Auflösung wird in dpi (**d**ots **p**er **i**nch) oder ppi (**p**ixel **p**er **i**nch) angegeben und entspricht der Auflösung, mit der Sie ein Bild einscannen oder mit der Digitalkamera aufnehmen.

Je höher diese Auflösung, desto hochwertiger und detailreicher kann das Bild wiedergegeben werden. Wenn ein Bild mit einer sehr geringen Bildauflösung auf einem Drucker ausgegeben wird, fällt auf, dass der Druck pixelig wirkt. Welche Auflösung ein Bild aufweist, können Sie über den Befehl *Bild/Bildgröße* kontrollieren. Photoshop – und auch andere Programme – stellt Ihnen hier dar, wie hoch die Auflösung ist.

Die optimale Bildauflösung ergibt sich aus der Faustregel Ausgabeauflösung in lpi (Rasterfrequenz, Rasterweite) x 2. Mit dieser Verdopplung der Ausgabeauflösung erhalten Sie gute Werte. Für besonders hochwertige Drucksachen kann die Auflösung noch etwas erhöht werden.

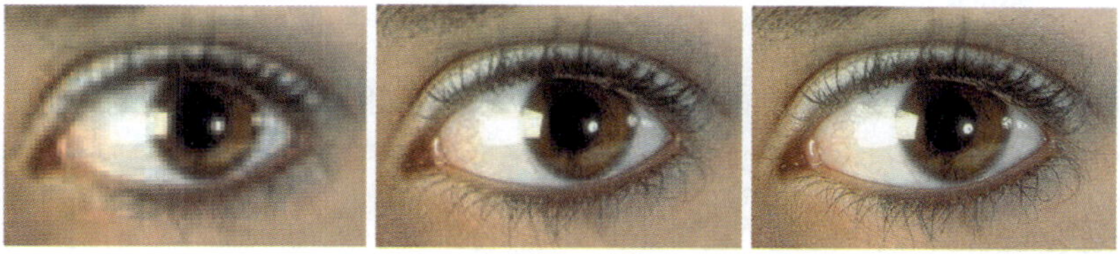

Von links nach rechts sehen Sie die Bild-Auflösungen 60 dpi, 150 dpi und 600 dpi. Betrachten Sie die Details.

Die Druckerauflösung (Geräteauflösung)

Diese Auflösung wird ebenfalls in dpi gemessen und beschreibt die Feinheit, mit der der Drucker in der Lage ist, Druckpunkte auf das Papier zu bringen. Es ist die Menge an einzelnen Druckpunkten, die der Drucker auf einem Zoll (Inch) unterbringen kann. Laserbelichter arbeiten mit einer Geräteauflösung von z. B. 2.540 dpi. Die aktuellen Tintenstrahldrucker arbeiten mit etwa 1.440 dpi.

Es gibt allerdings auch schon Modelle mit bis zu 2.880 dpi. Der Grund dafür, dass die Druckerauflösung deutlich höher ist als die Bildauflösung, liegt darin, dass der Drucker wie erwähnt nicht in der Lage ist, Graustufen auszugeben.

Die Abstufungen werden mithilfe eines Rasters simuliert. Um beispielsweise 100 verschiedene Graustufen darzustellen, benötigt der Drucker eine Matrix von 10 x 10 Pixeln.

Dateien vergrößern nur im Notfall

Mitunter kommt es vor, dass für ein Layout Bilder größer publiziert werden sollen, als das Original ist. In diesem Fall müssen Sie das Bild mit *Bild/Bildgröße* skalieren, also vergrößern. Vermeiden Sie wenn irgend möglich Vergrößerungen von Bildern, die über 130 % hinausgehen. Photoshop bemüht sich zwar – je nach Interpolationsmethode –, möglichst unauffällig Bildpixel einzufügen, doch das geht leider grundsätzlich mit Qualitätseinbußen einher. Das Bild verliert an Schärfe und Brillanz.

Die optimale Auflösung ermitteln

Die optimale Bildauflösung ist von vielen Faktoren abhängig. Einerseits benötigen Strichzeichnungen höhere Auflösungen als Graustufen- oder Farbbilder. Weiterhin hängt sie von Ausgabegerät und Papier ab.

Die optimale Bildauflösung ermittelt man, indem man die Rasterweite in lpi verdoppelt. (Es gibt bezüglich dieses Faktors in der Literatur leichte Abweichungen, aber der Wert 2 gehört zu den häufigsten Empfehlungen.) Die hier angegebenen Werte sind Richtwerte, die im Einzelfall mit der Druckerei oder anderen Dienstleistern abgestimmt werden sollten. Außerdem gibt es in bestimmten Fällen Gründe, nicht die maximale Auflösung einzusetzen, z. B. Speicherbedarf und damit verbundene Rechenzeiten.

Ausgabegerät bzw. Druckverfahren	Geräteauflösung in dpi	Rasterfrequenz in lpi	Bildauflösung in dpi
Kunstdruck	2.880	200	400
Allgm. Offsetdruck	2.540	150	300
Zeitungsdruck	1.720	100	200
Laserdrucker	1.440	85	170
Tintenstrahldrucker	600	75	150
Bildschirm	96	–	96

1.4 Welche Ausgabegröße erreiche ich bei optimaler Qualität?

Da Digitalkameras nur eine begrenzte Auflösung bieten, können Sie diese nicht beliebig vergrößern, ohne dass die Qualität leidet. Noch ist die Menge der Bildinformationen geringer als bei Kleinbildkameras, mit der richtigen Auflösung und dem richtigen Format erhalten Sie aber genauso gute Ergebnisse wie in der klassischen Fotografie.

best friend TIPP

Optimale Auflösung

Wie gerade beschrieben liegt die optimale Bildauflösung bei 300 dpi. Dieser Wert gilt für hochauflösende Laserbelichter und Fotodrucker. Wenn Sie Bilder auf Ihrem Tintenstrahldrucker ausgeben, erreichen Sie mitunter auch mit 200 dpi gute Ergebnisse. Testen Sie das Ergebnis, indem Sie ein Bild mit 300 dpi und eines mit 200 dpi ausdrucken. Vergleichen Sie die Abbildungsqualität. Bei 200 dpi erreichen Sie entsprechend größere Formate.

Gehen Sie davon aus, dass Sie eine optimale Bildqualität bei einer Auflösung von 300 dpi erreichen – also 300 Bildpixel auf einem Zoll verteilt. Bei Verwendung einer Digitalkamera mit 1,3 Megapixeln erreichen Sie also bei optimaler Bildqualität eine Bildgröße von ca. 8 × 11 cm. Mit 2,5 Megapixel-Kameras erreichen Sie eine optimale Bildqualität bis zu einem Format von 10 × 15 cm.

Bestimmen Sie die optimale Ausgabegröße in Photoshop

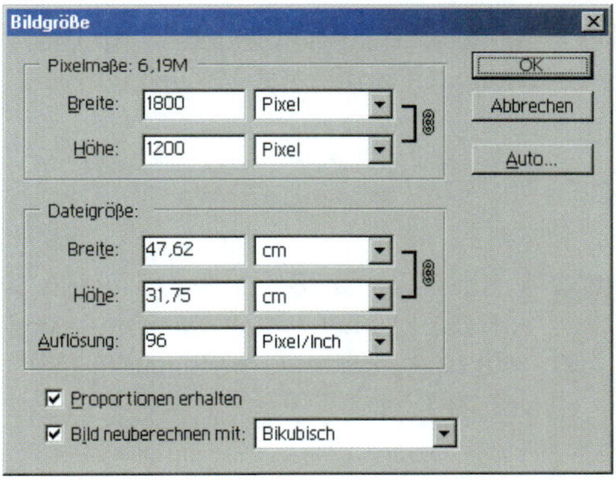

1. Öffnen Sie Ihr Digitalfoto in Photoshop. Wir gehen hier in diesem Beispiel von einer Sensorauflösung von 2,3 Megapixeln aus. Wählen Sie *Bild/Bildgröße*. Photoshop zeigt Ihnen daraufhin die aktuelle Bildgröße an.

2. Aktivieren Sie unbedingt das Kontrollkästchen *Proportionen erhalten,* damit das Bild nicht verzerrt wird. Deaktivieren Sie anschließend das Kontrollkästchen *Bild neuberechnen mit.* Durch diese Aktion werden die vorhandenen Bildpixel nur anders verteilt, es werden aber keine neuen Bildpixel hinzugerechnet, was zu einem Schärfeverlust führt.

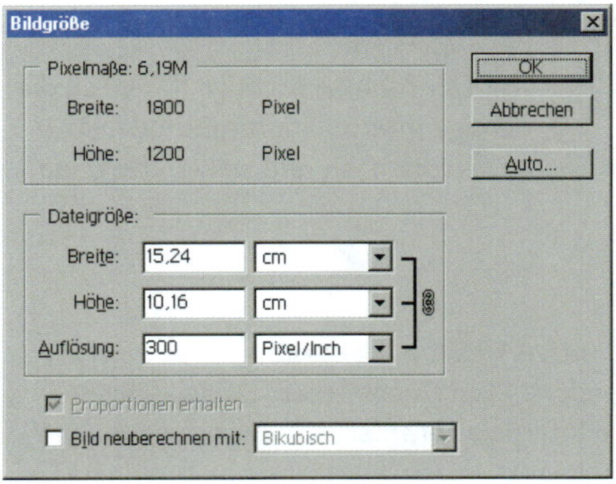

3. Geben Sie die gewünschte Auflösung ein, in diesem Fall 300 dpi. Photoshop verteilt die Bildpixel auf 300 Bildpunkte pro Zoll und zeigt Ihnen in den Feldern *Breite* und *Höhe* an, welches Format Sie mit dieser Auflösung erreichen. In diesem Fall ist das Format *15,24 cm × 10,16 cm.* Achten Sie darauf, dass die Maßeinheit *cm* ist. Bestätigen Sie das Dialogfeld mit *OK.* Auf diese Weise können Sie die gewünschte Auflösung eingeben und Photoshop zeigt Ihnen die maximale Größe bei optimaler Bildqualität an.

Bildformate bei optimaler Auflösung

Bildgröße in Pixeln	Gesamt-pixel	Bildgröße in MByte	Maximales Bildformat bei einer Auflösung von 300 dpi	Maximales Bildformat bei einer Auflösung von 200 dpi
1280 × 960	1,31	3,52	10,84 × 8,13	16,26 × 12,19
1800 × 1200	2,3	6,19	15,24 × 10,16	22,86 × 15,24
2272 × 1704	4,1	11,10	19,24 × 14,43	28,85 × 21,64
2560 × 1920	5,1	14,10	21,67 × 16,26	32,51 × 24,38

Durch die Gesamtpixelzahl ergeben sich hier krumme Werte. Beschneiden Sie Ihr Foto bei Bedarf nach der Berechnung auf das gewünschte Standardformat. Verwenden Sie dazu das Freistellungswerkzeug.

Die Bildgröße ändern

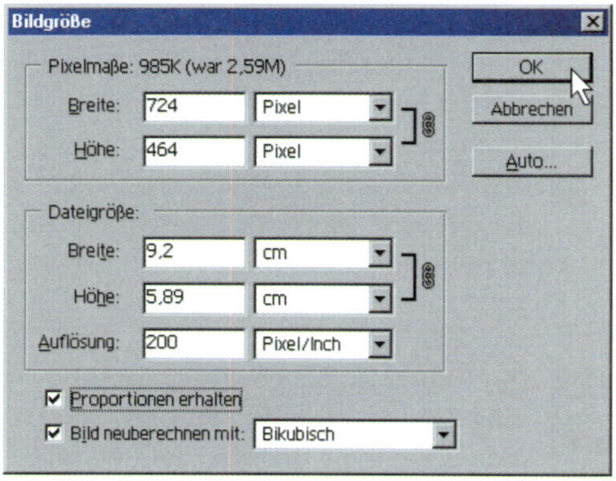

1. Rufen Sie den Befehl *Bild/Bildgröße* auf. Das Bild hat zurzeit eine Größe von 14,83 x 9,2 cm und eine Bildauflösung von 210 dpi.

2. Aktivieren Sie zunächst das Kontrollkästchen *Proportionen erhalten.* Dadurch verhindern Sie, dass nur die Breite verändert und das Bild damit verzerrt wird.

3. Der nächste wichtige Punkt ist, die richtige Interpolationsmethode einzusetzen. Aktivieren Sie das Kontrollkästchen *Bild neuberechnen mit* und wählen Sie dann den Eintrag *Bikubisch.*

best friend INFO

Interpolationsmethoden

Beim Skalieren, also Vergrößern und Verkleinern, ist es nötig, neue Pixel in das Bild einzurechnen bzw. vorhandene Pixel zu entfernen. Dies geschieht durch Interpolation. Die gewählte Interpolationsmethode bestimmt, auf welche Weise die Bildpunkte neu berechnet werden. Photoshop bietet Ihnen drei verschiedene Interpolationsmethoden an: Pixelwiederholung, Bilinear und Bikubisch.

Pixelwiederholung ist die schnellste aller Interpolationsmethoden. Hierbei wird kein Antialiasing-Effekt verwendet – also keine Glättung von Kanten. Sie sparen mit dieser Methode zwar Rechenzeiten, aber in Bildern entsteht bei Verwendung dieser Methode schnell ein Treppcheneffekt. Diese Methode verwenden Sie am besten, wenn Sie Bilder mit waagerechten und senkrechten Linien skalieren.

Die bilineare Methode erzeugt eine mittlere Qualität. Hierbei werden Mittelwerte benachbarter Pixel errechnet.

Bikubisch ist die für die meisten Bilder am besten geeignete Methode. Die Neuberechnung dauert zwar am längsten, geht aber auch am schonendsten mit den Bildern um. Sie erzielen hiermit bei Fotos die beste Qualität, daher ist es sinnvoll, diese Methode als Standard zu definieren.

4. Das Bild soll in einem Magazin mit einer Breite von 9,2 cm gedruckt werden. Geben Sie in das Feld *Breite* den Wert „9,2" ein und achten Sie darauf, dass die verwendete Maßeinheit cm ist. Die neue Auflösung soll 200 Pixel/Inch betragen. Achten Sie auch hier auf die Maßeinheit Pixel/Inch.

5. Alle Einstellungen sind vorgenommen. Sie können oben in dem Dialogfeld den neuen Speicherbedarf in MByte ablesen. Bestätigen Sie das Dialogfeld mit *OK*.

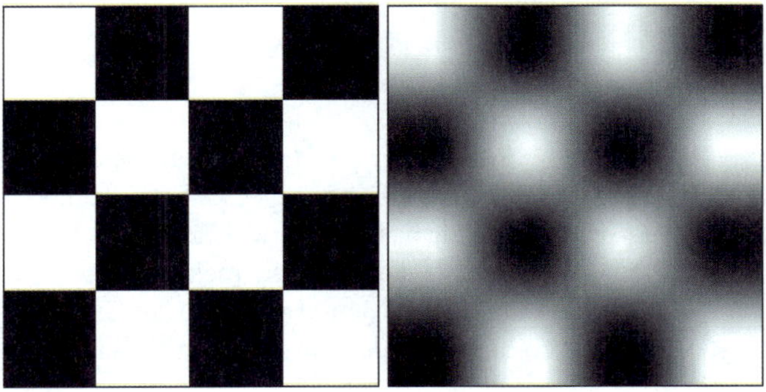

best friend TIPP

Bilder nach Interpolation grundsätzlich schärfen

Das Skalieren von Bildern geht im Grunde immer mit einem Qualitätsverlust einher – bei hoch aufgelösten Bildern weniger als bei niedrig aufgelösten –, es empfiehlt sich daher anschließend immer eine leichte Schärfung mit *Filter/Scharfzeichnungsfilter/Unscharf maskieren.*

Der Befehl Arbeitsfläche

In Kapitel 3 erfahren Sie, wie Sie mit dem Befehl *Arbeitsfläche* eine Datei erweitern und dann den neuen Bildteil mit Inhalt füllen. Sie können diese Funktion jedoch auch umgekehrt, also zum Beschneiden von Bildern verwenden. Geben Sie einfach die neuen Maße für Breite und Höhe in dem Dialogfeld ein und bestimmen Sie den Stützpunkt. Der Stützpunkt bestimmt, wo das Bild fixiert ist. Wenn Sie also den Stützpunkt oben links fixieren, wird das Bild auf der gegenüberliegenden Seite, also unten rechts, beschnitten.

1.5 Kontrastkorrektur mit den Gradationskurven

Häufig kommt es vor, dass Bilder leicht unterbelichtet und somit zu dunkel sind. Möchten Sie solche Bilder drucken, verstärkt sich der Effekt – je nach Druckverfahren und verwendetem Papier – noch durch den technisch bedingten Tonwertzuwachs, also eine Abdunklung des Bilds. Der Tonwertzuwachs kommt bei den Mitteltönen am stärksten zum Tragen. Bei einem Tonwertzuwachs von 10 % erscheint ein mittlerer Grauton von 50 % im Druck bei 60 %, also deutlich dunkler. Bei der Korrektur mithilfe der Gradationskurven, die im Folgenden beschrieben werden, können Sie Lichter, Mitteltöne und Schatten unabhängig voneinander bearbeiten. Bei Bildern fürs Internet entfällt zwar der Tonwertzuwachs, aber die Korrekturmöglichkeiten sind auch hierfür komfortabel.

So verstärken Sie die Kontraste

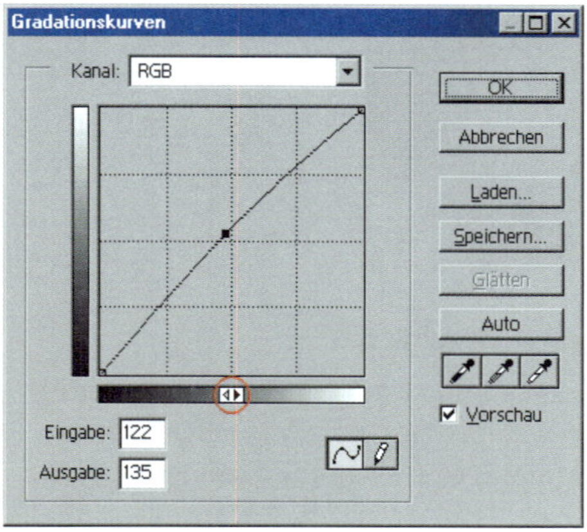

1. Rufen Sie mit *Bild/Einstellen/Gradationskurven* das gleichnamige Dialogfeld auf. Wenn Sie nicht mit Photoshop arbeiten, finden Sie diesen Befehl meist im Menü *Bild* oder im Menü *Farben*. Klicken Sie etwa in der Mitte der Geraden und ziehen Sie etwas nach oben. Dies sollte eine leichte Aufhellung des Bilds bewirken. Ist dies bei Ihnen nicht der Fall, klicken Sie auf den im Bild gekennzeichneten Doppelpfeil. Hiermit entscheiden Sie, ob ein Anheben eine Aufhellung oder eine Abdunklung bewirkt.

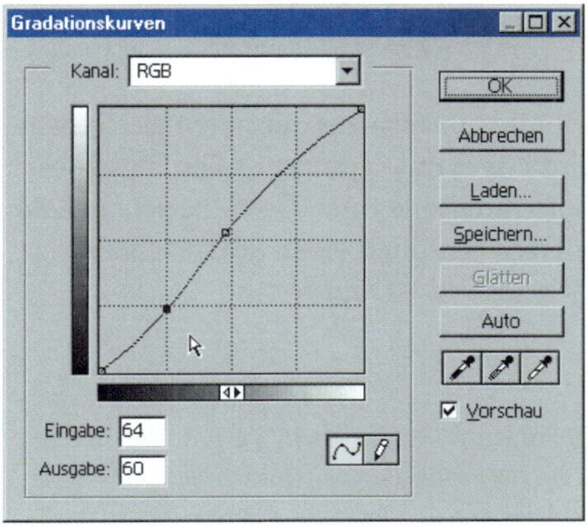

2. Eine Kontrasterhöhung entsteht immer dann, wenn helle Bildpixel weiter aufgehellt und dunkle Pixel abgedunkelt werden. Diesen Effekt erreichen Sie, indem Sie die Gradationskurve zu einem angedeuteten S formen.

Klicken Sie zwischen dem in der Mitte gesetzten Punkt und dem Start der Kurve unten links. Ziehen Sie dann den neu erstellten Punkt etwas nach unten. Daraufhin erzielen Sie eine S-Form. Bestätigen Sie mit *OK*.

3. Wenn Sie jetzt das Bild betrachten erkennen Sie, dass der Kontrast verstärkt wurde. Nach dieser Kontrasterhöhung soll der immer noch vorhandene leichte Farbstich korrigiert werden.

best friend TIPP

Ursprung der Bezeichnung Gradationskurve

Auch der Begriff „Gradation“ stammt aus der klassischen Fotografie. Er beschreibt die Abstufung der Helligkeitsunterschiede in einem Bild. Bei einer flachen Gradation sind viele Zwischenstufen zwischen Weiß und Schwarz vorhanden, bei einer steilen Gradation gibt es nur wenige Graustufen.

1.6 Farbstiche mühelos ausgleichen

Die Funktion *Variationen* wirkt sich besonders gut bei Bildern aus, die einen gleichmäßigen Farbstich aufweisen. Die Farbmischung wird insgesamt verändert, allerdings können Sie dabei wählen, ob Sie sich auf die Lichter, Mitteltöne oder Tiefen beziehen. Beim Beispielbild fällt auf, dass es hauptsächlich in den Mitteltönen einen Rotstich aufweist. Diesen korrigieren Sie im Folgenden mit dem Dialogfeld *Variationen*.

best friend TIPP

Alternativ zu den Variationen

Nicht alle Programme beinhalten die Funktion *Variationen*. Verwenden Sie in diesem Fall das Dialogfeld *Farbbalance*. Die Farbbalance funktioniert ähnlich, Sie fügen Anteile der Komplementärfarbe hinzu, um einen Farbstich auszugleichen. Allerdings fehlen hier die komfortablen Vorschauabbildungen.

Gleichmäßige Farbstiche korrigieren

1. Wählen Sie *Bild/Einstellen/Variationen*. Es erscheint ein äußerst komfortables Dialogfeld, in dem Sie bezogen auf Tiefen, Mitteltöne oder Lichter jeweils durch Zugabe der Komplementärfarbe den Farbstich ausgleichen. Die Stärke der Zugabe regeln Sie über einen Schieberegler, der von *Fein* bis *Grob* reicht.

2. Klicken Sie zunächst die Option *Mitteltöne* an. Verschieben Sie daraufhin den Schieberegler um einen Strich in Richtung *Fein*, sodass sich der Pfeil auf dem dritten Teilstrich von links befindet.

3. Im Bereich unten links des Dialogfelds sind sieben Vorschaubilder angeordnet. In der Mitte befindet sich immer der aktuelle Bearbeitungsstand des Bilds. Rund um diese *Aktuelle Wahl* finden Sie sechs Vorschaubilder. Diese zeigen das Bild, jeweils mit den Hauptfarben des Farbkreises getönt, an. Wie bereits erwähnt, entfernt man Farbstiche, indem man Anteile der Komplementärfarbe hinzufügt. Für dieses Bild heißt das, dass Sie Cyan-Anteile hinzufügen müssen. Klicken Sie einmal auf das Vorschaubild *Mehr Cyan*.

4. Sie sehen, dass daraufhin das Vorschaubild *Mehr Cyan* in die Mitte springt. Oben links in dem Dialogfeld wird Ihnen der Bearbeitungsstand im Vergleich angezeigt. Direkt nebeneinander liegen die Vorschaubilder *Original* und *Aktuelle Wahl*. Der Farbstich sollte jetzt ausgeglichen sein. Bestätigen Sie das Dialogfeld mit *OK*.

5. Kontrollieren Sie das Bild. Der Farbstich in den Mitteltönen ist ausgeglichen. Für eine Feinkorrektur verwenden Sie im nächsten Teilabschnitt die selektive Farbkorrektur.

1.7 Korrektur einzelner Farbtöne

Die gelben Bildbereiche sind zu grün, die roten zu blau? Die selektive Farbkorrektur löst solche Probleme. Sie können mit dieser Funktion Korrekturen an einzelnen Farbtönen vornehmen. Die Funktion basiert zwar auf dem CMYK-System, Sie verstärken oder verringern also die Cyan-, Magenta-, Gelb- und Schwarz-Anteile, aber Sie können sie auch auf RGB-Bilder anwenden. Sie haben in diesem Dialogfeld die Auswahl zwischen neun Farbtönen: Rot, Grün, Gelb, Cyan, Blau, Magenta, Weiß, Grau und Schwarz. Da als Ausgangsfarbton sowohl die CMYK- als auch die RGB-Grundfarben auszuwählen sind, können Sie in Bildern z. B. den Blau-Anteil bearbeiten, wobei die cyanfarbenen Flächen wie etwa der Himmel nicht von der Bearbeitung angetastet werden.

Die Feinabstimmung der Farben

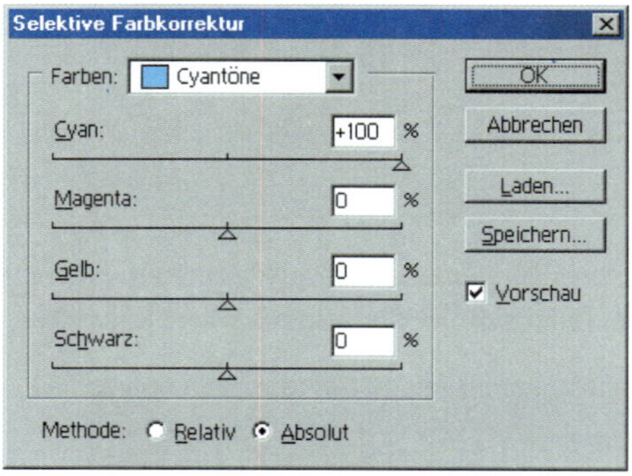

1. Rufen Sie den Befehl *Bild/Einstellen/Selektive Farbkorrektur* auf. Im oberen Listenfeld können Sie bestimmen, welchen Farbton Sie bearbeiten möchten.

Alle anderen Farbtöne bleiben damit vor der Bearbeitung geschützt.

2. Aktivieren Sie die Option *Absolut.* Dadurch wirkt sich die Bearbeitung stärker aus, als wenn Sie die Option *Relativ* wählen.

3. Bearbeiten Sie zunächst die Cyantöne des Bilds, also vor allem den Himmel. Wählen Sie dazu aus dem Listenfeld *Farben* den Eintrag *Cyantöne* aus. Verschieben Sie anschließend den Regler *Cyan* bis ganz nach rechts auf den Wert *+100 %.*

Die Optionen Relativ und Absolut

Wenn Sie die Option *Relativ* aktivieren, werden die vorhandenen Farben anhand ihres prozentualen Anteils am Gesamtwert verändert. Wenn Sie beispielsweise Bildpixel bearbeiten, die 50 % Gelb enthalten, und relativ 10 % hinzufügen, wird der Gelb-Anteil um 5 % auf insgesamt 55 % erhöht. Wenn Sie *Absolut* aktivieren, wäre das Ergebnis eine absolute Erhöhung des Gelb-Anteils um 10 % auf 60 % Gelb. In der Praxis funktioniert dies nicht immer exakt. Sie können das kontrollieren, indem Sie mit der Palette *Informationen* die Farbwerte vor und nach der Bearbeitung messen. Sie finden die Palette *Informationen* im Menü *Fenster.*

4. Bearbeiten Sie anschließend die Blautöne. Fügen Sie hier 100 % Magenta hinzu. Da die Grautöne noch einen leichten Rotstich aufweisen, wählen Sie danach die Grautöne aus und schieben den Regler *Magenta* auf den Wert *-3*. Diese geringe Veränderung wirkt sich auf die Grautöne relativ stark aus. Bestätigen Sie das Dialogfeld mit *OK*.

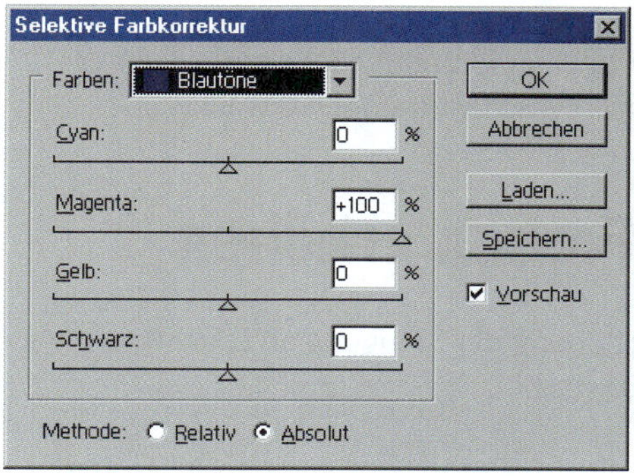

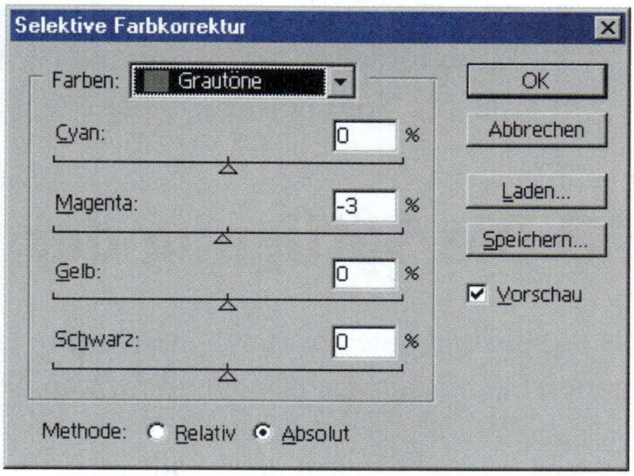

5. Betrachten Sie das Bild. Die Auswirkungen der einzelnen Korrekturen sind subtil. Wenn Sie alle Schritte dieses Kapitels durchführen und das Ergebnis mit dem Ausgangsbild vergleichen, wird die Optimierung deutlich.

best friend TIPP

Farbkorrekturen in der Praxis

Wenn Sie Bilder in Bezug auf Farben korrigieren, bedenken Sie, dass sich das menschliche Auge bzw. das Gehirn an Farbstiche gewöhnt und diese ausgleicht. Es ist daher sinnvoll, zwischendurch eine Pause zu machen, bevor Sie komplizierte Farbkorrekturen fortführen. Es kommt auch vor, dass man die Farben zu stark bearbeitet und gern zu einer älteren Version zurückkehren möchte. Speichern Sie daher eventuell Zwischenversionen des Bilds.

1.8 Die Sättigung der Farben erhöhen

Das Beispielbild gewinnt durch eine leichte Erhöhung der Sättigung an Leuchtkraft. Verwenden Sie hierfür das Dialogfeld *Farbton/Sättigung.*

Diese Funktion ist in fast allen Bildbearbeitungsprogrammen vorhanden. Der Grad der Sättigung beschreibt die Reinheit einer Farbe. Hierbei entspricht Weiß dem Sättigungsgrad 0 % und die Volltonfarbe 100 %.

Leuchtende Farben erzielen

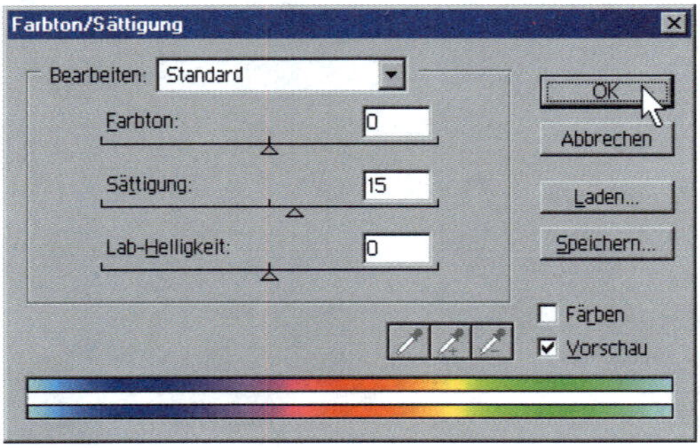

1. Rufen Sie den Befehl *Bild/Einstellen/Farbton/Sättigung* auf. Verschieben Sie den Regler *Sättigung* auf den Wert *15*. Schließen Sie das Dialogfeld durch einen Klick auf die Schaltfläche *OK*.

2. Betrachten Sie die Auswirkungen. Die Farben wirken jetzt klarer und strahlender.

Abschließend schärfen Sie das Bild im nächsten Abschnitt. Die Optimierung des Bilds ist daraufhin abgeschlossen.

1.9 Optimale Schärfe mit Filter

Zu den häufigsten Korrekturen der digitalen Bildbearbeitung gehört die Erhöhung der Bildschärfe. Nicht nur beim Fotografieren selbst, auch durch Änderung von Auflösung und Bildgröße oder Vorgänge wie Drehen verlieren Pixelbilder an Schärfe. Es stehen Ihnen in Photoshop vier verschiedene Filter zur Auswahl.

best friend TIPP

Vorsicht vor Überzeichnung

Der Eindruck der Scharfzeichnung entsteht durch Anhebung des Kontrasts benachbarter Pixel. Werden zu starke Scharfzeichner eingesetzt, kann es zu einer Übersättigung kommen.

Sie erreichen die Filter über *Filter/Scharfzeichnungsfilter*. Die Filter *Scharfzeichnen* und *Stark Scharfzeichnen* wirken sich gleichmäßig auf alle Pixel aus, ohne dabei zu analysieren, wo eine Schärfung nötig ist. *Stark scharfzeichnen* fällt in der Praxis meist zu stark aus.

Scharfzeichnen wirkt gut bei unproblematischen Bildern mit einer gleichmäßigen, leichten Unschärfe bei relativ hoher Auflösung. Bei Bildern, die für das Internet mit einer Auflösung von 72 dpi gespeichert werden, ist selbst dieser Filter zu stark.

Am besten funktionieren die Filter *Kanten scharfzeichnen* und *Unscharf maskieren*. Diese Filter analysieren das Bild und wirken sich nur auf ohnehin kontrastreiche Bildteile aus. Am praktikabelsten ist die Wirkung von *Unscharf maskieren*, da sie sehr fein regelbar ist.

best friend TIPP

Unscharf maskieren

Die meisten Programme beinhalten den Filter der Unscharfmaske. Die Optionen *Schwellenwert* und *Radius* machen die Funktion *Unscharf maskieren* so attraktiv. Sie passen damit den Schärfegrad exakt den Anforderungen Ihres Bilds an. Um diese Funktionen in der Praxis richtig nutzen zu können, ist es sinnvoll, sich die Wirkungsweise bewusst zu machen.

Beim unscharfen Maskieren wird der Kontrast benachbarter Pixel, die unterschiedliche Helligkeitswerte aufweisen, zusätzlich erhöht. Mit der Option *Radius* legen Sie fest, wie viele Pixel im Umkreis eines zu schärfenden Bereichs in die Kontrasterhöhung einbezogen werden. Je höher Sie den Wert drehen, desto mehr Pixel werden von der Schärfung berührt. Sie können einen Wert von 0,1 bis 250 Pixel wählen – doch in der Praxis bewähren sich Werte bis maximal 10 Pixeln.

Alles darüber hinaus führt zu starker Übersättigung einzelner Pixel – dieser Effekt kann zwar künstlerisch eingesetzt werden, führt aber bei der klassischen Bildkorrektur nicht zu einer ausgewogenen Wirkung. Grundsätzlich gilt: Je höher die Auflösung eines Bilds ist, desto höher darf der Radius sein. Wenn Sie Bilder für das Internet erstellen, die in der Regel eine Auflösung von 72 dpi aufzuweisen, sollte der Radius nicht über ca. 3 Pixel liegen.

Schwellenwert regelt, wie hoch der Kontrast zwischen benachbarten Bildpixeln sein muss, damit diese in die Schärfung einbezogen werden. Der Schwellenwert ist zwischen 0 und 255 Stufen regelbar. Je höher der eingestellte Schwellenwert ist, desto geringer fällt die Schärfung aus. Ein geringer Schwellenwert bewirkt, dass Störungen in Bildern – etwa Fusseln– verstärkt werden.

Solche Bilder sollten besser mehrmals unter Verwendung eines höheren Schwellenwerts geschärft werden. Bedenken Sie, dass jede Art der Schärfung am Bildschirm stärker wirkt als im Druck. Sämtliche Druckverfahren bewirken einen gewissen Schärfeverlust. Je nachdem, ob Sie Ihre Bilder für Printmedien oder am Bildschirm verwenden, sollten Sie die Schärfung anpassen.

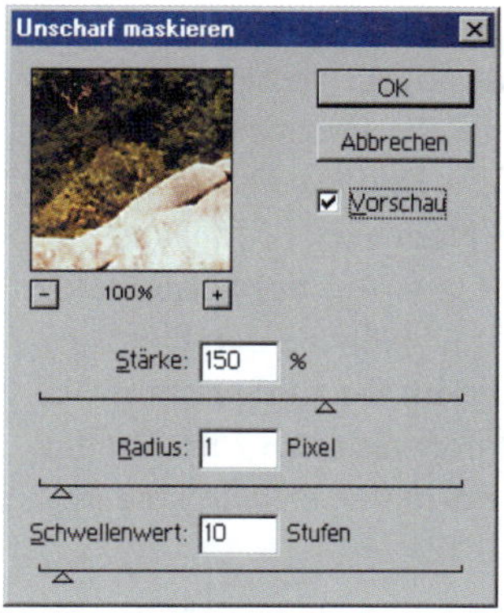

1. Wählen Sie *Filter/Scharfzeichnungsfilter/Unscharf maskieren.*

2. Verschieben Sie den *Stärke*-Regler auf den Wert *150 %*, den *Radius* auf *1 Pixel* und den *Schwellenwert* auf *10 Stufen.*

Durch den Schwellenwert verhindern Sie, dass die leichte Körnung, die im Bild vorhanden ist, verstärkt wird. Mit diesen Einstellungen werden nur kontrastreiche Bildbereiche verstärkt. Bestätigen Sie mit *OK.*

best friend TIPP

Extrem unscharfe Scans retten

Auch der Fall, dass Vorlagen eine Unschärfe aufweisen, die durch Schärfungsfilter nicht mehr zu retten ist, sollte nicht vorkommen. Auch hier unterscheiden sich wieder Theorie und Praxis. Probieren Sie in solchen Fällen aus, dem Bild Störungen hinzuzufügen, oftmals wirkt das Bild dadurch besser als durch erneutes Schärfen.

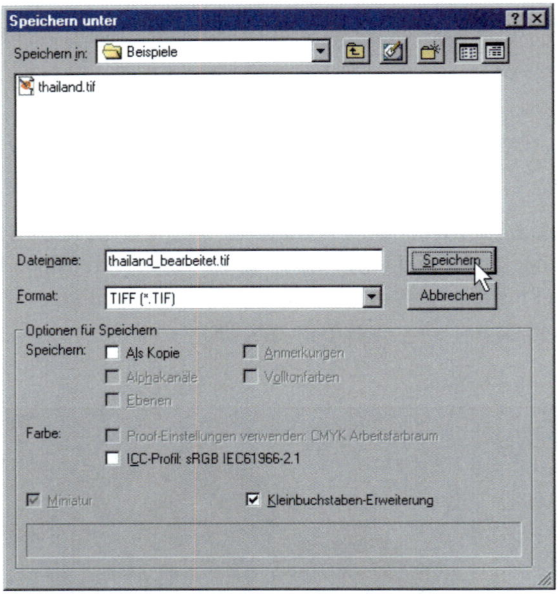

3. Die Bearbeitung des Beispielbilds ist abgeschlossen. Wählen Sie *Datei/Speichern unter*, geben Sie in das Feld *Dateiname* einen neuen Namen, z. B. *Thailand_bearbeitet*, ein. Aus dem Listenfeld Format wählen Sie den Eintrag *Tiff*. Klicken Sie auf *Speichern*. Nähere Informationen zum Thema „Dateiformate" erhalten Sie in Kapitel 12.

4. Öffnen Sie das Original *Thailand.tif* und vergleichen Sie beide Bilder. Die Summe der Bearbeitungsschritte führte zu einer deutlichen Optimierung des Bilds.

Best friend's Check up!

Hier finden Sie die wichtigsten Funktionen zum Thema „Bildkorrektur":

Bildschirmbereich	Bedeutung
Unscharfmaske	Der Begriff stammt aus der klassischen Fotografie. Hierbei wurde ein unscharfes Positiv auf ein scharfes Negativ gelegt. Diese Kombination wurde vergrößert. Das Ergebnis ist eine Kantenbetonung, die zur Kontrasterhöhung führt. Die meisten Bildbearbeitungsprogramme beinhalten einen Filter mit ähnlicher Wirkung.
Histogramm	Das Histogramm ist die Bildstatistik. Anhand einer Tonkurve können Sie ablesen, wie viele Bildpixel eines Farbwerts im Bild vorhanden sind.
Interpolation	Wenn Sie ein Bild verkleinern, vergrößern, drehen oder verzerren, müssen Bildpixel entfernt und neue Bildpixel berechnet werden. Diese Berechnung wird als Interpolation bezeichnet.
TIF	Das TIF-Format gehört zu den gängigsten Dateiformaten für die Bearbeitung und den Druck von Bildern. Es ist in der Lage, 16,7 Millionen Farben zu verwalten sowie Alpha-Kanäle zu speichern. Alle gängigen Layout-Programme sind in der Lage, TIF-Dateien zu importieren. TIF beinhaltet die Option der LZW-Komprimierung. Diese Komprimierung kann bedenkenlos eingesetzt werden, da sie verlustfrei arbeitet.

Bildschirmbereich	Bedeutung
EPS	Das EPS-Format wird häufig eingesetzt, um Grafiken aus vektororientierten Programmen zu exportieren. In bestimmten Anwendungsfällen, z. B. wenn Sie ein Duplex-Bild speichern, müssen Sie auch beim Speichern aus Pixel-Programmen das EPS-Format einsetzen.
JPEG	JPEG ist zurzeit das wichtigste Format zum Komprimieren von Pixelbildern. Leider funktioniert die Komprimierung nicht verlustfrei. Auffällig sind die rechteckigen JPEG-Artefakte. JPEG kann 16,7 Millionen Farben speichern. Bedenken Sie, dass JPG-Bilder nicht mehrmals gespeichert werden dürfen. Heben Sie immer das Original des Bilds im TIF-Format auf, wenn Sie davon ausgehen, dass ein Bild erneut bearbeitet werden muss. Die alte Version von JPG wird von JPEG 2000 abgelöst. Dieses neue Format soll höhere Kompressionsraten bei besserer Bildqualität erzielen.
GIF	GIF ist das Komprimierungsformat für Grafiken. GIF kann nur 256 Farben speichern und eignet sich deshalb nicht so gut für die Komprimierung von Fotos. Besonders wichtig ist dieses Format für das Publizieren im Internet oder für Multimedia-Präsentationen, da es als Animated GIF bewegte Bilder speichern kann.
PNG	Ein relativ neues Format, das entwickelt wurde, um GIF und JPEG im Internet abzulösen. Es soll besonders hohe Kompressionsraten bei geringem Qualitätsverlust erzielen. In der Praxis hat sich das Format bisher noch nicht deutlich durchgesetzt. Einige ältere Browser können das Format nicht darstellen.
RGB	RGB (**R**ot, **G**rün, **B**lau) ist der Modus der Lichtfarben. Die Farbmischung funktioniert additiv, das bedeutet, alle Farben zusammen ergeben Weiß. Verwenden Sie diesen Modus für Bilder, die ausschließlich am Bildschirm publiziert werden.
CMYK	CMYK (**C**yan, **M**agenta, **Y**ellow, **K**ontrast) ist der Modus der Körperfarben. Die Farbmischung funktioniert subtraktiv, alle Farben zusammen ergeben Schwarz. Verwenden Sie diesen Modus für Bilder, die gedruckt werden sollen.

2 Effektive Auswahltechniken

Häufig sollen sich Bearbeitungsschritte nicht auf das ganze Bild beziehen. Sie möchten Schärfefilter oder Farbkorrekturen vielleicht in einem ganz bestimmten Bildbereich vornehmen. In diesem Fall müssen Bildteile markiert und die umliegenden Bereiche vor der Bearbeitung geschützt werden.

Photoshop hält für diese Arbeit zahlreiche Auswahlmethoden bereit. Welche Sie wann einsetzen, erfahren Sie in diesem Kapitel. Die Vorgehensweise in anderen Programmen ähnelt der Technik in Photoshop. Fast alle Software verfügt über Auswahlwerkzeuge wie Lasso und Zauberstab sowie die Möglichkeit, im Maskierungsmodus eine Auswahl zu erstellen.

2.1 Die optimale Belichtung durch Verlaufsauswahlen

Durch schwierige Lichtverhältnisse kommt es vor, dass Bilder ungleichmäßig belichtet werden. Wie in unserem Beispiel ist dann die obere Bildhälfte optimal ausgeleuchtet, während der untere Teil stark abfällt und zu dunkel erscheint.

Versucht man dieses Bild insgesamt in Bezug auf Helligkeit und Kontrast zu bearbeiten, fällt immer ein Teil zu hell oder zu dunkel aus.

Die große Rettung bei diesem Problem sind Verlaufsauswahlen. Diese generieren Sie, indem Sie das Verlaufswerkzeug im Maskierungsmodus verwenden.

Im Maskierungsmodus können Sie alle Werkzeuge und Filter einsetzen. Sie bearbeiten hierbei aber nicht die eigentlichen Bildpixel, sondern die Auswahl.

Quicksteps – Gleichmäßige Verlaufsauswahl

- Aktivieren Sie das Verlaufswerkzeug.
- Wählen Sie in den Werkzeug-Optionen den Verlauf *Vorder- zu Hintergrundfarbe.*
- Klicken Sie die Option *Linearer Verlauf* an.
- Stellen Sie Vorder- und Hintergrundfarbe auf Schwarz und Weiß ein.
- Klicken Sie die Schaltfläche *Maskierungsmodus* an.
- Klicken Sie in den oberen Teil des Bilds und ziehen Sie bis zur unteren Kante.
- Wechseln Sie zurück in den Standardmodus.
- Wählen Sie *Bild/Einstellen/Tonwertkorrektur.* Schieben Sie den Regler für die Mitteltöne nach links bis etwa auf den Wert 1,9.
- Korrigieren Sie die Sättigung, indem Sie *Bild/Einstellen/Farbton/Sättigung* wählen. Verschieben Sie den Regler *Sättigung* auf den Wert 20.

So erstellen Sie eine Verlaufsmaske

best friend TIPP

Der Begriff „Maske"

Der Begriff „Maske" stammt aus der klassischen Fotografie und Reprotechnik. Hierbei wurden rote Folien zurechtgeschnitten und auf das lichtempfindliche Fotomaterial aufgebracht, um diese Bereiche vor der Belichtung zu schützen.

1. Laden Sie die Datei *Garten.jpg* von der DATA BECKER-Website und öffnen Sie diese in Ihrem Bildbearbeitungsprogramm.

2. Betrachten Sie das Bild. Es fällt auf, dass die Belichtung im oberen Bereich gut ausgeglichen ist, der untere Teil des Bilds aber durch Schatten zu dunkel ist. Dieses Problem lösen Sie mit einer Verlaufsauswahl wie im Folgenden beschrieben.

3. Aktivieren Sie das Verlaufswerkzeug.

4. In der Leiste *Werkzeug-Optionen* definieren Sie die Art des Verlaufs. Klicken Sie zunächst die Verlaufsart an. Öffnen Sie dazu das Listenfeld *Verlaufsauswahl-Liste*. An erster Stelle finden Sie den Verlauf *Vorder- zu Hintergrundfarbe*. Wählen Sie diesen per Mausklick aus. Da das Belichtungsproblem fließend von optimaler Belichtung zu Unterbelichtung ist, benötigen Sie eine Verlaufsmaske. Bei jedem anderen Auswahlwerkzeug wären nach der Korrektur Stufen erkennbar.

5. Neben der Verlaufsart finden Sie fünf Symbole. Klicken Sie das erste der Reihe an, es ist die Option *Linearer Verlauf*. Dieser ist für das Beispielbild ideal, es kann aber auch sein, dass Sie bei bestimmten Bilder mit dem Werkzeug *Radialer Verlauf* ideale Ergebnisse erzielen.

6. Der Modus soll *Normal* sein und die *Deckkraft 100 %*. Verwenden Sie *Dither*, um einen gleichmäßigen, streifenfreien Verlauf zu generieren.

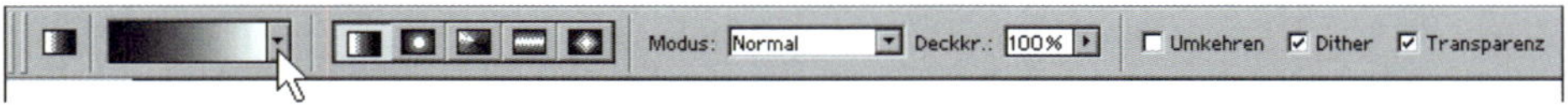

7. Wichtig ist an dieser Stelle, die Vorder- und Hintergrundfarbe einzustellen. Vordergrundfarbe soll Schwarz und Hintergrundfarbe Weiß sein. In Photoshop erreichen Sie das sehr komfortabel, indem Sie [D] auf Ihrer Tastatur drücken.

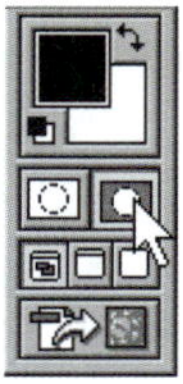

8. Wenn Sie alle Voreinstellungen vorgenommen haben, wechseln Sie in den Markierungsmodus: Unterhalb der Farbwähler für Vorder- und Hintergrundfarbe finden Sie in Photoshop zwei Symbole.

Das linke Symbol heißt *Standardmodus,* das rechte *Maskierungsmodus.* Klicken Sie *Maskierungsmodus* an.

9. Da bisher noch nichts ausgewählt ist, unterscheidet sich der Maskierungsmodus optisch nicht vom Standardmodus. In der Titelzeile der Bilddatei zeigt Photoshop Ihnen aber an, dass Sie sich im Maskierungsmodus befinden. Klicken Sie bei aktivem Verlaufswerkzeug oben in der Datei, halten Sie die Maustaste und ziehen Sie bis nach unten.

10. Wenn Sie die Maustaste losgelassen haben, wird der Verlauf erstellt. Die Maske wird standardmäßig rot dargestellt. Wenn Sie keine anderen Einstellungen vornehmen, beschreiben die dunkelroten Bereiche die Maske und die transparenten Bereiche die Auswahl.

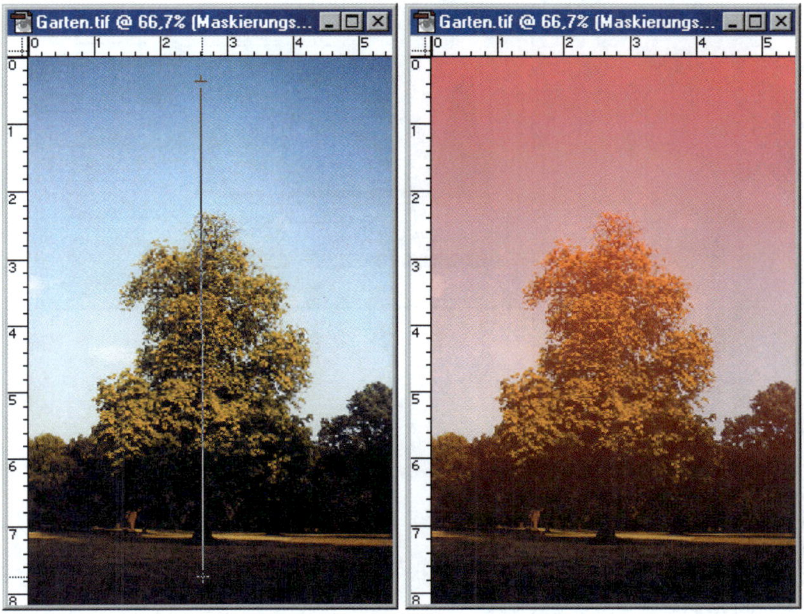

best friend TIPP

Maskenfarbe ändern

Grundsätzlich ist die Maskenfarbe in Photoshop Rot. Der Grund dafür ist, dass zum Maskieren in der klassischen Fototechnik Rotfolien verwendet wurden. Bei Motiven, die viele Rottöne enthalten, ist das eventuell problematisch, da das Bild nicht mehr gut zu erkennen ist. Zum Ändern der Maskenfarbe klicken Sie doppelt auf das Symbol *Maskierungsmodus*.

11. Wechseln Sie zurück in den Standardmodus, indem Sie auf das Symbol *Standardmodus* klicken oder [Q] auf Ihrer Tastatur drücken. Da hier eine Auswahl mittels einer gestrichelten Lauflinie dargestellt wird, ist die Verlaufsauswahl hier nicht zu erkennen. Sie wird angedeutet, indem die untere Hälfte der Datei markiert wird. Hier beträgt die Maske 50 bis 0 %. Sie können jetzt verschiedene Korrekturen vornehmen, sie wirken sich gleichmäßig verlaufend hauptsächlich auf die untere Hälfte des Bilds aus.

12. Wählen Sie *Bild/Einstellen/Tonwertkorrektur.* Da hauptsächlich die Mitteltöne zu dunkel sind, schieben Sie den Regler für die Mitteltöne nach links bis etwa auf den Wert 1,9. Bestätigen Sie das Dialogfeld.

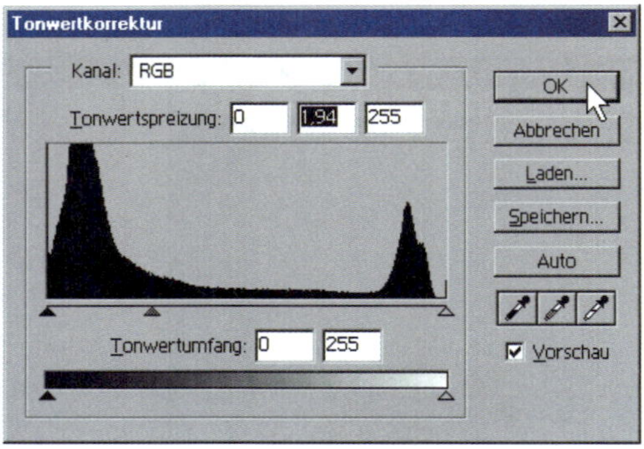

13. Das Bild wird in einem linearen Verlauf aufgehellt. Da hier zuvor nur wenig Information vorhanden war, wirken die Farben etwas flau. Sie korrigieren dies, indem Sie *Bild/Einstellen/Farbton/Sättigung* wählen. Verschieben Sie den Regler *Sättigung* auf den Wert 20 und schließen Sie das Dialogfeld.

14. Betrachten Sie das Ergebnis. Das Bild wirkt jetzt deutlich gleichmäßiger belichtet.

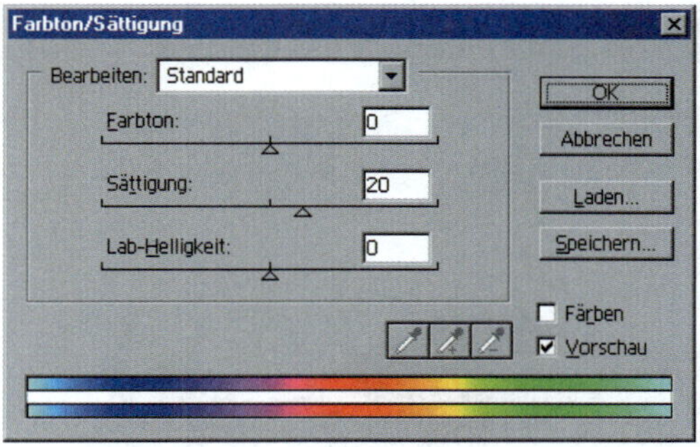

best friend TIPP

Radialer Verlauf

Eine Unter- oder Überbelichtung fällt mitunter nicht linear, sondern punktuell aus. In diesem Fall setzen Sie zum Erstellen der Maske das Werkzeug *Radialer Verlauf* ein, um eine gleichmäßige Auswahl zu erstellen.

2.2 Schwieriger Fall: Haare freistellen

Die Funktion *Extrahieren* in Photoshop gibt es erst seit der Version 5.5. Vorher war das Freistellen von Haaren extrem schwierig. Es erforderte komplizierte Detailarbeit aus einer Kombination von Zauberstab, Lasso und Bearbeitung im Maskierungsmodus. Nicht nur Portraits oder das Fell eines Tiers lassen sich auf diese Weise freistellen, auch andere Motive wie etwa Pflanzen lassen sich mit der Funktion *Extrahieren* auf komfortable Weise bearbeiten.

Quicksteps – Haare freistellen

- Wählen Sie den Befehl *Bild/Extrahieren.*
- Aktivieren Sie das Werkzeug *Kantenlicht.* Markieren Sie die Kante des Tiers.

- Aktivieren Sie das Füllwerkzeug. Klicken Sie damit innerhalb des Umrisses.
- Klicken Sie auf die Schaltfläche *Vorschau.*
- Optimieren Sie die Kanten mit den Werkzeugen *Bereinigen* und *Kantenverfeinerer.*

So stellen Sie Haare frei

1. Laden Sie die Datei *Extra.jpg* von der DATA BECKER-Website und öffnen Sie sie. Speichern Sie eventuell eine Kopie des Bilds, um darauf zurückgreifen zu können.

best friend TIPP

Originaldaten speichern

Bei besonders komplizierten Motiven sollten Sie eine Kopie der Originaldatei speichern oder die Ebene duplizieren, indem Sie *Ebene/Ebene duplizieren* wählen und dann auf der oberen Ebene arbeiten. So können Sie jederzeit auf die untere Ebene zurückgreifen. Falls die Extrahierung noch nicht so perfekt ist, können Sie den Vorgang wiederholen oder auch bestimmte Bereiche aus dem Originalbild in die neue Datei kopieren. Das Stempel-Werkzeug funktioniert dateiübergreifend. Sie können den Quellpunkt für den Kopiervorgang in der Originaldatei festlegen und dann in der Extrahierungsdatei retuschieren.

2. Wählen Sie den Befehl *Bild/Extrahieren.* Es öffnet sich das gleichnamige Dialogfeld. Ganz links finden Sie die funktionseigene Werkzeug-Palette.

3. Aktivieren Sie das Werkzeug *Kantenlicht*. Es ist das oberste in der Palette. Stellen Sie anschließend im Bereich *Werkzeugoptionen* die *Pinselgröße* auf ca. 4 bis 8 Pixel ein. Je nachdem, in welchem Bereich Sie beginnen. Bei klaren Kanten wie den Hörnern wählen Sie eine kleine Pinselspitze, bei „haarigeren" Kanten wie am Hals des Tiers wählen Sie eine breitere Pinselspitze.

TIPP

Die Werkzeuge der Funktion *Extrahieren*

An oberster Stelle liegt das Werkzeug *Kantenlicht*. Hiermit markieren Sie die Haarkante. Darunter befindet sich das Füllwerkzeug, mit dem Sie die Bereiche markieren, die als Vordergrund erhalten bleiben sollen, also von der Extrahierung ausgeschlossen werden. Mit dem Radiergummi an dritter Stelle entfernen Sie mit einem Klick die Füllung oder korrigieren ungenaue Kanten. Im Bereich *Extrahierung* des Dialogfelds finden Sie die Funktion *Vordergrund erzwingen*. Hiermit können Sie festlegen, dass eine bestimmte Farbe auf keinen Fall als Hintergrund identifiziert und somit gelöscht werden soll. Um diese Farbe festzulegen, benötigen Sie das Werkzeug *Pipette*.

Wenn Sie die *Vorschau*-Schalfläche angeklickt haben, sind die Werkzeuge *Bereinigen* und *Kantenverfeinerer* aktiviert. Mit dem Bereinigen-Werkzeug löschen

Sie Hintergrundspuren aus dem extrahierten Bereich oder füllen Lücken im Vordergrundbereich. Mit dem Werkzeug *Kantenverfeinerer* erhalten Sie ein besseres Kantenbild, da „Ausfransungen" entfernt werden.

4. Um genauer arbeiten zu können, vergrößern Sie bei Bedarf den Zoomfaktor. Auch innerhalb dieses Dialogfelds funktionieren die Shortcuts [Strg]+[+] und [Strg]+[-] zum Vergrößern bzw. Verkleinern. Außerdem steht Ihnen ein Lupen-Werkzeug zur Verfügung.

5. Arbeiten Sie sich mit dem Werkzeug *Kantenlicht* entlang der Kanten. Die Bildbereiche, die an die Dateigrenze stoßen, müssen nicht markiert werden. In diesem Fall ist das die linke Kante des Tiers.

best friend TIPP

Verschieden große Werkzeugspitzen

Verwenden Sie beim Nachzeichnen des Umrisses mit dem Werkzeug *Kantenlicht* unterschiedlich große Werkzeugspitzen, um exakte Ergebnisse zu erzielen. Je lockerer die Haarkante, desto größer muss die Werkzeugspitze sein. Wenn Sie aber in Bereichen mit eher kurzem Fell arbeiten, verwenden Sie eine kleine Werkzeugspitze. Dadurch verhindern Sie, dass Photoshop fälschlicherweise Pixel entfernt. Eine abschließende Retusche ist bei dieser Arbeit dennoch meist nötig.

6. Orientieren Sie sich an der Abbildung.

best friend TIPP

Die Option *Hervorhebungshilfe*

Wenn Sie in Ihrem Bild sehr klare Kanten markieren, können Sie das Kontrollkästchen *Hervorhebungshilfe* aktivieren. Die Markierung erfolgt daraufhin automatisch entlang der Kante und die Breite der Markierung erscheint unabhängig von der gewählten Werkzeugspitzengröße genauso breit, um nur die Kante zu markieren.

7. Wenn der Umriss klar nachgezeichnet ist, aktivieren Sie das Füllwerkzeug. Klicken Sie damit innerhalb des Umrisses. Die Fläche wird daraufhin gefüllt und somit als Vordergrund definiert. Standardmäßig wird das Kantenlicht grün und der Vordergrund blau markiert. Sie können diese Einstellungen im Bereich *Werkzeugoptionen* auch ändern.

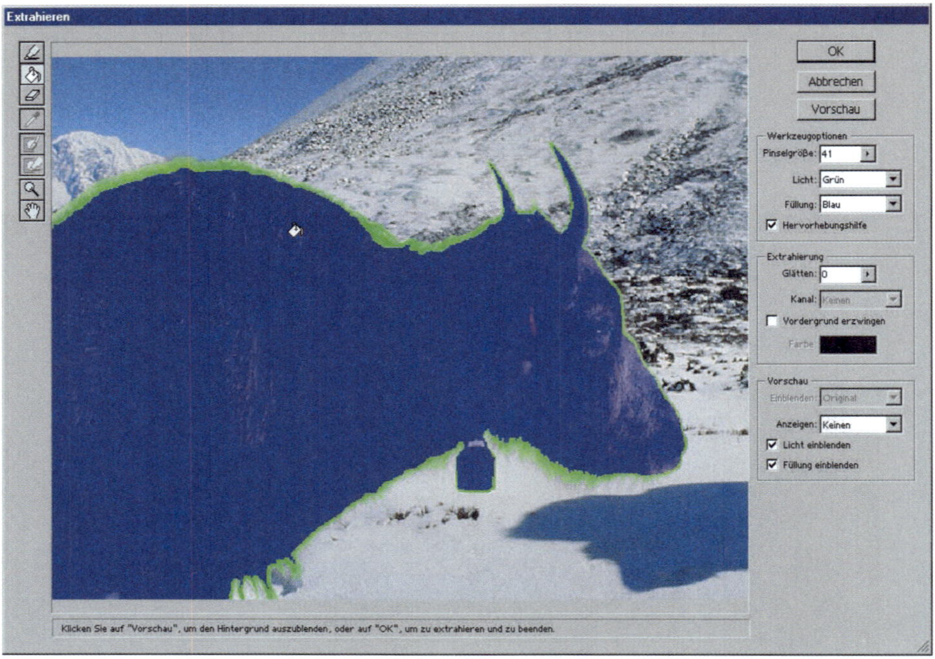

8. Wenn Sie diese Vorarbeit abgeschlossen haben, klicken Sie auf die Schaltfläche *Vorschau.* Daraufhin zeigt Photoshop Ihnen die Extrahierung. In den nächsten Schritten optimieren Sie die Extrahierung.

best friend TIPP

Das Kantenlicht muss eine geschlossene Form bilden

Es ist wichtig, dass der Umriss geschlossen ist. Selbst wenn sich nur winzige Lücken in der Lichtkante befinden, funktioniert das Füllen des Inhalts mit dem Füllwerkzeug nicht, auch umliegende Bereiche werden dann gefüllt.

9. Aktivieren Sie das Werkzeug *Bereinigen.* Dieses Werkzeug funktioniert wie der Radiergummi im normalen Bildmodus. Sie können also einzelne Bildpixel entfernen, die außerhalb des Vordergrunds liegen.

10. Wenn Sie die überflüssigen Bildpixel entfernt haben, wechseln Sie zum Werkzeug *Kantenverfeinerer.* Hiermit glätten Sie ausgefranste Kanten. Wenn Sie diese Arbeit abgeschlossen haben, bestätigen Sie das Dialogfeld mit einem Klick auf *OK.*

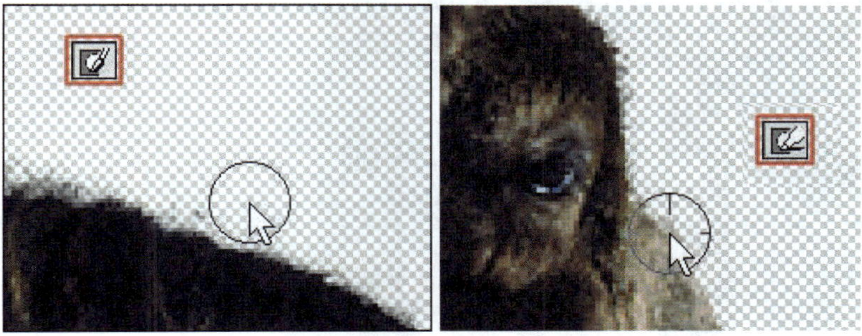

11. Falls Sie jetzt noch Kanten finden, mit denen Sie nicht ganz zufrieden sind, verwenden Sie das Stempel-Werkzeug oder den Wischfinger, um diese zu optimieren.

best friend TIPP

Hintergrundebene

Wenn Sie eine TIF- oder JPG-Datei öffnen, beinhaltet diese grundsätzlich nur eine Ebene, die Hintergrundebene. Dateien mit mehreren Ebenen können von diesen Formaten nicht verwaltet werden. Hintergrundebenen haben weniger Fähigkeiten als andere Ebenen.

Zum Beispiel kann man hier keine Transparenz einstellen. Wenn Sie mit der Funktion *Extrahieren* arbeiten, wird der Hintergrund entfernt und eine Transparenz erstellt. Aus diesem Grund wandelt Photoshop die Hintergrundebene automatisch in eine freie Ebene um. Deshalb müssen Sie die Datei vor dem Speichern als TIF oder JPG zunächst mit dem Befehl *Ebene/Auf Hintergrundebene reduzieren* bearbeiten.

2.3 Bildteile mit dem Zauberstab auswählen

Der Zauberstab gehört zu den wichtigsten Auswahlwerkzeugen aller Bildbearbeitungssoftwares. Nach einem Klick in einen Farbbereich wählt er je nach eingestellter Toleranz benachbarte Bildpixel gleicher Farbe und gleichen Tonwerts aus. In diesem Projekt wählen Sie den Himmel des Bilds aus und setzen ein neues Bild in die Auswahl ein.

Quicksteps – Bildteile mit Zauberstab auswählen

- Öffnen Sie die Datei *Zauber.jpg*.
- Aktivieren Sie das Werkzeug *Zauberstab*.

- Definieren Sie die Einstellungen in der Leiste *Werkzeug-Optionen.* Wählen Sie für dieses Beispiel eine Toleranz von 60 und aktivieren Sie die Kontrollkästchen *Glätten* und *Benachbart*.
- Klicken Sie in den Himmel des Fotos.
- Halten Sie die Umschalt-Taste gedrückt und klicken Sie dann in die Wolken.
- Klicken Sie auf das Symbol *Maskierungsmodus.*
- Aktivieren Sie das Werkzeug *Radiergummi* und entfernen Sie die störenden Pixel der Maske.
- Wechseln Sie wieder zurück in den Standardmodus.
- Öffnen Sie als zweites Bild die Datei *Berge.jpg.*
- Kopieren Sie das Bild in die Zwischenablage und wechseln Sie wieder zu *Zauber.jpg.*
- Wählen Sie den Befehl *Bearbeiten/In die Auswahl einfügen.*
- Aktivieren Sie das Bewegen-Werkzeug und positionieren Sie die Berge innerhalb des Fensters.

Bildbereich auswählen und neuen Inhalt einfügen

1. Laden und öffnen Sie die Datei *Zauber.jpg*. Der Himmel dieser Datei soll gegen eine Berglandschaft ersetzt werden. Dieses Motiv eignet sich gut für eine Auswahl mit dem Zauberstab, da die Farbbereiche gut abgegrenzt sind.

2. Aktivieren Sie das Werkzeug *Zauberstab*. Sie können es in Photoshop auch über die Tastatur anwählen, wenn Sie die Taste W drücken.

3. Definieren Sie die Einstellungen in der Leiste *Werkzeug-Optionen.* Wählen Sie für dieses Beispiel eine Toleranz von 60 und aktivieren Sie die Kontrollkästchen *Glätten* und *Benachbart*.

Dadurch werden die Ränder der Auswahl leicht weichgezeichnet und nur benachbarte Tonwerte ausgewählt.

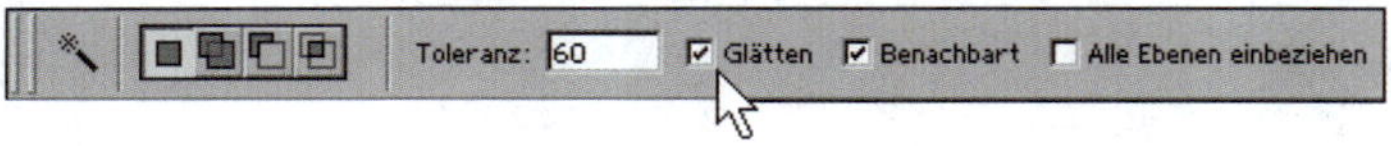

best friend TIPP

Die Option Benachbart

Wenn Sie in der Leiste *Werkzeug-Optionen* das Kontrollkästchen *Benachbart* aktivieren, werden ausschließlich benachbarte Farbbereiche ausgewählt, die sich innerhalb der Toleranz ähneln. Möchten Sie sämtliche Bildbereiche mit dieser Farbe auswählen, auch wenn sie nicht nebeneinander liegen, dann deaktivieren Sie das Kontrollkästchen.

4. Klicken Sie in den Himmel des Fotos. Dieser wird ausgewählt, allerdings fehlen noch die Wolken in der Auswahl. Halten Sie die Umschalt-Taste gedrückt und klicken Sie dann in die Wolken. Immer wenn Sie mehrere Bereiche markieren möchten, halten Sie die Umschalt-Taste und klicken weitere Bereiche an. Dies funktioniert übrigens auch in den meisten anderen Programmen.

5. Es fehlen immer noch kleine Bildteile, die noch in die Auswahl integriert werden müssen. Am leichtesten erreichen Sie das, indem Sie in den Maskierungsmodus wechseln. Klicken Sie auf das Symbol *Maskierungsmodus.*

Die maskierten Bereiche werden Ihnen standardmäßig rot dargestellt. Aktivieren Sie das Werkzeug *Radiergummi* und entfernen Sie die störenden Pixel der Maske.

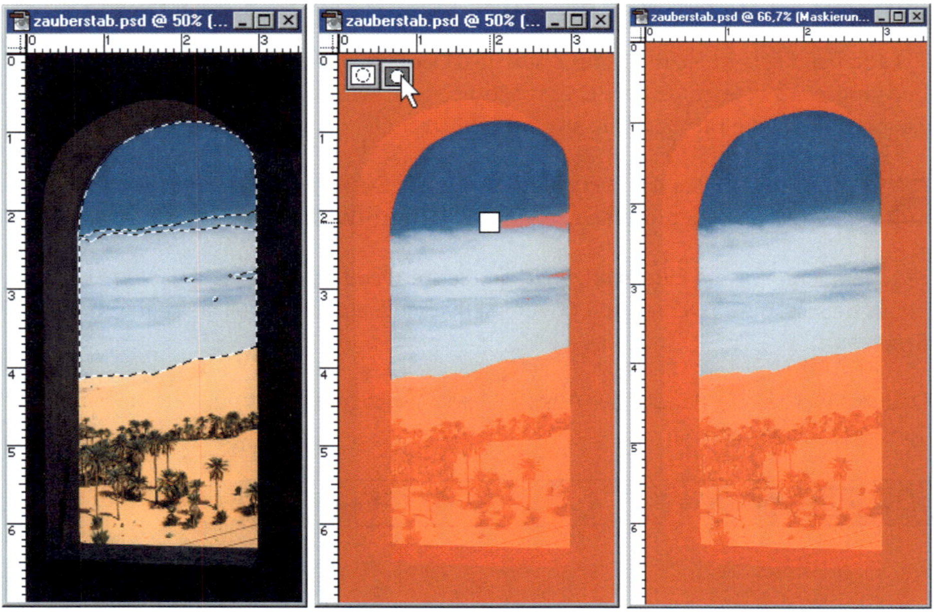

6. Wenn alle störenden Teile der Maske entfernt wurden, wechseln Sie wieder zurück in den Standardmodus.

Sie können dazu neben dem Symbol *Standardmodus* auch die Taste [Q] verwenden. Die Auswahl ist jetzt perfekt.

7. Öffnen Sie als zweites Bild die Datei *Berge.jpg*. Wählen Sie *Auswahl/Alles auswählen* und dann *Bearbeiten/Kopieren,* um das gesamte Bild in die Zwischenablage zu kopieren. Schließen Sie *Berge.jpg* wieder.

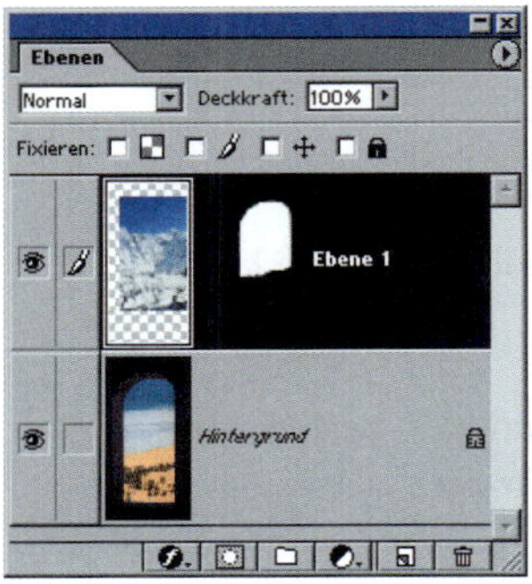

8. Sie befinden sich wieder im Fensterbild mit der aktiven Auswahl. Wählen Sie den Befehl *Bearbeiten/In die Auswahl einfügen.* Photoshop erstellt daraufhin eine neue Ebene, die mit einer Ebenenmaske in Form der Auswahl versehen ist.

Die Bereiche außerhalb der Auswahl werden von der Maske ausgeblendet. Mit *Fenster/Ebenen einblenden* können Sie in der *Ebenen*-Palette die Lage von Bild und Maske kontrollieren.

9. Aktivieren Sie das Bewegen-Werkzeug und positionieren Sie die Berge durch Klicken und Ziehen innerhalb des Fensters.

Egal ob Sie realistische Bildkompositionen zusammenstellen oder gegensätzliche Landschaften kombinieren, mit dieser Technik erstellen Sie verblüffende Fotomontagen.

best friend TIPP

Ebenenmasken

Weitergehende Informationen zum Thema „Ebenenmasken" finden Sie in Kapitel 6.

2.4 Ersetzen einzelner Farben

Falls Sie sich nicht entscheiden können, in welcher Farbe Sie Ihren Wagen lackieren möchten, testen Sie die Lackierung zunächst in Photoshop.

Das Dialogfeld *Farbe ersetzen* ist besonders komfortabel, wenn eine bestimmte Farbe eines Bilds in Bezug auf Farbton, Sättigung oder Helligkeit geändert werden soll.

Quicksteps – Farbe ersetzen

- Rufen Sie *Bild/Einstellen/Farbe ersetzen* auf.
- Klicken Sie den gewünschten Farbton an.
- Stellen Sie den Toleranzwert ein.
- Aktivieren Sie das Symbol *Hinzufügen* und wählen Sie zusätzliche Farbtöne aus.
- Verschieben Sie die Regler für Farbton, Sättigung und Helligkeit.

Farbbereiche auswählen

1. Laden Sie die Datei *Wagen.jpg* von der DATA BECKER-Website und öffnen Sie sie.

2. Mit dem Dialogfeld *Farbe ersetzen* wählen Sie den Gelbton des Wagens aus. Da aber auch im Grad Gelb-Anteile vorkommen, die ebenfalls umgefärbt würden, wählen Sie zunächst den Wagen grob aus. Aktivieren Sie dazu das Polygon-Lasso.

3. Klicken Sie mit dem Polygon-Lasso grob um das Bild herum. Um die Auswahl zu schließen, führen Sie in der Nähe des zuerst gesetzten Punkts einen Doppelklick aus.

4. Rufen Sie *Bild/Einstellen/Farbe ersetzen* auf. Klicken Sie in einen mittleren Gelbton der Motorhaube. Verschieben Sie den Toleranzregler. Hier wurde eine Toleranz von 120 Pixeln verwendet.

5. In dem Dialogfeld finden Sie drei Pipetten-Symbole. Das erste ist die normale Pipette zum Auswählen eines einzelnen Farbtons, in der Mitte liegt das Symbol *Hinzufügen*. Falls nicht alle Gelbtöne erfasst wurden, aktivieren Sie dieses Werkzeug und klicken einen weiteren Gelbton an.

6. Verschieben Sie die Regler *Farbton, Sättigung* und *Helligkeit.* Wenn Sie diesen Orangeton erzielen möchten, schieben Sie den Regler *Farbton* auf den Wert *-35* und den Regler *Sättigung* auf den Wert *20.* Bestätigen Sie das Dialogfeld.

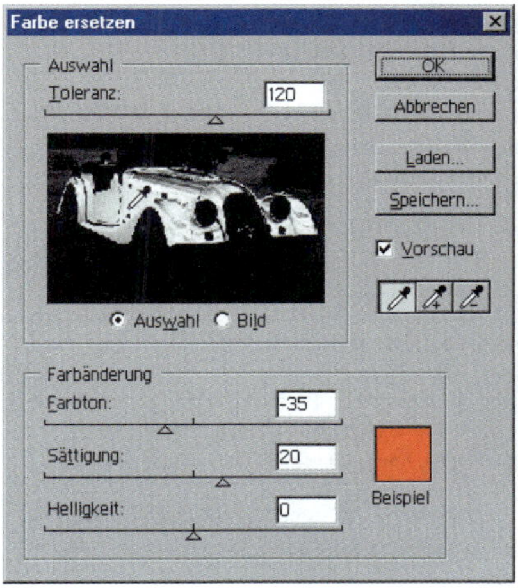

best friend TIPP

Farbbereich auswählen

Wenn Sie nicht wie hier die Farbe eines bestimmten Farbtons ändern, sondern z. B. Filter darauf anwenden möchten, verwenden Sie das Dialogfeld *Farbbereich auswählen*. Sie finden sie im Menü *Auswahl*. Das Dialogfeld ist genauso zu handhaben, allerdings haben Sie darin nicht die Möglichkeit einer Farbbearbeitung, sondern erhalten nach Bestätigung des Dialogfelds eine Auswahl, die Sie beliebig bearbeiten können.

Best friend's Check up!

Wichtige Befehle und Begriffe zum Thema „Auswahltechniken" erläutert unser Check up.

Funktionen/ Befehle/Begriffe	Bedeutung
Maske	Der Begriff „Maske" stammt aus der klassischen Fotografie und Reprotechnik. Hierbei wurden rote Folien zurechtgeschnitten und auf das lichtempfindliche Fotomaterial aufgebracht, um diese Bereiche vor der Belichtung zu schützen.
Freistellen	Den Begriff „Freistellen" könnte man gleichsetzen mit „den Hintergrund entfernen". Wenn Sie z. B. eine Person aus dem Gesamtbild extrahieren möchten, um sie in einem anderen Bild zu platzieren, müssen Sie sie vorher freistellen. So genannte Freisteller sind ein beliebtes Stilmittel, um das Layout einer Seite aufzulockern. Freigestellte Objekte werden dann so platziert, dass sie zum Teil in eine Textspalte geschoben werden, der Freisteller wird dann vom Text umflossen.
Extrahieren	Die Funktion *Extrahieren* ist seit der Version 5.5 Teil von Photoshop. Mit ihr ist es möglich, effektiv Haare, Fell und Pflanzen freizustellen.
Kantenlicht	Das Werkzeug *Kantenlicht* finden Sie in dem Dialogfeld *Extrahieren*. Mit diesem Werkzeug markieren Sie den teiltransparenten Kantenbereich von Haaren.
Ebenenmaske	Ebenenmasken werden mit der Ebene gespeichert und decken Bildbereiche ab, die ausgeblendet werden sollen. Der große Vorteil ist, dass die Maske jederzeit modifizierbar ist.

3 Digitales Korrigieren: Die Bildretusche

In diesem Kapitel erfahren Sie verschiedene Methoden zur Korrektur von Bildfehlern. Sie beginnen mit den automatischen Methoden – den Störungsfiltern – und setzen dann die Arbeit mit Kopierwerkzeugen für größere Retuschen fort.

3.1 Störungen mit Filtern entfernen

Körnung in Bildern entsteht in der klassischen Fotografie durch die Verwendung von sehr lichtempfindlichem Film. In der digitalen Fotografie entfällt dieser Punkt zwar, aber digitale Kameras erzeugen auch eine gewisse Körnung, das so genannte Rauschen.

Durch starkes Scharfzeichnen können ebenfalls übersättigte oder stark kontrastreiche Pixel hervorgehoben werden.

Für solche Probleme stehen Ihnen in allen gängigen Bildbearbeitungsprogrammen Störungsfilter zur Verfügung.

Diese Filter analysieren das Bild, finden einzelne Bildpixel, die vom Gesamtkontrast stark abweichen, und entfernen sie. Aber Vorsicht: Das Entfernen von Störungen geht immer mit einer Weichzeichnung und unter Umständen mit Detailverlust einher.

Quicksteps – Störungen entfernen

- Laden Sie die Datei *Baum.jpg* von der DATA BECKER-Website.
- Wählen Sie *Filter/Störungsfilter/Störungen entfernen.*
- Wählen Sie *Filter/Störungsfilter/Staub & Kratzer entfernen.*
- Verwenden Sie den Befehl *Filter/Scharfzeichnungsfilter/Scharfzeichnen.*

1. Laden Sie die Datei *Baum.jpg* von der DATA BECKER-Website. Sie sehen, dass hier Störungen in Form übersättigter Pixel vorhanden sind.

2. In Photoshop finden Sie im Menü *Filter/Störungsfilter* den Eintrag *Störungen entfernen.* Führen Sie diesen Befehl aus. Die meisten der Störungen werden dadurch erfolgreich entfernt.

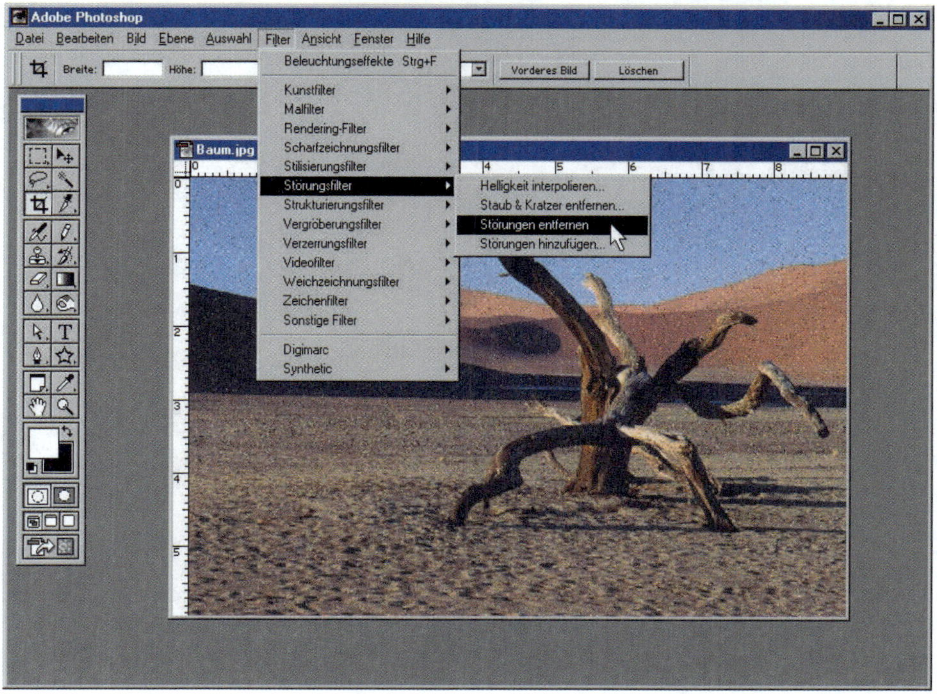

Störungen gegen Streifenbildung

Es gibt einen besonderen Fall, in dem Sie Störungen bzw. Rauschen hinzufügen sollten. Farbverläufe sind im Druck wie bei der Präsentation am Bildschirm ein Problem. Mitunter kommt es zu einer gewissen Streifenbildung. Wenn Sie hier eine geringe Menge Störungen hinzufügen, ist das Problem gebannt und der Verlauf wirkt wieder gleichmäßig.

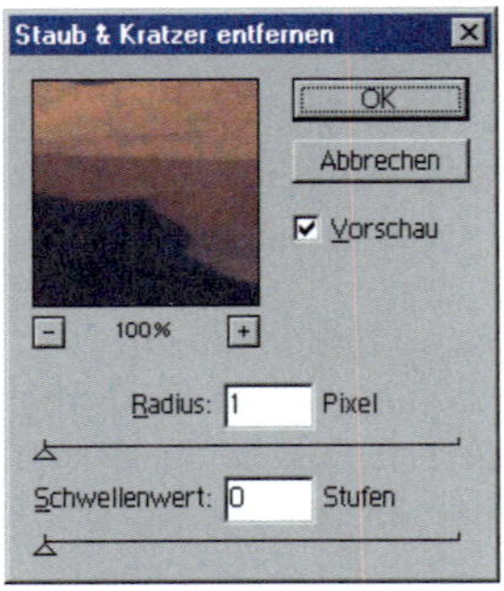

3. Die jetzt noch vorhandenen Störungspixel entfernen Sie, indem Sie zusätzlich *Filter/Störungsfilter/Staub & Kratzer entfernen* wählen. Verwenden Sie einen *Radius* von *1 Pixel* und einen *Schwellenwert* von *0 Stufen*. Bestätigen Sie mit *OK*.

4. Betrachten Sie das Ergebnis. Es sind keine Bildprobleme mehr zu erkennen. Da durch das Entfernen der Störungen eine leichte Weichzeichnung erfolgte, fangen Sie den Schärfeverlust auf, indem Sie *Filter/Scharfzeichnungsfilter/Scharfzeichnen* wählen.

INFO

Die verschiedenen Störungsfilter

Den Filter Störungen entfernen aus Photoshop haben Sie gerade kennen gelernt. Falls Sie mit anderen Programmen arbeiten, finden Sie den Filter im Menü *Effekte* oder *Filter* unter den Bezeichnungen *Störungsfilter, Rauschenfilter* oder *Körnung* entfernen.

3.2 Fusseln und Kratzer retuschieren

Die Rauschen-Filter funktionieren gut bei kleinen, gleichmäßigen Störungen. Wenn Sie größere Fusseln, Kratzer oder andere Bildfehler retuschieren möchten, ist eine manuelle Korrektur erforderlich. Ein Werkzeug, das alle bekannten Bildbearbeitungsprogramme aufweisen, ist das Stempel-Werkzeug. Manche Programme verwenden die Bezeichnung Kopierstempel, Klonen- oder Duplizieren-Werkzeug.

Das Prinzip ist bei allen Programmen gleich. Sie suchen im Bild einen Bereich, den Sie als Quelle des Kopiervorgangs festlegen, und „überstempeln“ dann den zu retuschierenden Bereich. Das Werkzeug wird in der Regel in der Werkzeugleiste als Stempel oder doppeltes Pinselsymbol dargestellt.

Quicksteps – Fusseln und Kratzer entfernen

- Aktivieren Sie das Werkzeug Stempel.
- Rufen Sie die Werkzeug-Optionen auf.
- Definieren Sie hier die Pinselgröße.
- Laden Sie die Datei Vogel.jpg.
- Entscheiden Sie, welchen Fussel Sie zunächst retuschieren möchten. Suchen Sie sich eine Bildstelle, die gleiche Helligkeits- und Farbwerte sowie die gleiche Struktur aufweist wie der zu retuschierende Bereich.
- Halten Sie die [Alt]-Taste gedrückt und klicken Sie dann mit der linken Maustaste an der Stelle, die Sie kopieren möchten.
- Überpinseln Sie den Fussel.
- Gehen Sie so für die größeren Störungen vor.

1. Aktivieren Sie das Kopierstempel-Werkzeug. Es befindet sich in Photoshop 6.0 an fünfter Position von oben links. Achten Sie darauf, dass Sie den Kopierstempel benutzen und nicht den Musterstempel. Dieser trägt – wie der Name schon sagt – ein zuvor festgelegtes Muster auf und nicht einen kopierten Bereich des Bilds.

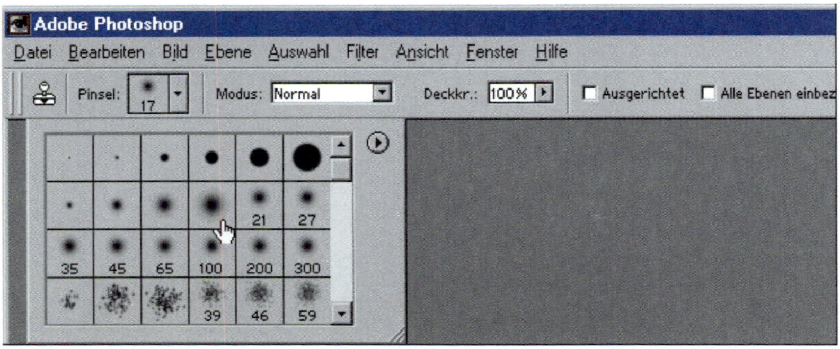

best friend TIPP

Pinsel-Optionen

Alle Bildbearbeitungssoftware hat eines gemeinsam: Sie bietet Paletten oder Dialogfelder an, in denen Sie die Optionen des aktiven Werkzeugs bestimmen. Einige Programme nennen diese Einstellungsfenster Werkzeug-Optionen, andere Stile-Palette. Hier können Sie z. B. die Größe der Werkzeugspitze, Malmodus, Textur, Deckkraft oder Farbe bestimmen.

2. Rufen Sie die Werkzeug-Optionen auf. Sie erhalten sie entweder durch einen Doppelklick auf den Kopierstempel in der Werkzeug-Palette oder mit dem Befehl *Fenster/Werkzeug-Optionen einblenden.* Seit Photoshop 6 werden die Optionen als Symbolleiste dargestellt, vorher waren sie innerhalb einer Palette angeordnet.

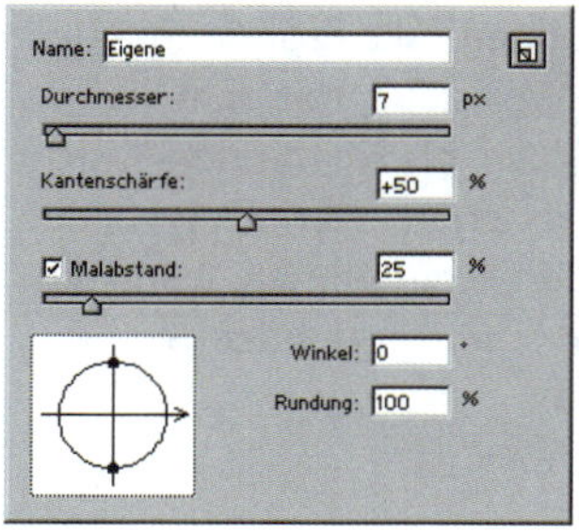

3. Die Leiste *Werkzeug-Optionen* passt sich automatisch dem von Ihnen aktivierten Werkzeug an. An erster Stelle finden Sie das Listenfeld *Pinsel.*

Sie können eine Pinselspitze auswählen, indem Sie entweder das Listenfeld öffnen und eine bestimmte Spitze anklicken, oder Sie führen einen Mausklick direkt auf das Pinselsymbol des Listenfelds aus. Daraufhin öffnet sich ein Flyout-Dialogfeld.

Definieren Sie hier die Pinselgröße. In diesem Fall haben wir einen Durchmesser von 7 Pixeln und eine *Kantenschärfe* von 50 % verwendet. Der Malabstand soll 25 % sein, damit beim Malen mit dem Stempel keine Lücken entstehen, der Winkel ist 0 und die Rundung 100 %.

4. Nachdem Sie die Werkzeugspitze festgelegt haben, wählen Sie den Modus *Normal* und eine Deckkraft von 100 %, sodass der Kopierstempel normal deckend arbeitet. Deaktivieren Sie die Optionen *Ausgerichtet* und *Alle Ebenen einbeziehen.*

INFO

Ausgerichtet und alle Ebenen einbeziehen

Wenn das Kontrollkästchen *Ausgerichtet* aktiviert ist, wandert der als Quellpunkt definierte Bereich mit der Mausbewegung, wobei Abstand und Richtung gleich bleiben. Meist ist es praktikabler, das Kontrollkästchen zu deaktivieren, da Sie dann eine bessere Kontrolle über die Retuschierarbeit haben.

Denn wenn Sie dann die Maustaste loslassen und neu ansetzen, springt der Kopierursprung wieder an die Stelle, die Sie zuerst festgelegt haben. Legen Sie den Ausgangspunkt zwischendurch lieber öfter neu fest, wenn Sie andere Tonwerte retuschieren möchten. Es ist allerdings auch Geschmackssache, mit welchem Modus Sie am liebsten arbeiten, testen Sie beide Möglichkeiten aus.

Wenn Sie die Option *Alle Ebenen einbeziehen* aktivieren, können Sie beliebig viele Ebenen in der Datei verwalten, der Kopierstempel behandelt sie wie eine einzige Ebene. Ist das Kontrollkästchen deaktiviert, kopiert der Stempel nur Bildbereiche, die auf der aktiven Ebene liegen.

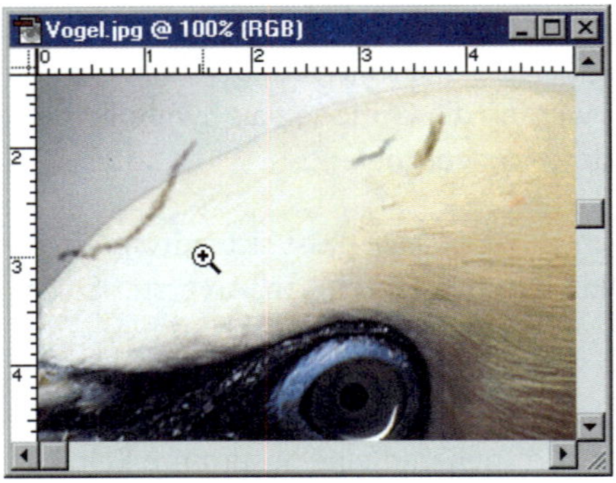

5. Laden Sie die Datei *Vogel.jpg* von der DATA BECKER-Website und öffnen Sie sie in Ihrem Bildbearbeitungsprogramm. Bei Retuschearbeiten ist ein hoher Zoomfaktor häufig von Vorteil, da Details so besser korrigiert werden können. Alle Programme besitzen ein Zoom-Werkzeug, mit dem Sie so oft in das Bild klicken, bis Sie mit der Ansicht zufrieden sind. Das Zoom-Werkzeug verkleinert in den meisten Programmen, wenn Sie zusätzlich die [Alt]-, [Umschalt]- oder [Strg]-Taste gedrückt halten.

best friend TIPP

Zoomfaktor in Bildbearbeitungsprogrammen

In den meisten Programmen können Sie die Ansicht komfortabel mit der Tastenkombination [Strg]+[+] bzw. [Strg]+[-] vergrößern bzw. verkleinern. Allerdings funktionieren häufig nur die Tasten auf dem Ziffernblock, nicht jedoch die des Buchstabenblocks. Falls Sie eine Rad-Maus besitzen, probieren Sie aus, ob das Zoomen auch hiermit gelingt. Viele Programme unterstützen diese Funktion.

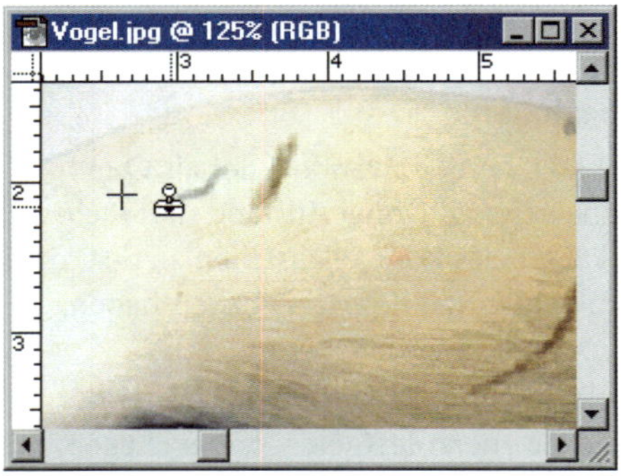

6. Stellen Sie sicher, dass der Kopierstempel aktiv ist. Entscheiden Sie, welchen Fussel Sie zunächst retuschieren möchten. Suchen Sie sich eine Bildstelle, die gleiche Helligkeits- und Farbwerte sowie die gleiche Struktur aufweist wie der zu retuschierende Bereich.

Diese Bildstelle soll mithilfe des Kopierstempels zum Überdecken der Störung genutzt werden.

7. Halten Sie die [Alt]-Taste gedrückt und klicken Sie dann mit der linken Maustaste an der Stelle, die Sie kopieren möchten. Damit ist sie als Quelle für den Kopiervorgang festgelegt. Überpinseln Sie anschließend den Fussel, indem Sie mit gedrückter linker Maustaste malen. Die Stelle, die jetzt kopiert wird, wird durch ein Kreuz angezeigt.

best friend TIPP

Festlegen der Kopierquelle

Der Kopierstempel funktioniert in allen Bildbearbeitungsprogrammen ähnlich. Allerdings ist das Festlegen der Kopierquelle unterschiedlich zu handhaben. In manchen Programmen müssen Sie einen rechten Mausklick ausführen, in anderen ist es nötig, [Strg]- [Umschalt]- oder [Alt]-Taste bei einem linken Mausklick gedrückt zu halten.

8. Gehen Sie so für die größeren Störungen vor. Legen Sie immer wieder eine neue Kopierstelle fest, die dem zu retuschierenden Bereich entspricht, und übermalen Sie den Fussel.

best friend TIPP

Retuschieren von Verläufen

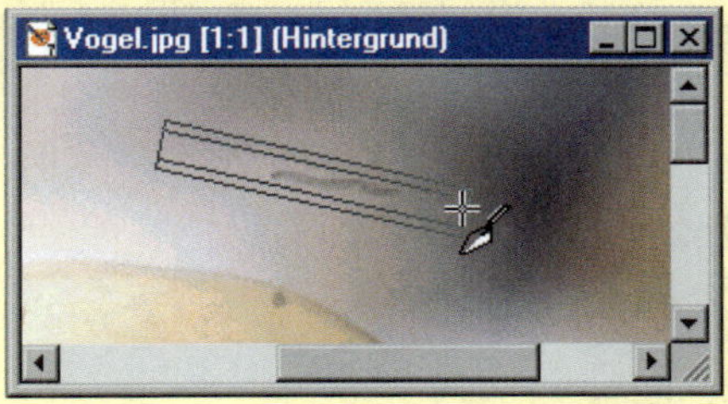

Wenn Bildfehler in Bereichen liegen, die aus Verläufen, also fließenden Übergängen, bestehen, ist die Retusche häufig schwieriger. Man legt immer wieder den Kopierbereich neu fest und tastet sich an die Übergänge heran, doch es bleibt immer eine Kante sichtbar. In diesem Fall verändern Sie die Deckkraft Ihres Stempel-Werkzeugs z. B. auf 50 %. Verwenden Sie, wenn möglich, eine relativ große Pinselspitze und übermalen Sie dann die Kante mit der geringen Deckkraft. Auf diese Weise schaffen Sie es, Übergänge gleichmäßig zu gestalten.

best friend INFO

Das Werkzeug *Kratzer* entfernen in Paint Shop Pro

Paint Shop Pro hält für die Korrektur kleinerer Fusseln ein besonderes Werkzeug bereit – das Werkzeug *Kratzer entfernen.* Aktivieren Sie dieses Werkzeug. Klicken Sie vor einen kleineren Fussel und ziehen Sie bei gehaltener linker Maustaste über den Fussel. Paint Shop Pro füllt daraufhin den Bereich mit der umliegenden Farbe. Dieses Werkzeug funktioniert auch besonders gut bei Farbverläufen. Nicht verwendbar ist es in Bereichen mit deutlicher Struktur, da auch diese als Fussel erkannt und reduziert wird. An manchen Stellen müssen Sie das Werkzeug mehrmals anwenden, bevor der Kratzer verschwunden ist.

3.3 Rote-Augen-Effekt ausgleichen

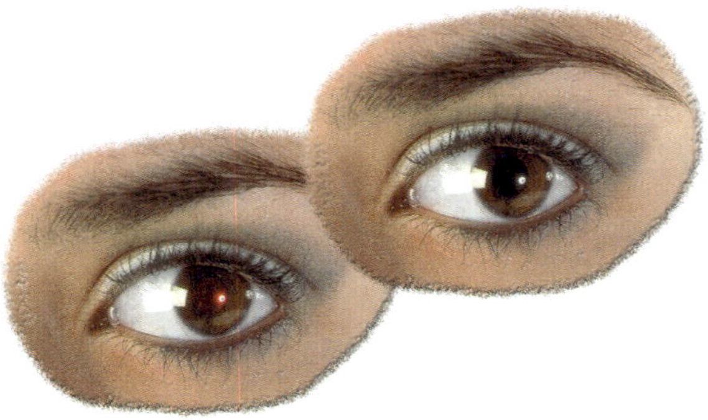

Glücklicherweise kommt der ungeliebte Rote-Augen-Effekt in der Praxis nicht mehr so häufig vor, da die neueren Kameras diesen mit ihrer Blitztechnik verhindern. Sollten Sie doch Bilder mit diesem Effekt in Ihrem Fundus haben, lässt sich mithilfe Ihrer Bildbearbeitungssoftware eine unkomplizierte Korrektur vornehmen. Viele Programme bieten hierzu auch automatische Korrekturen an, diese funktionieren aber leider nicht immer gut.

Quickstep – Rote-Augen-Effekt ausgleichen

- Öffnen Sie ein Bild mit Rote-Augen-Effekt.
- Aktivieren Sie das Werkzeug *Auswahl-Ellipse.*
- Markieren Sie mit der Auswahl-Ellipse die Pupille.
- Wählen Sie *Bild/Einstellen/Farbton/Sättigung.* Verschieben Sie den Regler *Sättigung* auf den Wert -100.
- Wählen Sie *Bild/Einstellen /Helligkeit/Kontrast.* Verringern Sie die Helligkeit.

Die Auswahl treffen

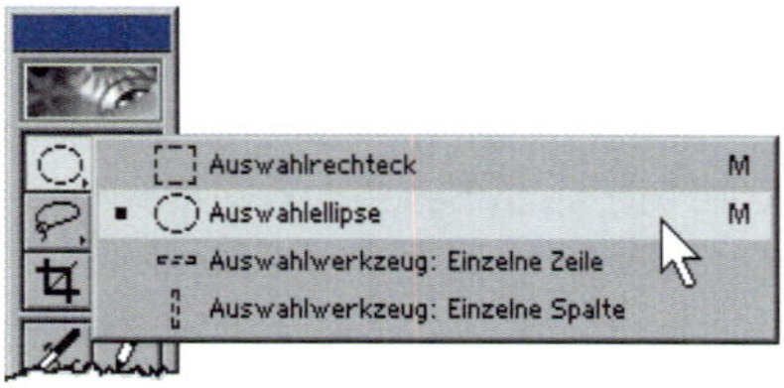

1. Öffnen Sie ein Bild Ihrer Wahl, das den Rote-Augen-Effekt aufweist. Zoomen Sie das Bild so groß, dass Sie im Folgenden exakt die Pupille auswählen können.

2. Aktivieren Sie das Werkzeug *Auswahl-Ellipse.* In vielen Programmen finden Sie dieses Werkzeug zusammengefasst mit anderen Auswahlwerkzeugen oder wählen es über die Stile-Palette an.

best friend INFO

Die Auswahlellipse

In vielen Programmen müssen Sie die Ellipse nicht über die Stil-Palette oder die Werkzeug-Optionen anwählen. Sie finden sie häufig direkt in der Werkzeug-Palette. In Photoshop versteckt sie sich beispielsweise gemeinsam mit anderen Auswahlwerkzeugen in einem Flyout. Sie öffnen Flyouts, indem Sie mit der linken Maustaste auf ein Werkzeug klicken und die Maustaste so lange halten, bis sich das Flyout öffnet.

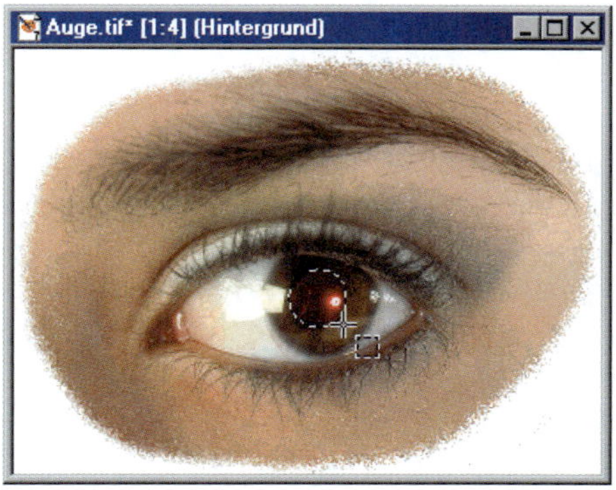

3. Die Pupille beim ersten mal exakt zu treffen ist nicht ganz einfach. Eine große Hilfe ist es, die [Alt]-Taste gedrückt zu halten, daraufhin wird die Ellipse von der Mitte her erstellt. Sie müssen also nur direkt ins Zentrum der Pupille klicken und dann die Auswahl aufziehen. So ist die Positionierung einfacher.

4. Falls die Auswahl zwar die richtige Größe hat, aber nicht exakt über der Pupille sitzt, verschiebenen Sie sie mit den Cursortasten, dies funktioniert in den meisten Programmen. In Paint Shop Pro aktivieren Sie das Verschieben-Werkzeug und klicken die Auswahl mit der rechten Maustaste an, daraufhin können Sie sie positionieren.

best friend TIPP

Die Auswahl verändern

Viele Programme geben Ihnen die Möglichkeit, eine bereits erstellte Auswahl zu optimieren. In Photoshop können Sie die Auswahl beispielsweise mit den Cursortasten pixelweise verschieben oder mit dem Menüpunkt *Auswahl/Auswahl transformieren* Größe und Position der Auswahl anpassen. Über den Maskierungsmodus haben Sie die Möglichkeit, die Auswahl mit den Pinsel-Werkzeugen zu bearbeiten.

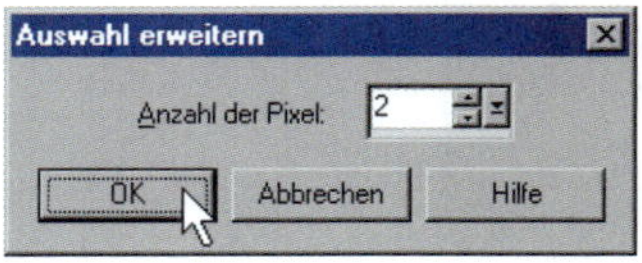

5. Sollte die Auswahl zu klein geraten sein, wählen Sie in Photoshop *Auswahl/Auswahl verändern/Ausweiten* und in Paint Shop Pro *Auswahl/Modifizieren/Vergrößern.* Geben Sie in das darauf folgende Dialogfeld die Pixelanzahl ein, um die Sie die Auswahl vergrößern möchten, und bestätigen Sie mit *OK.*

Infos zum Thema „Auswahl"

Weitergehende Informationen zum Thema „Auswahl" sind in Kapitel 2 beschrieben.

Sättigung und Tonwerte korrigieren

Nachdem Sie die Auswahl erfolgreich erstellt haben, verringern Sie in den nächsten Schritten die Sättigung. Die Sättigung beschreibt die Reinheit einer Farbe von Grau bis zum Vollton. Wenn Sie die Sättigung der roten Augen bis auf 0 % verringern, entsteht ein Grauton.

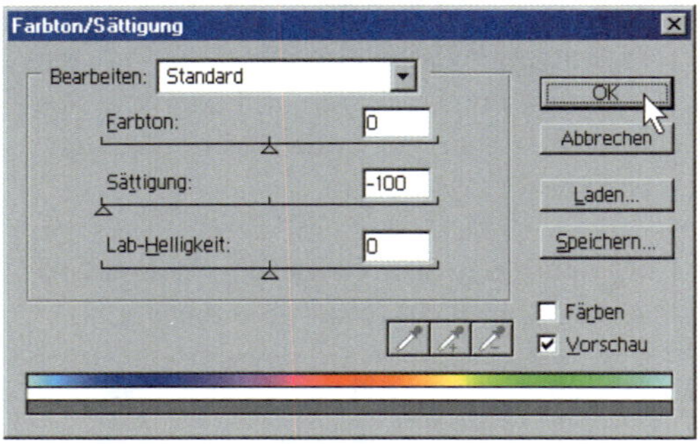

1. Wählen Sie *Bild/Einstellen/Farbton/Sättigung*. Diesen Befehl finden Sie in fast aller Bildbearbeitungssoftware, allerdings befindet er sich manchmal nicht im Menü *Bild*, sondern im Menü *Farben*.

Verschieben Sie den Regler *Sättigung* auf den Wert *-100* und bestätigen Sie das Dialogfeld mit *OK*.

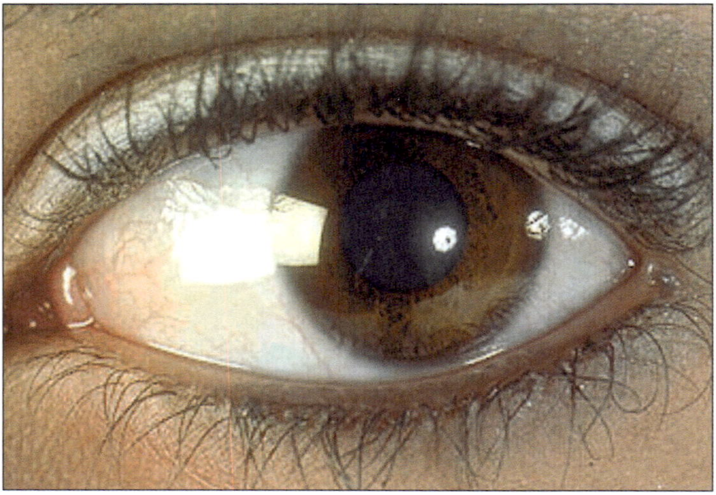

2. Betrachten Sie das Ergebnis. Der Rotton ist zwar entfernt, aber das Auge wirkt noch natürlich, weil der Grauton zu hell ist.

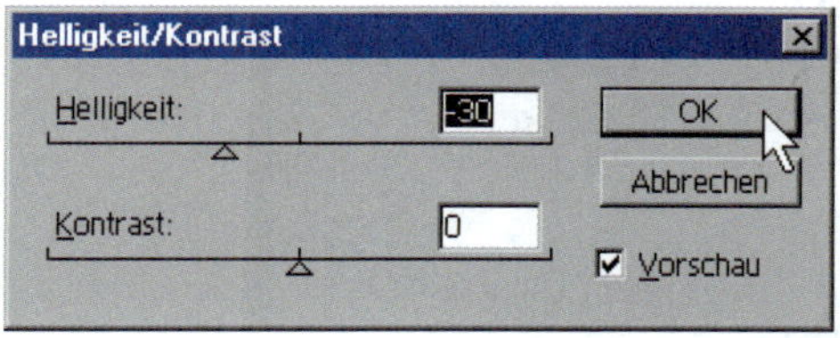

3. Wählen Sie *Bild/Einstellen/Helligkeit/Kontrast.* Auch diesen Befehl finden Sie in aller bekannten Software. Hier müssen Sie testen, mit welcher Einstellung Ihr Bild am besten aussieht. Für dieses Beispiel wurde der Helligkeitswert auf *-30* eingestellt. Bestätigen Sie mit *OK.*

4. Kontrollieren Sie wieder das Ergebnis. Das Auge wirkt jetzt natürlich und der Rote-Augen-Effekt ist vollständig aufgehoben.

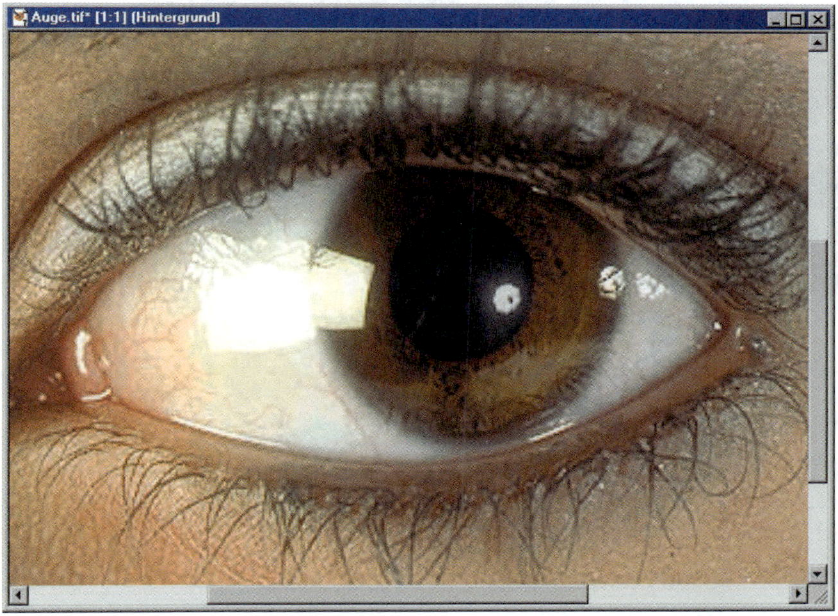

3.4 Störende Bildteile retuschieren

Wie Sie mit dem Kopierpinsel arbeiten, haben Sie bereits im zweiten Abschnitt dieses Kapitels erfahren. Hier arbeiten Sie mit einer Kombination aus kopierten Bildteilen und einer Retusche mit dem Kopierpinsel.

Besonders bei großen Flächen ist es eine Arbeitserleichterung, zunächst Bildteile zu überdecken und dann die Schnittkanten mit dem Kopierpinsel zu bearbeiten.

Quicksteps – Bildteile retuschieren

- Laden Sie die Datei *Steppe.jpg.*
- Aktivieren Sie das Werkzeug *Auswahlrechteck.*
- Wählen Sie einen Bildstreifen aus, der der zu überdeckenden Stelle möglichst ähnlich ist.
- Wählen Sie *Bearbeiten/Kopieren* und dann *Bearbeiten/Einfügen.*
- Aktivieren Sie das Verschieben-Werkzeug und ziehen Sie den Streifen über den Strommast.
- Verschmelzen Sie die Ebenen mit *Ebene/Auf Hintergrundebene reduzieren.*
- Aktivieren Sie den Stempel und retuschieren Sie die Schnittkanten.

Bildteile auswählen

1. Laden Sie die Datei *Steppe.jpg* von der Website und öffnen Sie sie. Der Strommast soll hier zunächst mit einem anderen Teil des Bilds überdeckt und dann die Schnittkanten retuschiert werden.

2. Zoomen Sie die Datei wieder in eine geeignete Ansicht.

In diesem Fall sollte der gesamte Strommast sichtbar sein. Aktivieren Sie das Werkzeug *Auswahlrechteck.*

3. Wählen Sie durch Klicken und Ziehen einen Bildstreifen aus, der möglichst nahe bei dem Mast liegt, damit er ähnliche Beleuchtungsverhältnisse aufweist.

4. Wählen Sie *Bearbeiten/Kopieren* und dann *Bearbeiten/Einfügen.* Einige Programme fügen automatisch eine neue Ebene ein, in anderen müssen Sie *Bearbeiten/Einfügen/Als neue Ebene* wählen.

5. Aktivieren Sie das Verschieben-Werkzeug. In manchen Programmen wird dieses Werkzeug Bewegen-Werkzeug genannt. Ziehen Sie jetzt den eingefügten Streifen so über den Mast, dass Farben und Struktur schon relativ gut passen. Wir haben uns hier an der Straße orientiert.

6. Da sich jetzt zwei Ebenen in der Datei befinden, müssen Sie diese mit dem Befehl *Ebene/Sichtbare auf eine Ebene reduzieren* verschmelzen.

7. Gehen Sie anschließend genauso für den oberen Teil des Masts vor. Kopieren Sie auch hier ein Stück, das möglichst gut über den zu retuschierenden Teil passt, verschieben Sie ihn und reduzieren Sie die Ebenen wieder auf eine Hintergrundebene.

Die Feinretusche

1. Aktivieren Sie den Kopierpinsel, mit dem Sie weiter oben in diesem Kapitel schon die Fusseln retuschiert haben. Überprüfen Sie Größe und Härte mithilfe der Werkzeug-Optionen bzw. der Stil-Palette.

2. Suchen Sie sich eine Stelle aus, die Sie kopieren möchten, und legen Sie mit einem linken Mausklick bei gehaltener [Alt]-Taste die Quelle für den Kopiervorgang fest. In anderen Programmen müssen Sie die [Umschalt]- oder [Strg]-Taste festhalten oder auch mit der rechten Maustaste klicken.

3. Retuschieren Sie, indem Sie mit gehaltener linker Maustaste über die Schnittstellen malen. An welcher Stelle sich die Quelle beim Kopieren befindet, wird Ihnen grundsätzlich durch ein Kreuz angezeigt.

Im Himmel können Sie mit einer größeren Werkzeugspitze locker über die Kanten klicken, durch die Wolkenstruktur fällt hier die Retusche kaum auf.

4. Um Details wie die Straße zu retuschieren, verwenden Sie einen besonders hohen Zoomfaktor und eine sehr kleine Werkzeugspitze, um die Übergänge gut hinzubekommen. Gehen Sie so für alle Kantenbereiche vor.

best friend TIPP

Pinselgrößen ändern

Experimentieren Sie bei der Arbeit mit dem Kopierpinsel mit unterschiedlichen Pinselgrößen, verschiedener Kantenschärfe und Deckkraft. Verwenden Sie für Details eher kleine Pinselspitzen mit einer harten Kante und für größere Flächen eher große Spitzen. Wann immer Sie Farbübergänge schaffen möchten, verwenden Sie eine mittlere Deckkraft.

3.5 Motivvergrößerung durch Spiegelung

Benötigen Sie ein Bild, das eine bestimmte Größe hat, das Original ist aber nicht breit genug? Im Layouter-Alltag kommt dieses Problem häufiger vor. Wenn ein Bild breiter werden muss, es aber in der Höhe nicht zu beschneiden ist wie bei dem Beispielbild, müssen Sie in die Retusche-Trickkiste greifen. Solche Bilder allein mit dem Kopierpinsel zu erweitern ist relativ mühselig.

Der Trick liegt darin, dass Sie den Randteil des Bilds kopieren, einfügen und spiegeln. Dadurch sind Helligkeits- und Farbwerte der Anschlüsse schon ideal. Sie müssen nur noch die verräterischen Kanten retuschieren.

Quicksteps – Motive vergrößern

- Öffnen Sie die Datei *Wueste.tif*.
- Rufen Sie den Befehl *Bild/Arbeitsfläche* auf.
- Fixieren Sie per Mausklick den Stützpunkt rechts in der Mitte.
- Geben Sie in das Feld *Breite* „13 cm" ein.
- Aktivieren Sie das Auswahlrechteck.
- Klicken Sie an der oberen linken Ecke des Fotos und ziehen Sie bis unten rechts, kurz bevor der Baum beginnt.
- Kopieren Sie den Inhalt mit *Bearbeiten/Kopieren* in die Zwischenablage.
- Fügen Sie sie anschließend mit *Bearbeiten/Einfügen* in die Datei ein.
- Wählen Sie *Bearbeiten/Transformieren/Horizontal spiegeln*.

- Aktivieren Sie das Verschieben-Werkzeug, klicken Sie in die Datei und ziehen Sie die Ebene so weit nach links, bis die Anschlüsse perfekt sind.
- Verschmelzen Sie die beiden Ebenen mit dem Befehl *Ebene/Auf Hintergrundebene reduzieren.*
- Retuschieren Sie die Schnittkanten wieder mit dem Stempel-Werkzeug.

Arbeitsfläche vergrößern

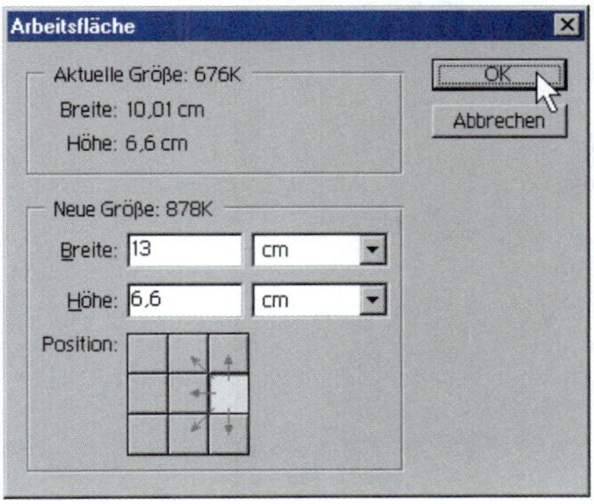

1. Öffnen Sie die Datei *Wueste.tif.* Rufen Sie den Befehl *Bild/Arbeitsfläche* auf. Hier erhalten Sie einerseits Informationen über die Dateigröße und können die Arbeitsfläche andererseits erweitern oder beschneiden. Um die Richtung der Erweiterung festzulegen, stehen Ihnen neun Symbole zur Verfügung. Die Datei ist ursprünglich 10 cm breit, sie soll auf die Breite 13 cm erweitert werden. Fixieren Sie per Mausklick den Stützpunkt rechts in der Mitte, dadurch wird das Bild an der linken Seite erweitert. Geben Sie in das Feld *Breite* „13 cm" ein und bestätigen Sie mit *OK.*

2. Der neu angefügte Teil wird standardmäßig mit Vorder- oder Hintergrundfarbe gefüllt. Da dieser Bereich mit der Spiegelung des Bilds gefüllt wird, ist die Farbe in diesem Fall nicht wichtig.

3. Wählen Sie einen Zoomfaktor, in dem Sie die gesamte Datei sehen können. Klicken Sie dann an einer der unteren Ecken und ziehen Sie daran etwas nach außen.

Der Hintergrund der Datei kommt zum Vorschein und wird durch eine graue Fläche angezeigt. Der Grund dieser Aktion ist, dass Sie so beim Markieren leichter den oberen Rand der Datei erwischen, da Sie außerhalb ansetzen können.

4. Aktivieren Sie das Auswahlrechteck. Klicken Sie an der oberen linken Ecke des Fotos und ziehen Sie bis unten rechts, kurz bevor der Baum beginnt.

best friend TIPP

Hoher Zoomfaktor versus Übersicht

Wenn Sie, wie hier dargestellt, im Zoomfaktor 1:2 arbeiten, haben Sie einen guten Überblick über die Datei, aber das Ansetzen der Auswahl ist relativ schwierig. Wählen Sie einen hohen Zoomfaktor, sodass Sie pixelgenau arbeiten können, fehlt Ihnen die Übersicht und Sie müssen mit gedrückter Maustaste durch die Datei scrollen. Probieren Sie aus, mit welcher Methode Sie am besten klarkommen. Bei diesem Beispiel ist es unproblematisch, wenn Sie links etwas innerhalb des Fotos ansetzen. Nur oben und unten sollten Sie darauf achten, dass die gesamte Höhe ausgewählt ist.

5. Nachdem Sie erfolgreich Ihre Auswahl erstellt haben, kopieren Sie den Inhalt mit *Bearbeiten/Kopieren* in die Zwischenablage. Fügen Sie ihn anschließend mit *Bearbeiten/Einfügen* in die Datei ein.

Die neue Ebene spiegeln

1. Nachdem die neue Ebene eingefügt wurde, spiegeln Sie sie. Wählen Sie dazu in Photoshop *Bearbeiten/Transformieren/Horizontal spiegeln*. In Paint Shop Pro heißt dieser Befehl *Bild/Spiegeln*.

2. Aktivieren Sie das Verschieben-Werkzeug, klicken Sie in die Datei und ziehen Sie die Ebene so weit nach links, bis die Anschlüsse perfekt sind. Hierbei können Sie gut in einem hohen Zoomfaktor arbeiten. Achten Sie darauf, dass auch die Anschlüsse oben und unten passen.

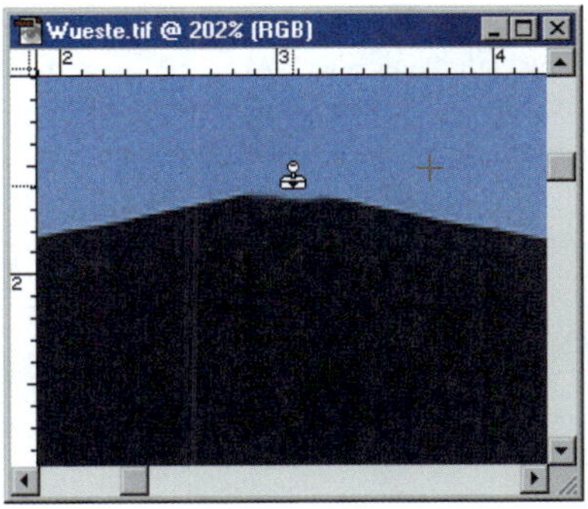

3. Ist die obere Ebene positioniert, verschmelzen Sie die beiden Ebenen mit dem Befehl *Ebene/Auf Hintergrundebene reduzieren*.

4. Die Anschlüsse sind jetzt schon perfekt, Sie müssen nur noch die verräterische Schnittstelle retuschieren. Verwenden Sie dazu wieder den Kopierpinsel.

best friend TIPP

Spiegeln in verschiedenen Programmen

In Paint Shop Pro bezieht sich der Befehl *Bild/Spiegeln* auf die aktuelle Ebene. Das ist nicht überall der Fall. Einige Programme unterscheiden zwischen „Bild spiegeln" und „Ebene spiegeln". Bei „Bild spiegeln" werden dann alle Ebenen inklusive der Hintergrundebene gespiegelt. In Photoshop finden Sie die entsprechenden Befehle unter *Bearbeiten/Transformieren/Horizontal spiegeln*, wobei die aktuelle Ebene gespiegelt wird, und *Bild/Arbeitsfläche drehen/Horizontal spiegeln.* Hier wird das gesamte Bild gespiegelt.

Best friend's Check up!

Die wichtigsten Begriffe, Befehle und Funktionen für dieses Kapitel finden Sie hier in unserem Überblick.

Bildschirmbereich	Bedeutung
Störungen	Störungen sind Bildfehler in Form vereinzelter Pixel, die sich stark vom Kontrast des Bilds unterscheiden. Störungen werden auch als Rauschen oder Körnung bezeichnet. Der Filter *Störungen entfernen* ermittelt im Bild deutliche Kanten und zeichnet dann das Bild mit Ausnahme dieser Kanten weich, wodurch die einzelnen Pixel verschwinden.
Kopierstempel	Der Kopierstempel ist das wichtigste Werkzeug für die Bildretusche. Wie der Name schon sagt, kopiert dieses Werkzeug einen zuvor festgelegten Bildbereich. Wenn Sie einen Bildfehler überstempeln möchten, legen Sie vorher den Bereich fest, mit dem Sie den Fehler überdecken möchten, und überstempeln dann den Bereich.
Sättigung	Die Sättigung beschreibt den Reinheitsgrad einer Farbe. Dieser liegt zwischen Grau und Vollton. Je höher die Sättigung, desto reiner ist die Farbe.
Arbeitsfläche	In Photoshop gibt es zwei Dialogfelder, mit denen Sie Einfluss auf die Maße eine Bilds haben: *Bildgröße* und *Arbeitsfläche*. Wenn Sie ein Bild mit dem Befehl *Bildgröße* verändern, wird das Bild insgesamt vergrößert oder verkleinert. Wenn Sie dagegen den Befehl *Arbeitsfläche* verwenden, ändert sich nichts an den Maßen des Ursprungsbilds, die Arbeitsfläche wird aber erweitert, sodass Sie diese mit neuen Inhalten füllen können.

4 Fantastische Farben

Tolle Farbeffekte erzielen Sie z. B. mit Filtern für Ihre Digitalkamera, diese sind allerdings immer noch relativ kostspielig. In Ihrer Bildbearbeitungssoftware finden Sie faszinierende Effekte z. B. mit den Funktionen *Farbton/Sättigung* oder *Kanalmixer.* Im zweiten Abschnitt dieses Kapitels werden Sie selbst zum Pop-Art-Künstler. Sie wandeln ein Farbfoto zunächst in eine Strichzeichnung um und füllen dann die Flächen mit knalligen Volltonfarben.

4.1 Farbverschiebungen für surrealistische Effekte

Mithilfe von Farbverschiebungen tauchen Sie Bilder in völlig neue Stimmungen. Die Palette der erzeugten Stimmungen reicht von romantisch bis gruselig, je nachdem, welche Funktionen Sie einsetzen und wie stark die Verschiebung ist.

Mit diesem Dialogfeld können Sie den roten, blauen und grünen Farbkanal um einen frei wählbaren, prozentualen Anteil erhöhen oder abschwächen. Die Farbeffekte reichen – je nach Stärke der Einstellung – von einer leichten Farbkorrektur über noch realistisch wirkende Farbverschiebungen bis hin zu surrealistischen Effekten.

Quicksteps – Farbverschiebungen mit dem Kanalmixer

- Wählen Sie in Photoshop den Befehl *Bild/Einstellen/Kanalmixer.*
- Wählen Sie im Listenfeld *Ausgabekanal* den Kanal *Rot.*
- Schieben Sie im Bereich *Quellkanäle* den Regler *Rot* ganz nach rechts auf den Wert 200 %, um eine rötliche, warme Stimmung zu erzeugen.
- Wenn Sie den Regler *Grün* nach links auf den Wert -200 schieben, erhalten Sie eine kühle, grünliche Szene.

Der Kanalmixer im Einsatz

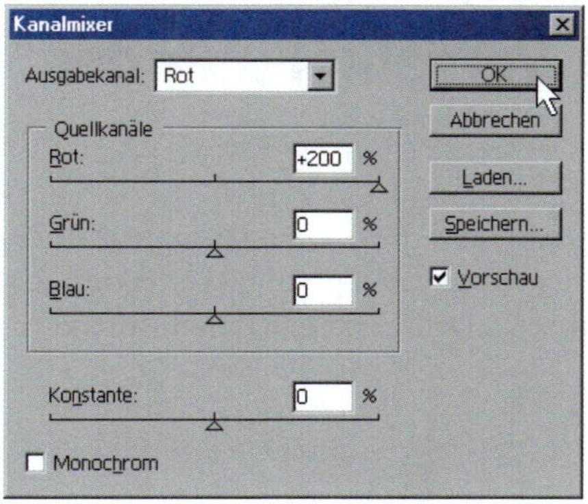

1. Laden Sie die Datei *Fabrik.jpg* von der DATA BECKER-Website und öffnen Sie diese in Ihrem Bildbearbeitungsprogramm.

2. Wählen Sie in Photoshop den Befehl *Bild/ Einstellen/Kanalmixer.*

In diesem Dialogfeld können Sie den Farbkanälen einzeln Rot-, Grün- und Blau-Anteile zufügen oder abziehen.

3. Im Listenfeld *Ausgabekanal* bestimmen Sie, welchen Farbkanal Sie bearbeiten möchten. Wählen Sie in diesem Fall den Kanal *Rot.*

Verschieben Sie anschließend im Bereich *Quellkanäle* den Regler *Rot* ganz nach rechts auf den Wert *200 %.* Bestätigen Sie das Dialogfeld mit *OK.* Diese Einstellung taucht die Szene in rötliches Licht.

best friend TIPP

Kanalmixer

Dieses Dialogfeld heißt in anderen Programmen ähnlich. Paint Shop Pro verwendet die Bezeichnung *Kanäle mischen.*

4. Möchten Sie stattdessen eine türkisblaue Beleuchtung erzielen, verschieben Sie den *Grün*-Regler auf den Wert -200, wobei Sie als Ausgabekanal wieder *Rot* verwenden.

4.2 Verfärbungen durch Verschiebung der Farbtöne

So richtig überraschend werden Ihre Farbeffekte, wenn Sie mit diesem Dialogfeld arbeiten. Die Bewegung des Reglers *Farbton* bewirkt eine Verschiebung sämtlicher Farbtöne im Bild um einen bestimmten Anteil um den Farbkreis. Dabei entstehen fantastische Farbkombinationen.

Farbtöne und Sättigung ändern

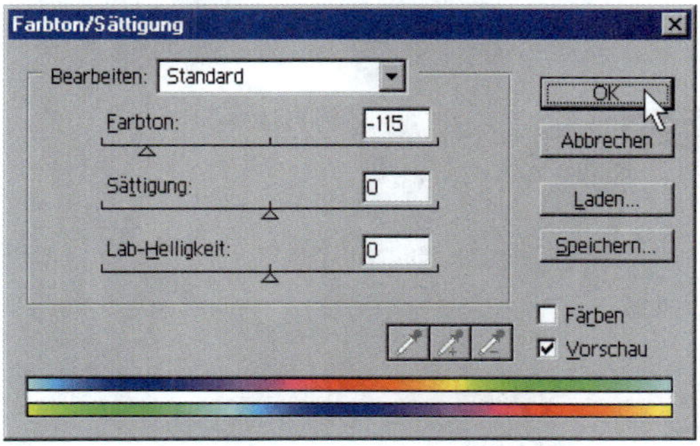

1. Laden und öffnen Sie für dieses Beispiel die Datei *Telefon.jpg*.

2. Rufen Sie *Bild/Einstellen/Farbton/Sättigung* auf. In diesem Dialogfeld können Sie den Farbkanälen einzeln Rot-, Grün- und Blau-Anteile zufügen oder abziehen.

3. Wie in den meisten Photoshop-Dialogfeldern finden Sie unten rechts das Kontrollkästchen *Vorschau*. Aktivieren Sie es per Mausklick. So können Sie die Auswirkungen der Verschiebung im Bild kontrollieren.

4. Betrachten Sie die beiden Farbstreifen unten in dem Dialogfeld. Ursprünglich sehen beide Farbstreifen gleich aus. Verschieben Sie den Regler *Farbton* auf den Wert -115. Der untere Streifen verschiebt sich dadurch. An der Stelle, an der vorher Rot lag, befindet sich jetzt die Farbe Blau.

Durch das Aktivieren der Vorschau-Funktion sehen Sie im Bild, dass die Telefonzelle jetzt Blau gefärbt ist. Auf diese Weise wird Ihnen die Verschiebung jedes Farbtons angezeigt. Bestätigen Sie den Dialog mit einem Klick auf *OK*.

5. Speichern Sie das Bild unter einem anderen Namen und öffnen Sie das Original erneut. Wenn Sie jetzt den *Farbton*-Regler auf den Wert 60 verschieben, wird die Telefonzelle gelb gefärbt. Sie können also anhand der Farbstreifen ablesen, wie die jeweilige Farbe geändert wird.

4.3 Pop-Art: Ihr persönlicher Warhol

Die Bilder der Pop-Art zeichnen bestimmte Eigenschaften aus: klare Linien, große farbige Flächen und wenig Details. Wenn Sie eine Fotografie zu einem Pop-Art-Poster umwandeln möchten, wandeln Sie Ihr Bild zunächst in eine Strichzeichnung um, sodass möglichst nur noch schwarze Umrisse und weiße Flächen vorhanden sind.

Die Flächen füllen Sie dann mithilfe des Füllwerkzeugs mit verschiedenen Farben. Wenn Sie mit dem Füllwerkzeug arbeiten, ist es wichtig, dass die Flächen, die Sie füllen möchten, geschlossen sind. Das Ergebnis wirkt dann wie eine Comic-Zeichnung.

Quicksteps – Flächen füllen mit dem Füllwerkzeug

- Rufen Sie mit *Fenster/Ebenen einblenden* die *Ebenen*-Palette auf.
- Wählen Sie den Menübefehl *Ebenen/Duplizieren.*
- Achten Sie darauf, dass die obere Ebene aktiv ist.
- Wählen Sie anschließend den Befehl *Bild/Einstellen/Schwellenwert.*
- Verschieben Sie den Regler *Schwellenwert* für dieses Beispiel auf den Wert 120.
- Aktivieren Sie das Pinsel-Werkzeug.
- Korrigieren Sie die Strichumsetzung, indem Sie mit Weiß und Schwarz als Vordergrundfarbe malen.
- Zum Vergleich mit dem Original verringern Sie die Deckkraft der oberen Ebene.
- Aktivieren Sie das Füllwerkzeug.
- Rufen Sie dazu mit *Fenster/Farbfelder einblenden* die Farb-Palette auf.
- Wählen Sie beliebige Farben aus und füllen Sie die Flächen im Bild.

1. Öffnen Sie ein beliebiges Bild oder laden Sie die Datei *Portrait.jpg* von der DATA BECKER-Website.

2. Rufen Sie mit *Fenster/Ebenen einblenden* die *Ebenen*-Palette auf.

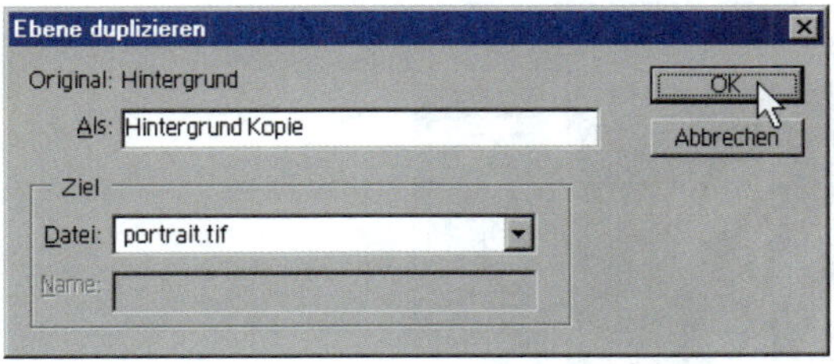

3. Wählen Sie den Menübefehl *Ebene/Duplizieren.* Bestätigen Sie das darauf folgende Dialogfeld mit *OK.* Dadurch wird das Bild auf eine neue Ebene kopiert. Sie können jetzt jederzeit auf die untere Ebene zurückgreifen, um z. B. zu kontrollieren, ob wichtige Details verloren gegangen sind. Die eigentliche Arbeit findet auf der oberen neuen Ebene statt. In der *Ebenen*-Palette haben Sie die Möglichkeit, die Deckkraft der Ebenen zu verändern, sodass die obere Ebene durchsichtig wird und Sie Bildteile nachzeichnen können.

4. Achten Sie darauf, dass die obere Ebene aktiv ist. Klicken Sie im Zweifelsfall den Namen der Ebene *Hintergrund Kopie* mit der Maus an. Wählen Sie anschließend den Befehl *Bild/Einstellen/Schwellenwert.*

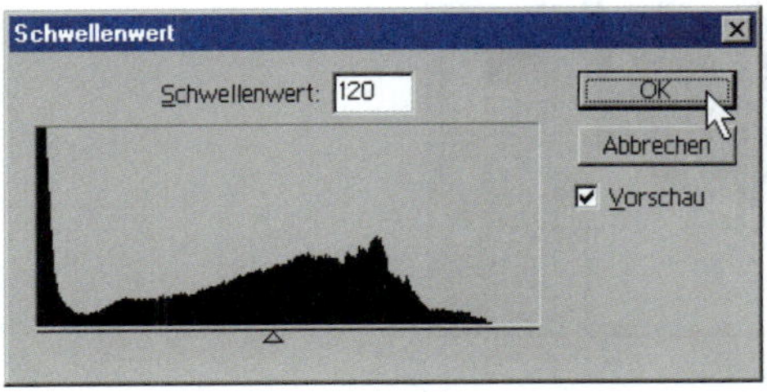

5. Die Funktion *Schwellenwert* wandelt sämtliche Farben des Bilds in Schwarz oder Weiß um. Verschieben Sie den Regler *Schwellenwert* für dieses Beispiel auf den Wert *120* und bestätigen Sie mit *OK.*

Diese Einstellung ist motivabhängig. Wenn Sie mit einem eigenen Bild arbeiten, probieren Sie verschiedene Einstellungen aus und kontrollieren die Wirkung auf das Bild bei aktivem *Vorschau*-Kontrollkästchen.

best friend TIPP

Vorarbeit versus Detailverlust

Die Umwandlung einer Fotografie in den Strichmodus (1 Bit) geht immer mit großen Detailverlusten einher, da plötzlich statt Millionen von Farben nur noch zwei Farben zur Verfügung stehen. Aus diesem Grund ist es manchmal sinnvoll, eine gewisse Vorarbeit zu leisten. Bestimmte Einzelheiten würden bei der Umwandlung verloren gehen, wenn der Kontrast zur Umgebung zu

TIPP

gering ist. Zeichnen Sie solche Details z. B. mit einem der Pinsel-Werkzeuge nach. Bei dem Beispielbild könnten z. B. Augenbrauen oder Lidstrich verstärkt und Haarsträhnen aufgehellt werden. Auch Glanzlichter der Augen wirken stärker, wenn sie vor der Umwandlung etwas aufgehellt werden.

6. Im Beispielbild gibt es Bereiche, die Sie etwas nachbearbeiten können. Zum Beispiel die Nasen- und Mundpartie könnte korrigiert werden.

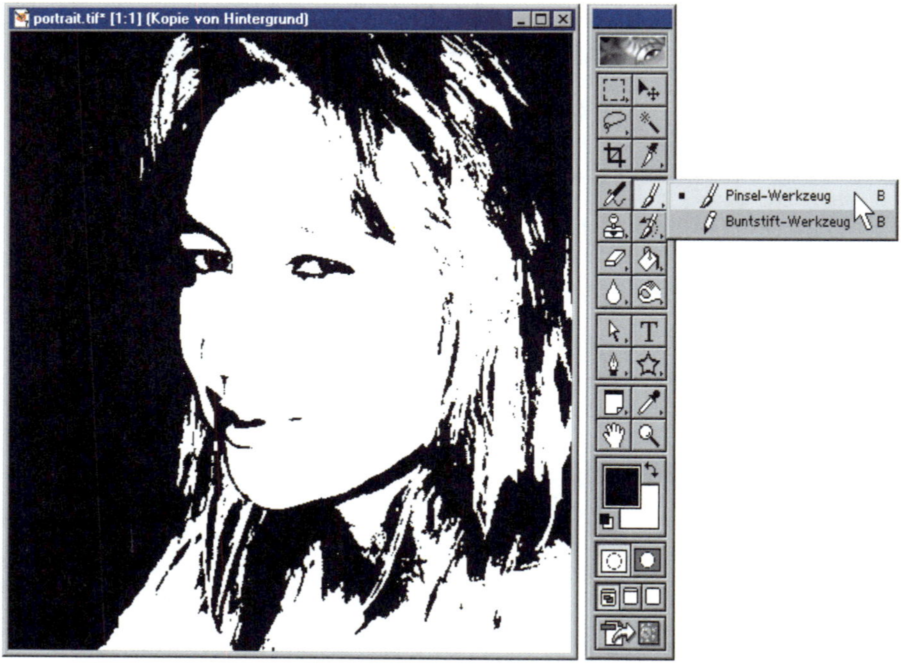

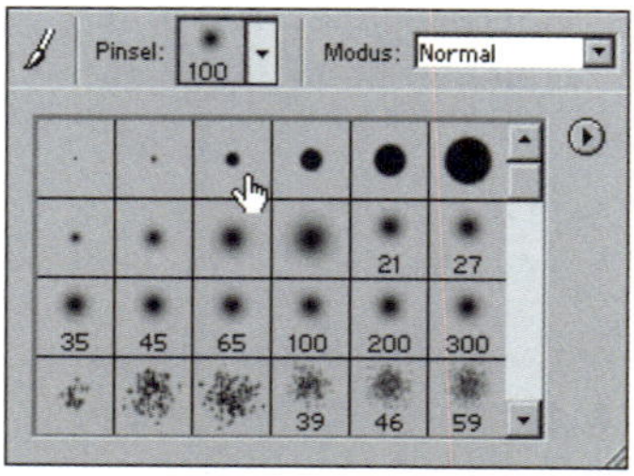

7. Aktivieren Sie das Pinsel-Werkzeug. Allen Programmen gemeinsam ist, dass es jeweils ein Feld für die Vorder- und Hintergrundfarbe gibt. Mit einem Klick darauf öffnet sich der Farbwähler. In Photoshop befinden sich diese Farbfelder unten in der Werkzeug-Palette. Paint Shop Pro stellt dafür eine eigene Palette zur Verfügung. Klicken Sie auf die Felder für Vorder- und Hintergrundfarbe und stellen Sie dann Schwarz (R 0, G 0, B 0) und Weiß (R 255, G 255, B 255) ein. Anschließend können Sie zwischen beiden Farben wechseln, indem Sie auf den Pfeil klicken, der die beiden Schaltflächen verbindet.

8. Rufen Sie *Fenster/Werkzeug-Optionen einblenden* auf. Stellen Sie das Pinsel-Werkzeug auf die gewünschte Größe ein.

Wir haben hier eine Größe von 5 Pixeln und eine Härte von 100 % eingestellt.

9. Retuschieren Sie im Bild. Fügen Sie mit Schwarz als Vordergrundfarbe Bildteile hinzu und schließen Sie offene Flächen.

Mit Weiß als Vordergrundfarbe löschen Sie Bildpixel und setzen z. B. Glanzlichter und Reflexe in die Haare.

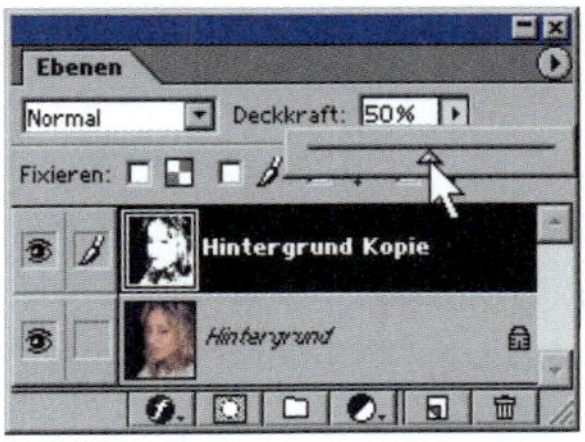

10. Wann immer Sie die Zeichnung mit dem Original vergleichen möchten, arbeiten Sie mit der Deckkraft der oberen Ebene. Klicken Sie den *Deckkraft*-Regler an und ziehen Sie ihn auf einen kleineren Wert, sodass die Hintergrundebene zum Vorschein kommt.

11. Retuschieren Sie so, bis Sie mit der Strichzeichnung zufrieden sind. Da eventuell beim Malen mit dem Pinsel einzelne graue Pixel eingefügt wurden, wählen Sie erneut *Bild/Einstellen/Schwellenwert.* So können Sie sicher sein, dass Ihr Bild ausschließlich schwarze und weiße Pixel enthält.

best friend TIPP

Auflösung von Strichzeichnung

Da im Modus *Strichzeichnung* keine Graustufen vorkommen, wirken Kanten bei geringer Auflösung schnell zackig. Es kommt zu einem deutlichen Treppcheneffekt. Verwenden Sie daher für Ihre Bilder eine möglichst hohe Auflösung. Bei diesem Bild wurden 300 dpi verwendet. Verwenden Sie je nach Einsatzgebiet und Ausgabegerät Auflösungen von bis zu 600 dpi.

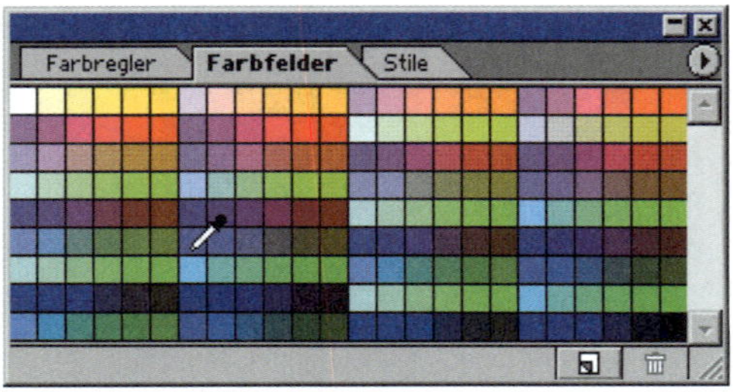

12. Wenn Sie die Retusche-Arbeit abgeschlossen haben, verschieben Sie den *Deckkraft*-Regler wieder auf 100 %. Im Folgenden füllen Sie die Flächen.

13. Aktivieren Sie das Füllwerkzeug. Es wird in allen Programmen durch einen stilisierten Eimer dargestellt. In Photoshop befindet es sich gemeinsam mit dem Verlaufswerkzeug an einer Position in der Werkzeug-Palette. Paint Shop Pro nennt das Werkzeug *Farbfüllung*. Wählen Sie jetzt eine Vordergrundfarbe Ihrer Wahl aus. Rufen Sie dazu mit *Fenster/Farbfelder einblenden* die Farb-Palette auf und suchen Sie sich per Mausklick eine Farbe aus.

14. Wichtig ist, dass Sie die Werkzeug-Einstellungen checken. Photoshop hält dafür die Werkzeug-Optionen bereit. In Paint Shop Pro kontrollieren Sie die Einstellungen über die Stil-Palette. Stellen Sie als Füllung die Vordergrundfarbe ein, wählen Sie kein Muster, den *Modus Normal*, eine Deckkraft von *100 %* und eine *Toleranz* von *0*. Deaktivieren Sie das Kontrollkästchen *Glätten*, da sonst weiche, „Pop-Art-untypische" Übergänge erstellt werden. Achten Sie darauf, dass das Kontrollkästchen *Benachbart* aktiviert ist, anderenfalls würden bei einem Klick in eine weiße Fläche alle weißen Flächen gefüllt. Beziehen Sie auch nicht *Alle Ebenen* mit ein, da sonst die Hintergrundebene mit gefüllt wird.

15. Klicken Sie mit dem Werkzeug in eine der Partien. Je nachdem, welche Farbe Sie gerade ausgewählt haben. Sie sehen, dass das Füllwerkzeug abgeschlossene Flächen füllt.

Falls versehentlich zu viel gefüllt wird, ist es kein Problem, das Bild nachzubearbeiten. Nehmen Sie mit *Bearbeiten/Widerrufen* den letzten Bearbeitungsschritt zurück und schließen Sie offene Flächen, indem Sie wieder mit dem Pinsel-Werkzeug malen. Verwenden Sie anschließend das Füllwerkzeug erneut.

16. Falls Ihnen die kleinen Störungen in Form weißer Pixel nicht gefallen, können Sie diese entweder mit einem Rauschen- bzw. Störungsfilter entfernen oder mit dem Pinsel übermalen.

17. Füllen Sie auf diese Weise sämtliche Flächen in beliebigen Farbtönen.

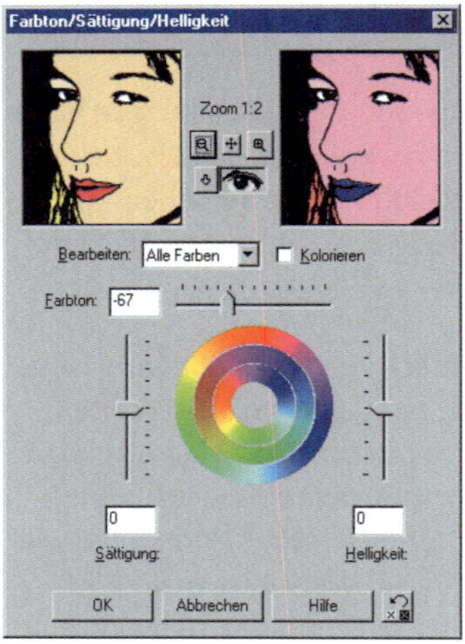

18. Wenn Sie alle Flächen gefüllt haben und weitere Fassungen des Bilds erstellen möchten, stehen Ihnen verschiedene Vorgehensweisen zur Verfügung. Speichern Sie zunächst eine Kopie des Bilds. Arbeiten Sie dann entweder wieder mit dem Füllwerkzeug unter Verwendung anderer Farben oder rufen Sie das Dialogfeld *Bild/Einstellen/Farbton/Sättigung* auf. Verschieben Sie den Regler *Farbton,* um die Original-Farbgebung zu verändern.

Hier wird das entsprechende Dialogfeld von Paint Shop Pro abgebildet, das statt der beiden Farbstreifen konzentrische Farbkreise aufweist. Außerdem bietet Paint Shop Pro eine Vorschau innerhalb des Dialogfelds.

4.4 Bilder mit Verläufen kolorieren

Auch den im Folgenden beschriebenen Effekt können Sie als Filter erwerben. Mit Ihrer Bildbearbeitungssoftware sind Sie allerdings flexibler und können die unterschiedlichsten Farben und Verlaufsarten einsetzen.

Quicksteps – Bilder mit Verläufen kolorieren

- Rufen Sie die *Ebenen*-Palette und die Palette *Farbfelder* auf.
- Erstellen Sie eine neue Ebene.
- Aktivieren Sie das Verlaufswerkzeug.
- Wählen Sie in den Werkzeug-Optionen die Art des Verlaufs.
- Klicken und ziehen Sie jetzt auf der neuen Ebene.
- Wählen Sie in der *Ebenen*-Palette aus dem Listenfeld *Füllmethode* den Eintrag *Ineinanderkopieren* aus.

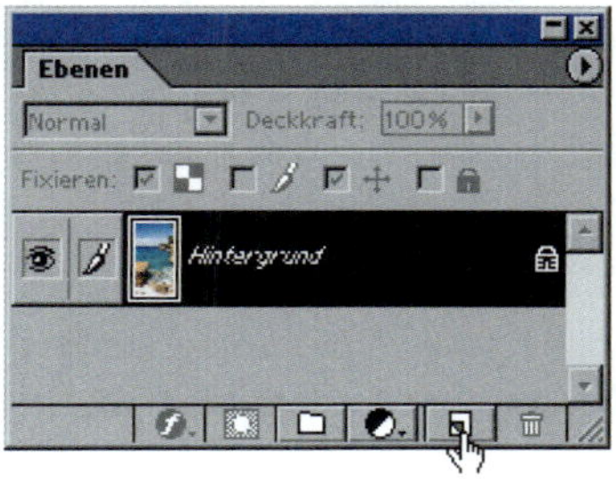

1. Öffnen Sie die Datei *Strand.jpg* oder ein Bild aus Ihrem Fundus. Stellen Sie sicher, dass die *Ebenen*-Palette und die Palette *Farbfelder* aufgerufen sind, da Sie diese für das folgende Beispiel benötigen.

2. Erstellen Sie eine neue Ebene. Verwenden Sie dazu entweder den Menübefehl *Ebene/Neu/Ebene* oder klicken Sie auf das Symbol unten rechts in der *Ebenen*-Palette.

3. Aktivieren Sie in Photoshop das Verlaufswerkzeug. Sie finden es in Photoshop 6.0 an sechster Stelle von oben rechts in der Werkzeug-Palette. Es versteckt sich unter dem Füllwerkzeug, wenn es gerade nicht sichtbar ist.

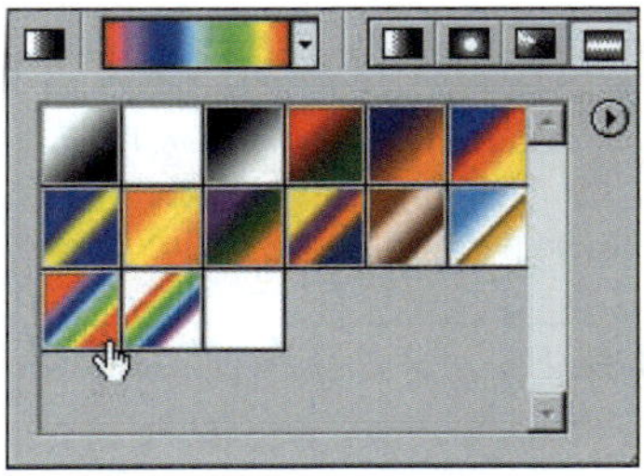

4. In den Werkzeug-Optionen müssen Sie zunächst die Art des Verlaufs bestimmen. Öffnen Sie das Listenfeld *Verlauf*, daraufhin können Sie per Mausklick den gewünschten Verlauf auswählen.

5. Klicken und ziehen Sie jetzt auf der neuen Ebene, sodass der Verlauf eingefügt wird. Hier wurde der Verlauf *Spektrum* von oben nach unten verlaufend eingesetzt.

6. Sie benötigen jetzt die *Ebenen*-Palette. Oben in der Palette finden Sie das Listenfeld *Füllmethode einstellen.* Hier verbergen sich 17 verschiedene Ebenen-Modi. Jeder Modus bewirkt eine andere Operation der Farben von oberer und unterer Ebene. Wählen Sie für dieses Beispiel den Eintrag *Ineinanderkopieren* aus.

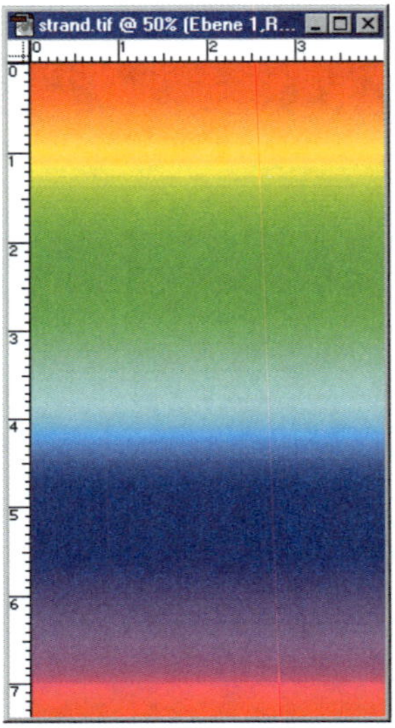

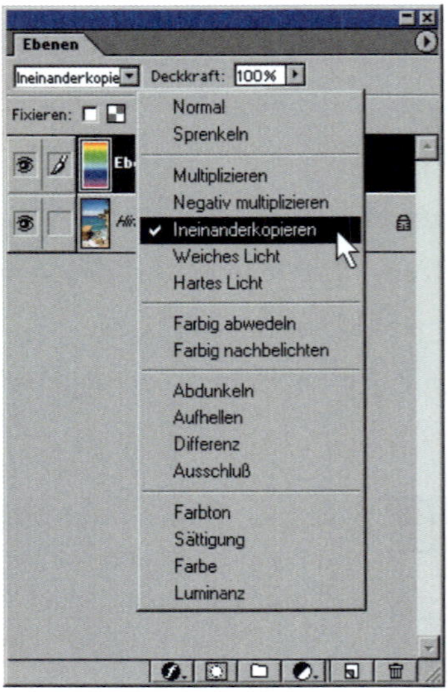

7. Betrachten Sie das Ergebnis. Experimentieren Sie unbedingt auch mit den anderen Modi, es lohnt sich, denn die entstehenden Effekte sind immer wieder faszinierend.

Best friend's Check up!

Die wichtigsten Befehle für die Arbeit mit Farben finden Sie hier in unserem Überblick.

Funktionen/ Befehle/Begriffe	**Bedeutung**
Kanalmixer	Mit dem Dialogfeld *Kanalmixer* erstellen Sie nicht nur interessante Farbeffekte, Sie können damit auch Farbfotos in hochwertige Graustufenbilder umwandeln. Rufen Sie dazu *Bild/Einstellen/Kanalmixer* auf. Klicken Sie das Kontrollkästchen *Monochrom* an und mischen Sie dann die Anteile der Kanäle, bis der Kontrast der Graustufenumsetzung ideal ist.
Ebenenmodus/ Füllmethode/ Anpassungsmodus	Fast alle Bildbearbeitungsprogramme verfügen über verschiedene Modi, mit denen übereinander liegende Ebenen berechnet werden. Im Modus *Normal* liegt eine Ebene über einer anderen, so als würden Sie verschiedene Blätter Papier übereinander legen. Wenn Sie einen der anderen Modi verwenden, findet eine Operation statt. So werden z. B. bei Verwendung des Modus *Differenz* die Farbwerte der einzelnen Farbkanäle voneinander abgezogen. Die Ergebnisse der verschiedenen Modi sind zunächst nicht so leicht vorhersehbar, da teilweise komplizierte Berechnungen dahinter stecken. Experimentieren lohnt sich gerade deswegen. Viel Spaß!

5 Fesselnde Texteffekte

Die Textfunktionen aller Bildbearbeitungsprogramme werden immer umfangreicher und komfortabler. Texte bleiben bis zum Rastern – also dem Umrechnen aus Vektoren in Pixel – editierbar, können also in Bezug auf Text und Formatierung bearbeitet werden.

In diesem Kapitel wenden Sie unterschiedliche Effekte an. Sie arbeiten mit den Ebenenstilen, verwenden Strukturfilter, um unregelmäßige Auswahlen zu erstellen, und färben Flächen mithilfe verschiedener Füllmethoden.

5.1 Das Bild im Text

Dieses Beispiel lebt von zwei Bildebenen und einer dazwischen liegenden Textebene. Durch eine Ebenengruppierung wird das obere Bild in Textform beschnitten. Wenn Sie dann das obere Bild mit Filtern und Farbkorrekturen bearbeiten, entstehen faszinierende Effekte. Hier sehen Sie Beispiele, die Sie auf unzählige Arten abwandeln können.

Quicksteps – Bild im Text

- Öffnen Sie eine beliebige Bilddatei.
- Wählen Sie *Ebene/Ebene duplizieren.*
- Markieren Sie die Hintergrundebene.
- Aktivieren Sie das Textwerkzeug.

- Für dieses Beispiel haben wir die Schriftart FuturaBold im Schriftschnitt Oblique gewählt. Die Schriftgröße beträgt 60 Punkt.
- Klicken Sie in das Bild und erfassen Sie den Text. Der Text sollte jetzt zwischen den beiden Bildebenen liegen.
- Fügen Sie der Textebene den Stil *Ebene/Ebenenstil/Abgeflachte Kante und Relief* hinzu.
- Aktivieren Sie jetzt die obere Bildebene.
- Wählen Sie *Ebene/Mit darunter liegender Ebene gruppieren.*
- Wählen Sie für die obere Bildebene *Filter/Verzerrungsfilter/Schwingungen.*
- Wenden Sie außerdem den Befehl *Bild/Einstellen/Farbton/Sättigung* an und verschieben Sie den Regler *Sättigung* auf den Wert 50.
- Um die Lesbarkeit weiter zu erhöhen, rufen Sie *Bild/Einstellen/Helligkeit und Kontrast* auf. Verringern Sie die Helligkeit auf den Wert -40 und erhöhen Sie den Kontrast auf den Wert 40.

Bilder in Textform mit Ebenengruppierungen

1. Für dieses Projekt benötigen Sie die Datei *Stahl.jpg* von der DATA BECKER-Website.

best friend TIPP

Text bleibt editierbar

Der besondere Punkt bei der Arbeit mit Ebenengruppierungen liegt darin, dass der Text jederzeit editierbar bleibt. Sie können den Text jederzeit bearbeiten.

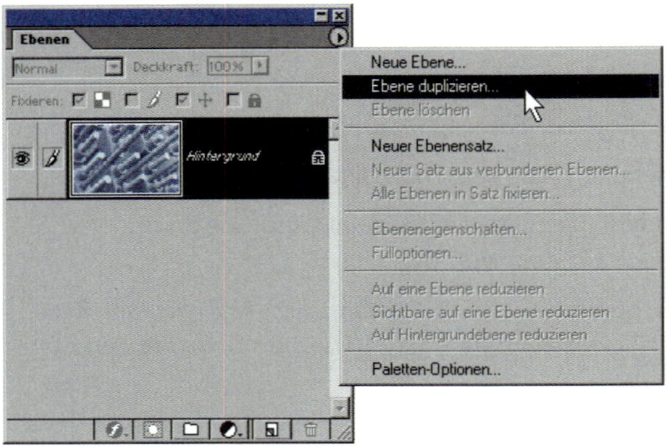

2. Die *Ebenen*-Palette muss eingeblendet sein, da sie wichtiger Bestandteil dieses Kapitels ist. Rufen Sie mit *Fenster/Ebenen einblenden* die *Ebenen*-Palette auf.

3. In Photoshop hat jede Palette ein Paletten-Menü. In Programmen, die keine Paletten-Menüs zur Verfügung stellen, finden Sie diesen Punkt in der Hauptmenüleiste. Sie öffnen diese Menüs, indem Sie auf den kleinen schwarzen Pfeil oben rechts an der jeweiligen Palette klicken. Öffnen Sie das Paletten-Menü und wählen Sie den Eintrag *Ebene duplizieren.*

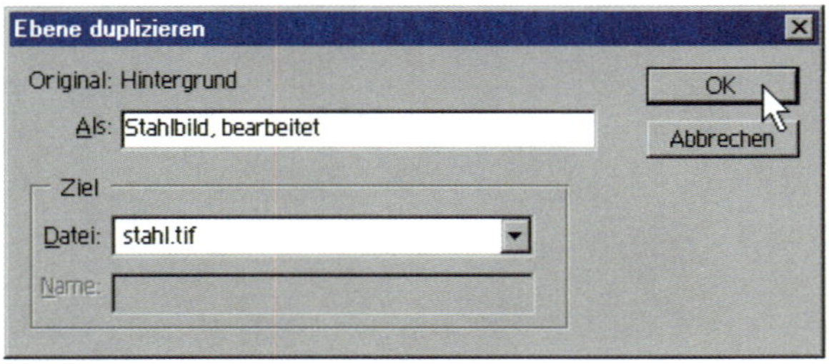

4. Warum muss die Ebene dupliziert werden? In diesem Beispiel entsteht der Effekt folgendermaßen: Auf der Hintergrundebene befindet sich das Originalbild, darüber legen Sie später eine Textebene. Diese Textebene beschneidet die darüber liegende Kopie der Originalebene auf die Textform. Von der oberen Bildebene bleibt also nur der Teil sichtbar, der genau über dem Text liegt. Betrachten Sie dazu die Miniaturabbildung in der *Ebenen*-Palette. Wenn Sie dann die obere Ebene bearbeiten, wird der Text sichtbar. Nach dem Duplizieren der Ebene erhalten Sie ein Dialogfeld, in dem Sie einen Namen für die neue Ebene eingeben können. Geben Sie die Bezeichnung „Stahlbild, bearbeitet" in das Feld *Als* ein. Bestätigen Sie mit *OK.*

5. Die neu eingefügte Ebene wird standardmäßig markiert, das heißt, sie ist für die Bearbeitung aktiv. Sie erkennen das daran, dass in der *Ebenen*-Palette die markierte Ebene

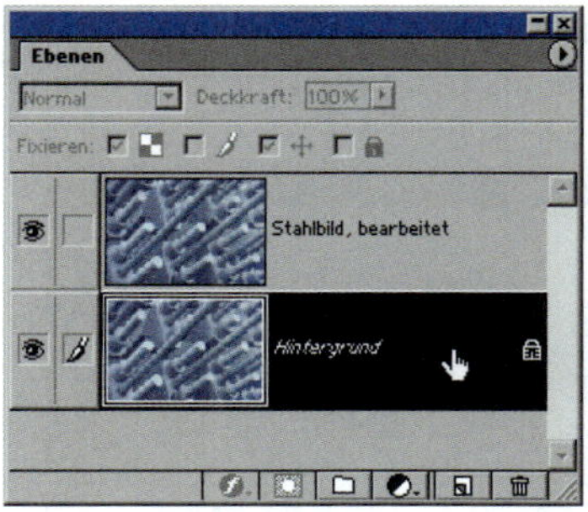

ein Pinselsymbol aufweist und schwarz markiert ist. Da Sie eine Textebene zwischen den beiden Bildebenen einfügen, müssen Sie zunächst mit einem Mausklick in die Ebene *Hintergrund* in der *Ebenen*-Palette die untere Ebene markieren.

Neue Ebenen werden grundsätzlich über der markierten Ebene eingefügt.

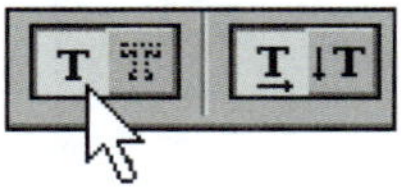

6. Aktivieren Sie das Textwerkzeug. Es wird repräsentiert durch ein T in der Werkzeug-Palette (einige Programme verwenden auch den Buchstaben A als Symbol). In Photoshop ist wichtig, dass Sie das normale Textwerkzeug markieren. Daneben liegt das Textauswahl-Werkzeug, das statt Text eine Textauswahl erstellt.

7. Sobald das Textwerkzeug aktiviert ist, können Sie die Textoptionen in der Palette *Werkzeug-Optionen* einstellen. Falls diese Palette bei Ihnen noch nicht aufgerufen ist, wählen Sie *Fenster/Werkzeug-Optionen einblenden.*

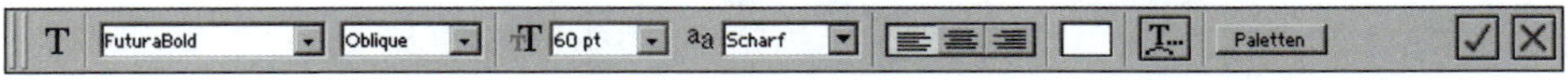

8. Für dieses Beispiel haben wir die Schriftart FuturaBold im Schriftschnitt Oblique gewählt. Die Schriftgröße beträgt 60 Punkt. Verwenden Sie die Glättung *Scharf*. Die Textfarbe muss nicht eingestellt werden, da die Textebene lediglich als Maske dient.

9. Klicken Sie in das Bild und erfassen Sie den Text – in diesem Beispiel das Wort „Stahl". In den meisten Programmen öffnet sich daraufhin ein Texteditor. Seit der Version 6.0 von Photoshop verzichtet Adobe auf diesen Editor, sodass Sie direkt im Bild arbeiten.

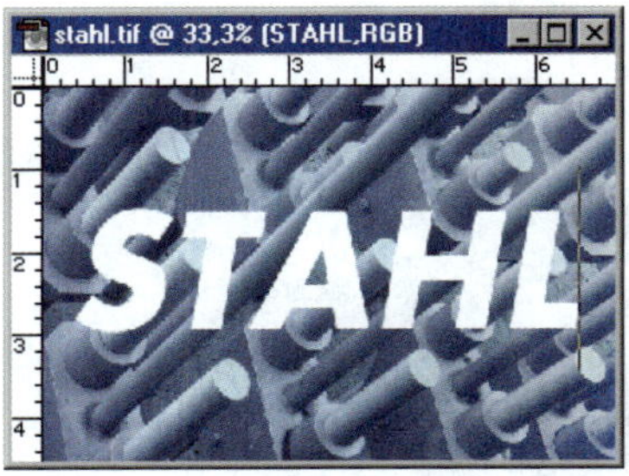

10. Betrachten Sie die *Ebenen*-Palette. Zwischen den beiden Bildebenen befindet sich jetzt die Textebene. Aktivieren Sie das Verschieben-Werkzeug, klicken Sie den Text an und positionieren Sie ihn in der Bildmitte.

11. Die Textebene ist automatisch aktiv, fügen Sie dieser jetzt einen Ebenenstil zu. Wählen Sie *Ebene/Ebenenstil/Abgeflachte Kante und Relief.* Verwenden Sie entweder die Standardeinstellungen des Dialogfelds oder orientieren Sie sich an der Abbildung. Hier wurde der Regler *Größe* auf den Wert *15* verschoben und der Regler

Weichzeichnen auf den Wert *0*. Wenn Sie das Kontrollkästchen *Vorschau* aktivieren, sehen Sie sofort die Auswirkungen auf die Datei. Bestätigen Sie das Dialogfeld mit *OK*.

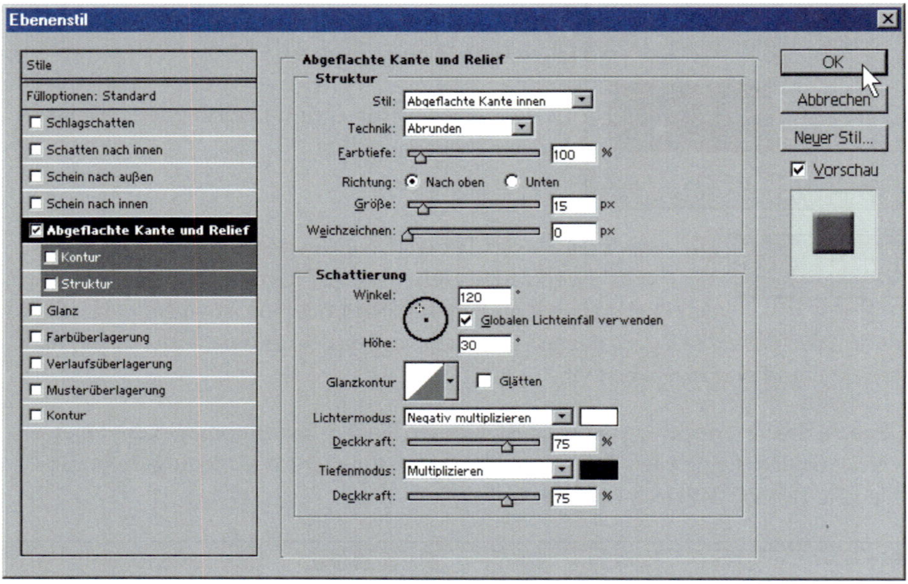

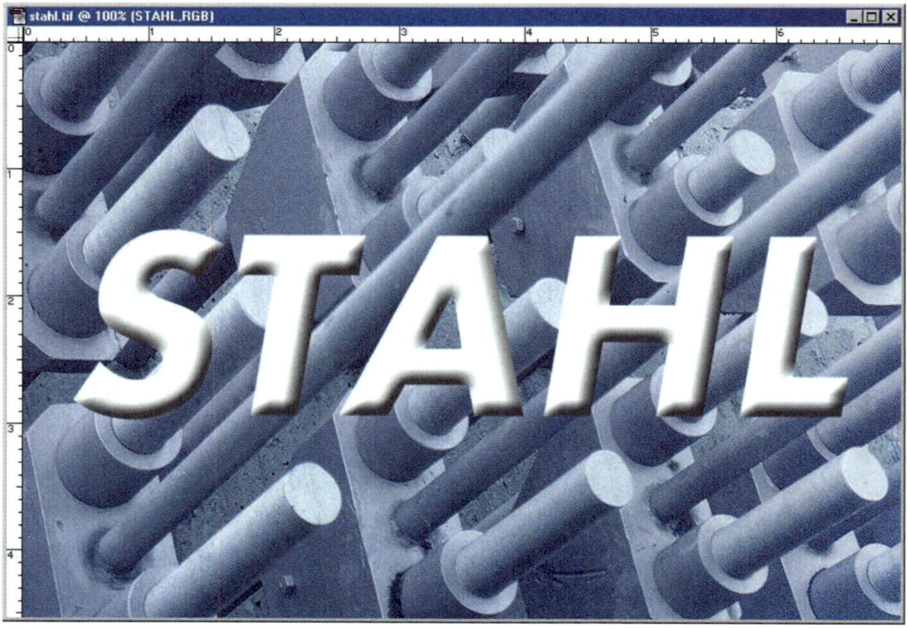

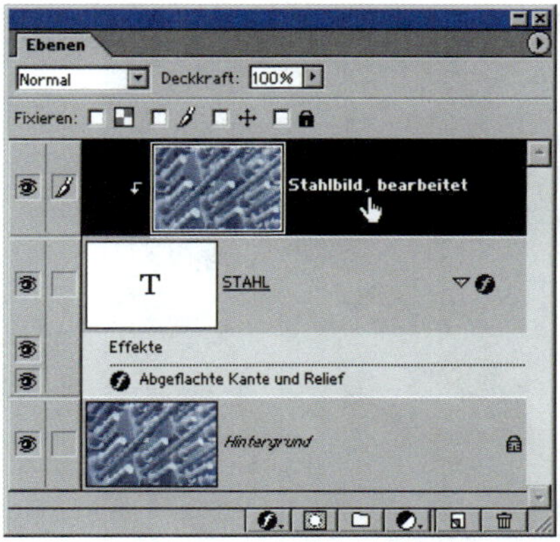

12. Betrachten Sie das Ergebnis. Die Schrift wirkt jetzt plastisch.

13. An dieser Stelle kommt die *Ebenen*-Palette wieder ins Spiel. Aktivieren Sie jetzt die obere Bildebene, also die Ebene *Stahlbild, bearbeitet*.

Klicken Sie dazu in die Ebene, sodass sie schwarz markiert wird. Wählen Sie dann den Befehl *Ebene/Mit darunter liegender Ebene gruppieren.*

Betrachten Sie wieder die *Ebenen*-Palette, die obere Bildebene wird jetzt eingerückt dargestellt.

best friend TIPP

Der Begriff „Ebenengruppierung"

In vielen anderen Programmen bedeutet der Begriff „Gruppierung", dass zwei oder mehrere Objekte miteinander verbunden werden, sodass sie in ihrer Position zueinander nicht verschiebbar sind.

In Photoshop bewirkt Gruppierung etwas anderes. Man gruppiert grundsätzlich eine Ebene mit der darunter liegenden. Die unten liegende Ebene beschneidet daraufhin das obere Bild. Sie wirkt also wie eine Maske für die obere Ebene.

Der Effekt wird an dieser Stelle vielleicht deutlicher, wenn Sie kurzfristig die Hintergrundebene aus- und wieder einblenden. Klicken Sie dazu auf das Augen-Symbol vor der Hintergrundebene.

14. Betrachten Sie das Ergebnis. Nach der Gruppierung fungiert die Textebene nur noch als Maske.

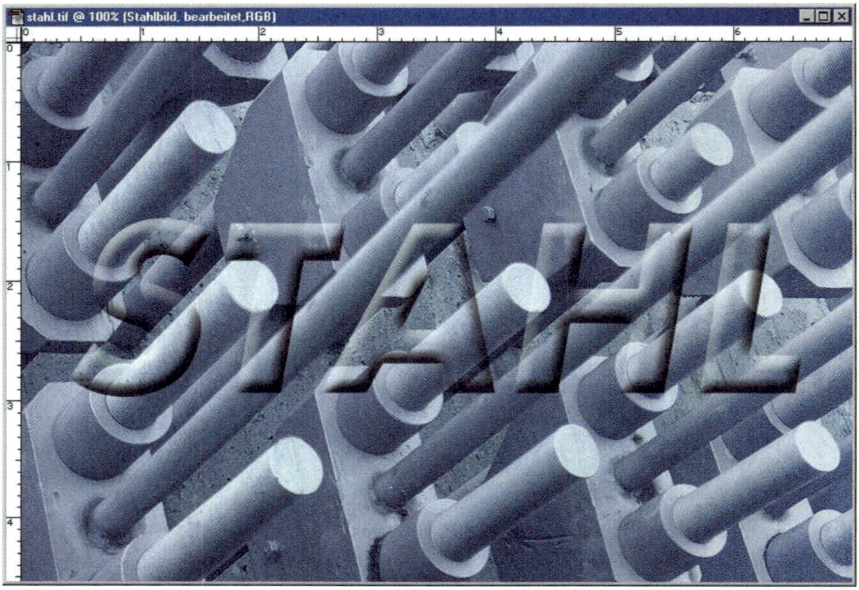

15. Auf die obere Bildebene, die jetzt vom Text maskiert ist, soll ein Filter angewendet werden. Wählen Sie *Filter/Verzerrungsfilter//Schwingungen.* Verwenden Sie die Standardeinstellungen und bestätigen Sie mit *OK*.

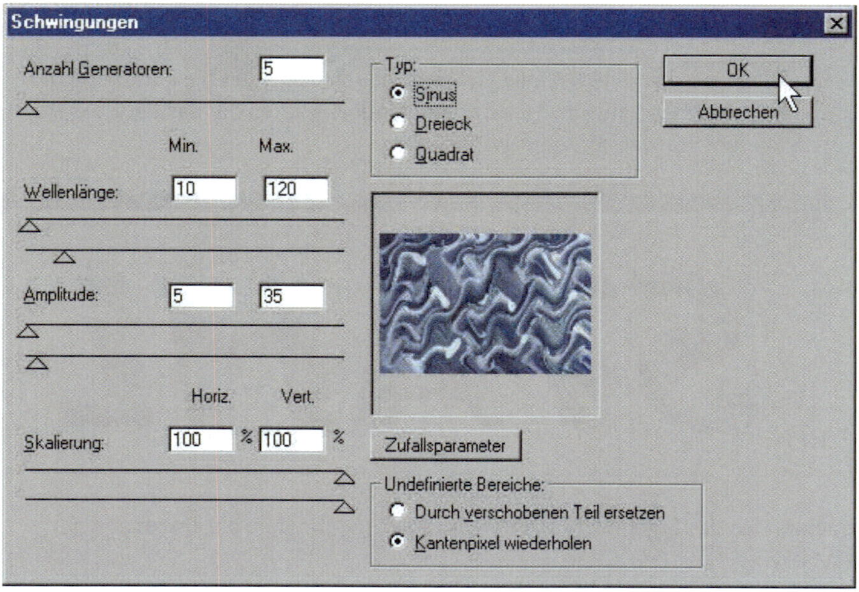

Dieser Filter ist auch gut einsetzbar, um faszinierende Hintergrundmuster zu generieren. In Kapitel 9 kommt dieser Filter ebenfalls zum Einsatz. Verwenden Sie in diesem Filter-Dialogfeld die Standardeinstellungen oder experimentieren Sie mit eigenen Werten. Wenn Sie sich exakt am Beispiel orientieren möchten, verwenden Sie den *Typ Sinus*, im Bereich *Anzahl Generatoren* den Wert *5*, minimale und maximale Wellenlängen liegen bei *10* und *120*. Die *Amplitude* reicht von *5* bis *35* und die *Skalierung* erhält für horizontal und vertikal jeweils den Wert *100 %*. Aktivieren Sie die Option *Kantenpixel wiederholen* und bestätigen Sie dann mit *OK*.

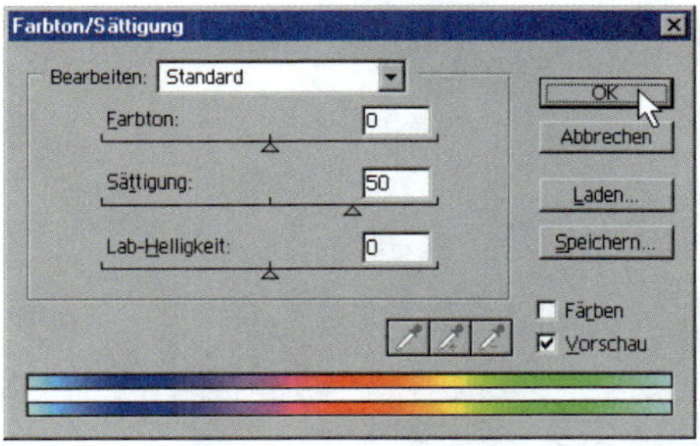

16. Um den Text-Effekt noch mehr zu verstärken, wenden Sie zusätzlich eine Farbkorrektur an.

Verwenden Sie den Befehl *Bild/Einstellen/Farbton/Sättigung* und verschieben Sie den Regler *Sättigung* auf den Wert *50*. Schließen Sie das Dialogfeld mit einem Klick auf *OK*.

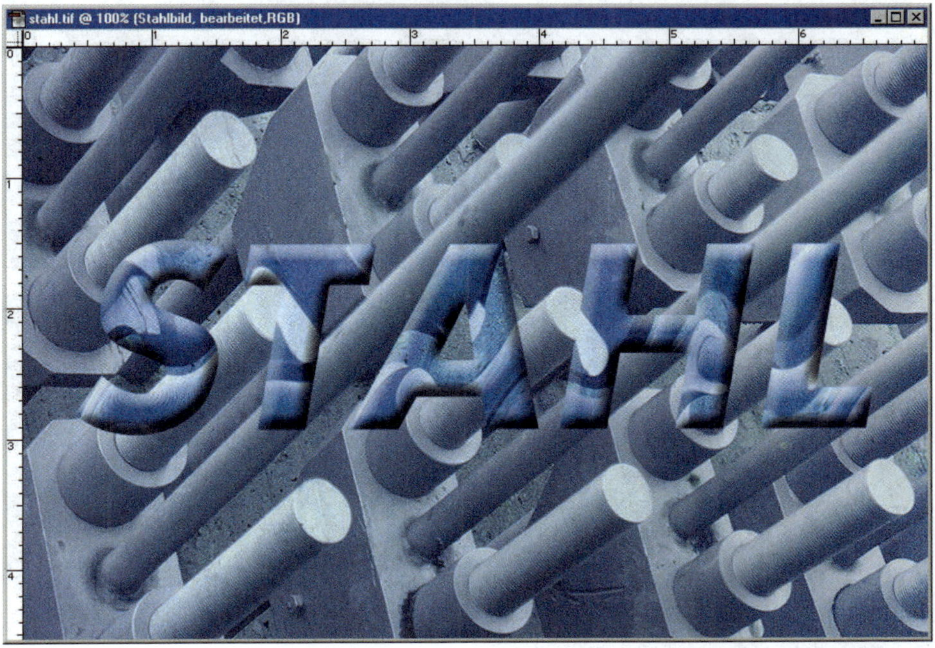

Auch das Zwischenergebnis ist schon attraktiv.

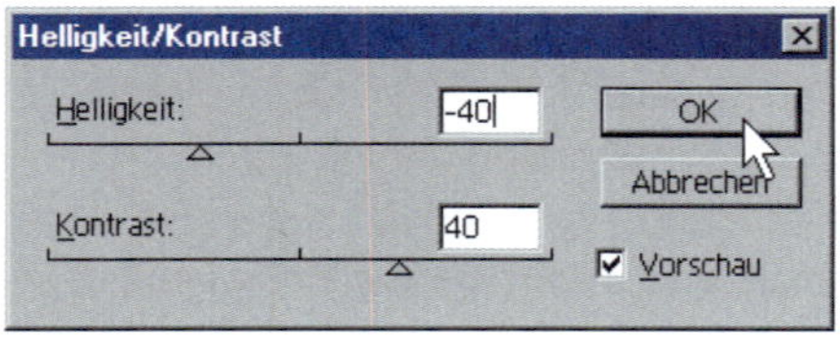

17. Um die Lesbarkeit auf dem Hintergrund zu erhöhen, rufen Sie *Bild/Einstellen/Helligkeit und Kontrast* auf. Verringern Sie die *Helligkeit* auf den Wert *-40* und erhöhen Sie den *Kontrast* auf den Wert *40*. Schließen Sie das Dialogfeld.

Diese Bilder wurden mit den gleichen Schritten erstellt. Beim linken Bild wurden keine Farbkorrekturen vorgenommen und im rechten Bild wurde die obere Ebene ausschließlich leicht aufgehellt. Sie können die Dateien unter den Bezeichnungen *Sunset.jpg* und *Bruecke.jpg* von der DATA BECKER-Website downloaden

best friend TIPP

Unzählige Kombinationsmöglichkeiten

Mit den beschriebenen Schritten können Sie unzählige Effekte gestalten, je nachdem, welchen Ebeneneffekt Sie einsetzen oder welche Farbkorrektur Sie verwenden. Wenn Sie Fragen zu Details dieser Effekte haben, schreiben Sie an *NinaMartini@aol.com*.

5.2 Struktur-Effekte

Dieses Projekt macht deutlich, welche ungewöhnlichen Effekte Sie mit Ihrer Bildbearbeitungssoftware erzielen können. Sie verwenden zunächst einen Strukturfilter. Dieser wird daraufhin genutzt, um eine Auswahl zu erstellen. Abschließend laden Sie die Textebene und löschen die ausgewählten Bereiche, sodass der Text an dieser Stelle transparent wird. Sie können auch dieses Beispiel abwandeln, indem Sie unterschiedlich starke Strukturen und verschiedene Strukturfilter einsetzen.

Quicksteps – Strukturfilter einsetzen

- Wählen Sie *Datei/Neu*. *Breite* und *Höhe* sollen 8 x 4 cm betragen.
- Aktivieren Sie das Textwerkzeug und stellen Sie in den Werkzeug-Optionen folgende Attribute ein: Schriftart z. B. ScalaSans-BoldItalic, Schriftgröße 100 Punkt, Schriftfarbe Schwarz.

- Stellen Sie als Vordergrundfarbe Weiß ein.
- Erfassen Sie den Text.
- Aktivieren Sie die Hintergrundebene.
- Rufen Sie den Befehl *Filter/Strukturierungsfilter/Risse* auf. Wählen Sie als Abstand den Wert 18, als Tiefe den Wert 10 und als Helligkeit den Wert 0.
- Blenden Sie die Textebene aus, sodass nur die Strukturebene sichtbar ist.
- Wählen Sie *Auswahl/Farbbereich auswählen.* Klicken Sie in einen schwarzen Strukturbereich. Verschieben Sie den Toleranzregler auf den Wert 100.
- Blenden Sie die Textebene wieder ein und aktivieren Sie sie.
- Wählen Sie *Ebene/Rastern/Text.* Wählen Sie *Bearbeiten/Löschen.*
- Wählen Sie *Ebene/Ebenenstil/Abgeflachte Kante und Relief* sowie *Schlagschatten.*
- Gestalten Sie jetzt die Hintergrundebene nach Ihren Wünschen.

Fransige Texteffekte

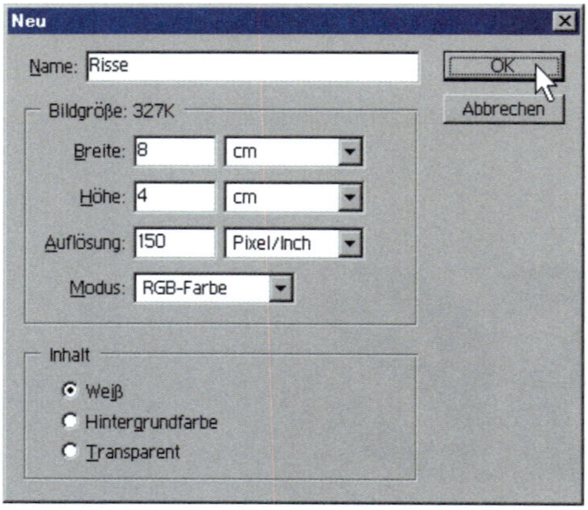

1. In diesem Projekt benötigen Sie keine Bilddatei, da alle Elemente in Ihrer Bildbearbeitungssoftware selbst erzeugt werden. Wählen Sie *Datei/Neu,* um eine leere Datei zu erstellen.

Geben Sie in das Feld *Name* eine Bezeichnung – hier „Risse" – ein. *Breite* und *Höhe* sollen 8 x 4 cm betragen. Die *Auflösung* soll *150* dpi betragen, und aktivieren Sie das Kontrollkästchen *Weiß.* Bestätigen Sie mit *OK.*

best friend TIPP

Auflösung bei der Textgestaltung

In diesem Beispiel wurde eine Auflösung von 150 dpi gewählt, um die Rechenzeiten für das Projekt gering zu halten. Wenn Sie ein Bild gestalten, in dem Textelemente vorkommen, wählen Sie eine Auflösung von 300 bis 400 dpi. Schrift reagiert wie Strichzeichnungen besonders sensibel auf eine geringe Auflösung, da hier an Schrägen der Treppchen-Effekt besonders stark zum Vorschein kommt.

2. Aktivieren Sie das Textwerkzeug und stellen Sie in den Werkzeug-Optionen folgende Attribute ein: Schriftart z. B. ScalaSans-BoldItalic (oder eine beliebige Schriftart), Schriftgröße 100 Punkt, Schriftfarbe Schwarz.

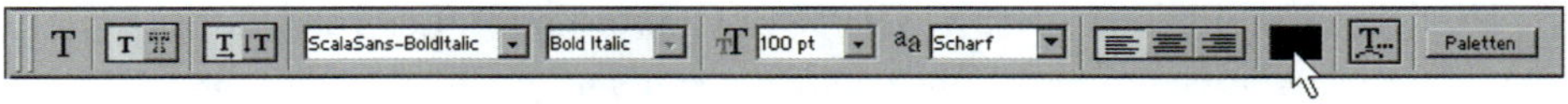

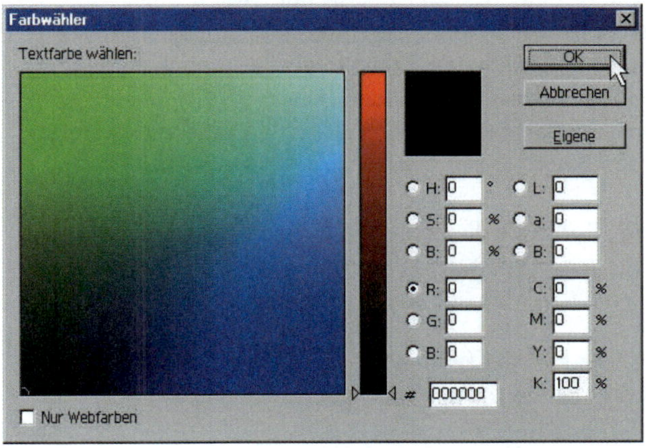

3. Klicken Sie zum Einstellen der Schriftfarbe auf das Symbol *Textfarbe einstellen* in der Leiste *Werkzeug-Optionen.* Daraufhin öffnet sich der Farbwähler. Geben Sie hier jeweils den Wert „0" in die Felder *R, G* und *B* ein, um Schwarz zu erhalten. Bestätigen Sie das Dialogfeld.

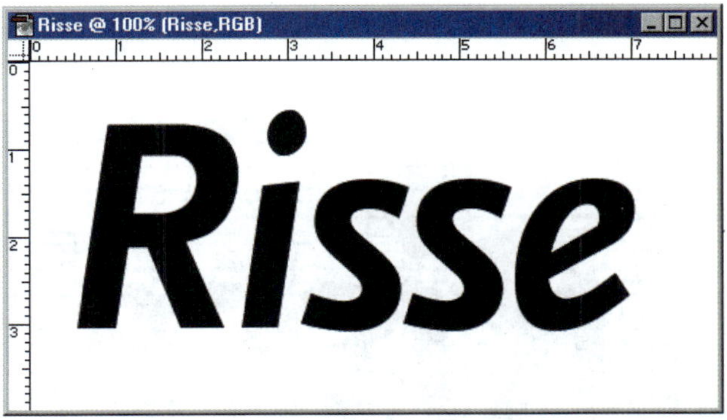

4. Klicken Sie in die Bilddatei und schreiben Sie ein beliebiges Wort – hier „Risse". Aktivieren Sie das Verschieben-Werkzeug und ziehen Sie den Text in die Bildmitte.

best friend INFO

Die Optionen in dem Dialogfeld Neu

Im unteren Bereich *Inhalt* des Dialogfelds *Neu* finden Sie drei Optionen: *Weiß, Hintergrundfarbe* und *Transparent.* Der große Unterschied zwischen ihnen ist, dass bei *Weiß* und *Hintergrundfarbe* von Photoshop Hintergrundebenen erstellt werden und beim Aktivieren von *Transparent* eine gewöhnliche Ebene. Hintergrundebenen sind nicht so flexibel zu verwenden wie normale, freie Ebenen. Sie können nicht in ihrer Position verändert werden, sondern liegen immer an unterster Stelle in der Ebenen-Reihenfolge. Sie können auf Hintergrundebenen auch keine Ebenenstile anwenden. Allerdings können Sie eine Hintergrundebene auch im Nachhinein in eine normale Ebene verwandeln. Verwenden Sie dazu den Befehl *Ebene/Neu/Ebene aus Hintergrund.*

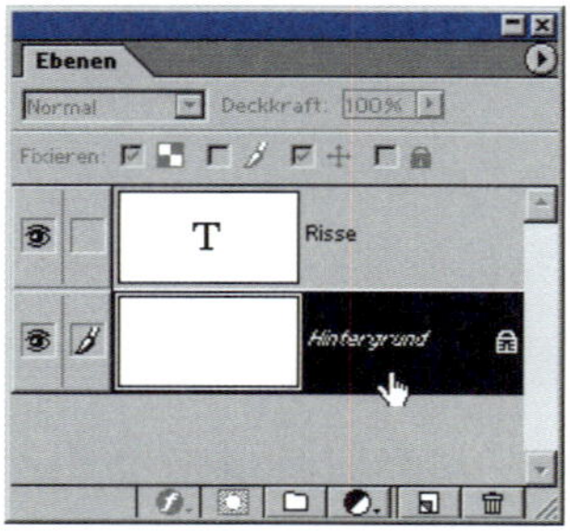

5. Rufen Sie die *Ebenen*-Palette mit *Fenster/Ebenen einblenden* auf. Auf der Hintergrundebene soll die Struktur erstellt werden, die später als Auswahl dient.

Klicken Sie daher zunächst in der *Ebenen*-Palette den Eintrag *Hintergrund* an. Diese Ebene ist daraufhin markiert.

6. Rufen Sie den Befehl *Filter/Strukturierungsfilter/Risse* auf. Wählen Sie als *Abstand* den Wert *18*, als *Tiefe* den Wert *10* und als *Helligkeit* den Wert *0.* Bei diesen Einstellungen erhält die Struktur keine Grauwerte, sondern lediglich schwarze und weiße Elemente. Schließen Sie das Dialogfeld.

7. Betrachten Sie das Ergebnis. Diese Struktur wählen Sie in den nächsten Schritten aus.

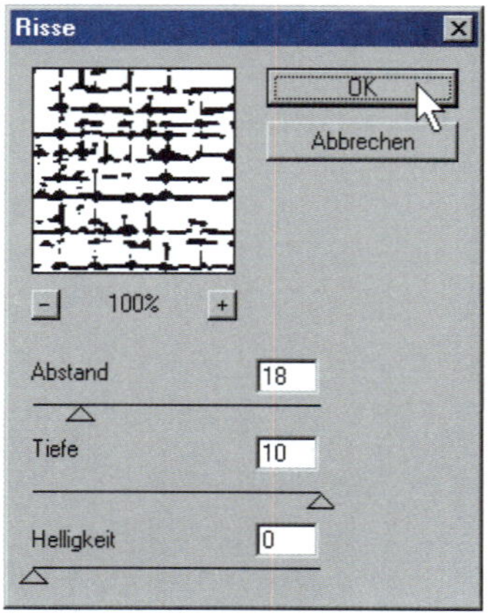

best friend TIPP

Bestätigen der Textbearbeitung

Falls Sie mit Photoshop-Versionen bis zur Version 5.5 oder anderen Bildbearbeitungsprogrammen arbeiten, öffnet sich zum Erstellen des Textes ein eigenes Dialogfeld. Wenn Sie dieses mit *OK* bestätigen, ist auch die Texteingabe bestätigt. Seit der Version von Photoshop 6.0 ist das anders. Sie schreiben direkt im Bild, ohne dass sich ein Dialogfeld öffnet. Wenn Sie jetzt die Texteingabe bestätigen möchten, müssen Sie das Häkchen-Symbol in der Leiste *Werkzeug-Optionen* anklicken.

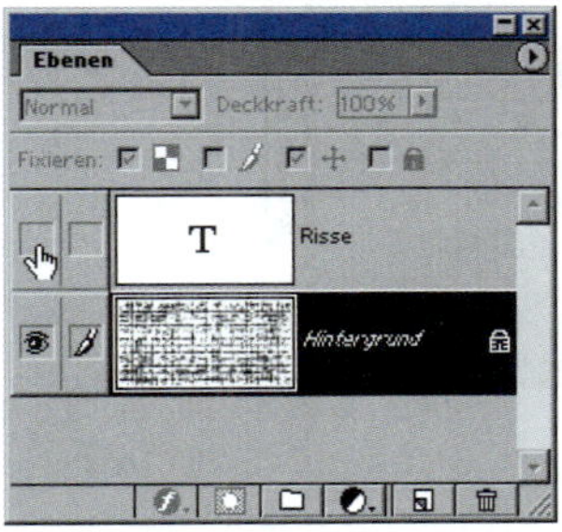

8. Bevor Sie die Auswahl erstellen, ist es wichtig, die Textebene auszublenden, da sonst der Text selbst ebenfalls ausgewählt wird.

Klicken Sie dazu in der *Ebenen*-Palette in das Augen-Symbol der oberen Ebene. Daraufhin ist nur noch die Struktur sichtbar.

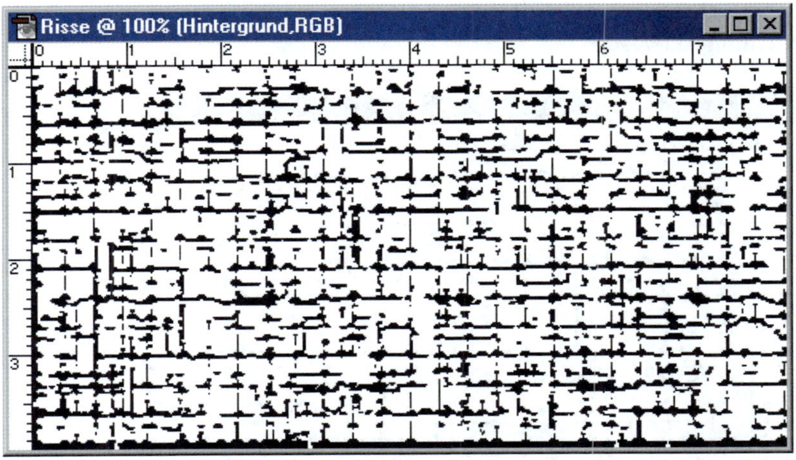

9. Wählen Sie *Auswahl/Farbbereich auswählen.* Mithilfe dieses Dialogfelds markieren Sie Bildpixel gleicher bzw. je nach Toleranzeinstellung ähnlicher Farbe. Bewegen Sie den Mauszeiger über das Bild, er verwandelt sich in eine Pipette. Klicken Sie in einen schwarzen Strukturbereich. Schwarz wird somit als Farbbereich ausgewählt. Verschieben Sie den *Toleranz*-Regler auf den Wert *100* und bestätigen Sie das Dialogfeld.

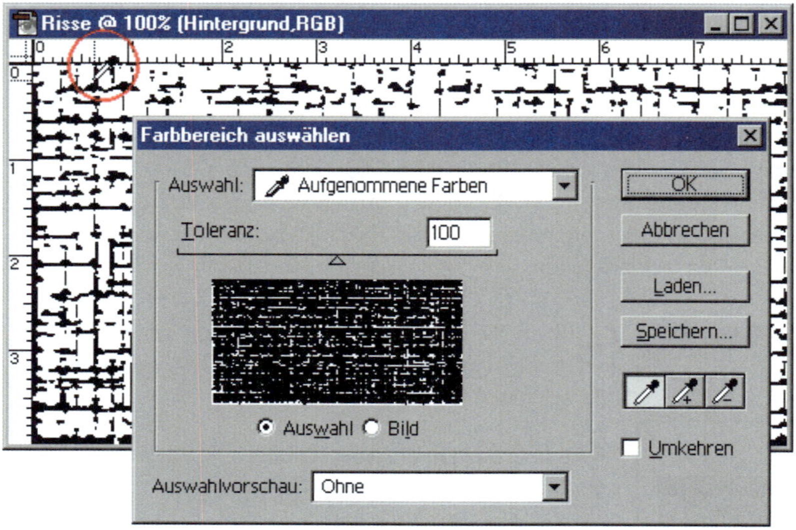

10. Die Auswahl wird durch gestrichelte Lauflinien angezeigt. Blenden Sie die Textebene wieder ein, indem Sie in der *Ebenen*-Palette die Ebenen-Miniatur anklicken. Sie wird somit wieder sichtbar und außerdem zeigt das Pinsel-Symbol vor der Ebene, dass diese zur Bearbeitung aktiv ist.

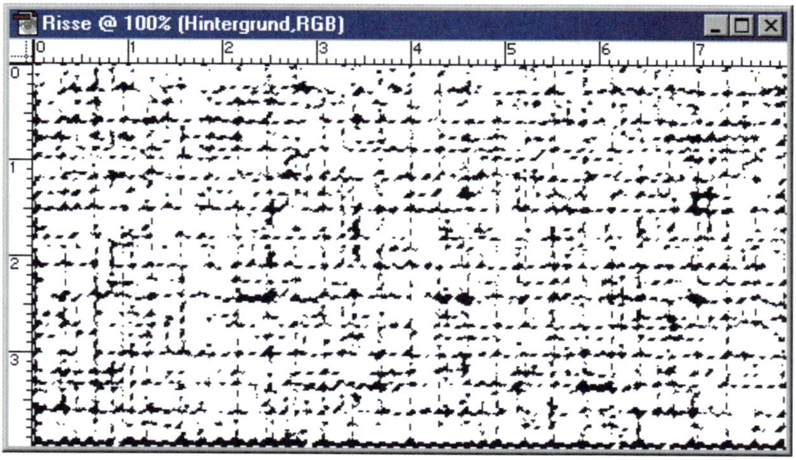

11. Bisher liegt der Text noch in Vektorform vor. Um die Textebene bearbeiten zu können, müssen Sie sie erst rastern. Wählen Sie *Ebene/Rastern/Text.* Drücken Sie jetzt die [Entf]-Taste auf Ihrer Tastatur oder wählen Sie *Bearbeiten/Löschen.* Die Struktur wird aus dem Text gestanzt.

12. Um dem Ganzen mehr Plastizität zu verleihen, wählen Sie *Ebene/Ebenenstil/Abgeflachte Kante und Relief*. Verwenden Sie hier die Standardeinstellungen oder setzen Sie beliebige Werte ein.

Um dem Text gleichzeitig auch einen Schlagschatten zu verleihen, klicken Sie das Kontrollkästchen *Schlagschatten* links in der Liste der Effekte an. Bestätigen Sie dann mit *OK*.

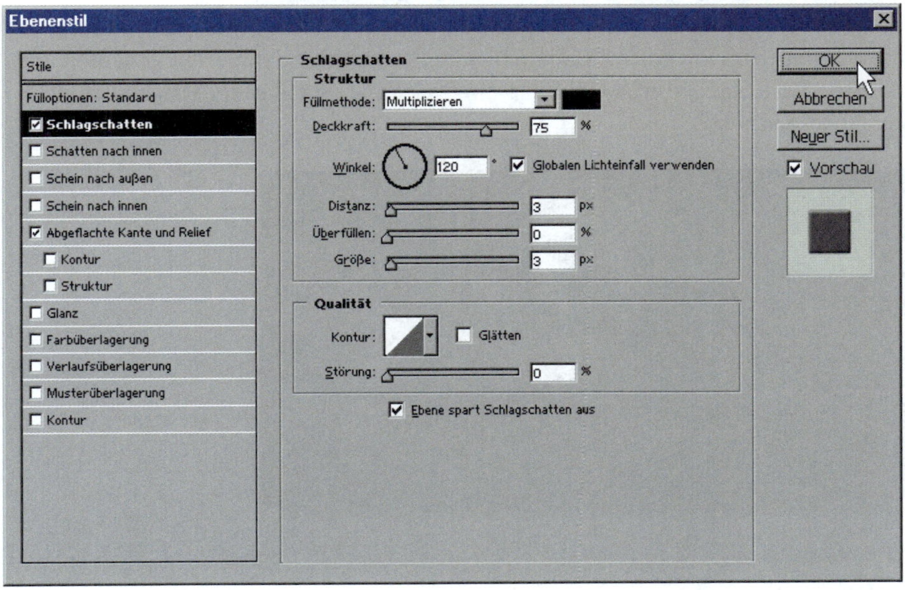

best friend TIPP

Schärfefilter

Falls Ihnen das Beispiel zu unscharf wirkt, erhöhen Sie die Bildschärfe mit *Filter/Scharfzeichnungsfilter/Scharfzeichnen.*

13. Gestalten Sie jetzt die Hintergrundebene nach Ihren Wünschen. Aktivieren Sie dazu die Ebene *Hintergrund*. Entweder Sie markieren die gesamte Ebene mit *Auswahl/ Alles Auswählen* und löschen die Struktur, oder Sie fügen wie zu Beginn dieses Kapitels einen Farbverlauf ein.

5.3 Effekte mit dem Filter Glas

Dieses Beispiel lebt von einer Zusammenwirkung von selbst definierten Verläufen und dem Effektfilter *Glas*. Sie erfahren in diesem Projekt, wie Sie Rasterverläufe verändern und neu abspeichern.

Quicksteps – Glasfilter

- Definieren Sie als Vordergrundfarbe Weiß und als Hintergrundfarbe ein Blau mit den Werten R 0, G 40 und B 140.
- Erstellen Sie eine Textebene mit beliebigem Inhalt.

- Wählen Sie *Datei/Neu. Breite* und *Höhe* sollen 10 x 5 cm betragen. Die Auflösung soll hier 150 Pixel/Inch sein. Aktivieren Sie die Option *Hintergrundfarbe* im Bereich *Inhalt.*
- Aktivieren Sie das Verlaufswerkzeug.
- Aktivieren Sie die Schaltfläche *Linearer Verlauf* und klicken Sie anschließend auf die Vorschauabbildung des Verlaufs.
- Sie befinden sich in dem Dialogfeld *Verläufe bearbeiten.* Klicken Sie auf die Schaltfläche *Neu* und geben Sie einen Namen für den neuen Verlauf ein.
- Im Bereich *Verlaufstyp* sehen Sie den Balken, der den Verlauf repräsentiert. Fügen Sie durch mehrere Mausklicks unterhalb des Verlaufsbalkens verschiedene Farbwechsel ein.
- Wählen Sie den Befehl *Ebene/Rastern/Text.*
- Erstellen Sie aus Ihrem Text eine Auswahl.
- Ziehen Sie mit dem Verlaufswerkzeug von oben links nach unten rechts.
- Wählen Sie *Filter/Verzerrungsfilter/Glas.* Experimentieren Sie mit den Einstellungen.
- Wählen Sie *Ebene/Ebenestil/Schlagschatten.* Der Schatten soll Weiß sein.
- Gestalten Sie die Hintergrundebene.

Glasreflexe erzeugen

1. Starten Sie Photoshop bzw. Ihre Bildbearbeitungssoftware. Auch für dieses Beispiel benötigen Sie zunächst kein Bild. Sie können aber nach Belieben ein Foto im Hintergrund einfügen.

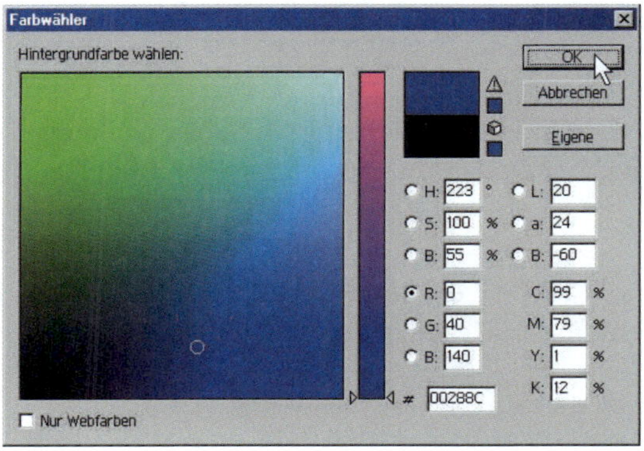

2. Definieren Sie zunächst Vorder- und Hintergrundfarbe. Klicken Sie dazu zunächst auf das Feld *Hintergrundfarbe,* sodass sich der Farbwähler öffnet.

3. Geben Sie in die Felder *R, G* und *B* die Werte „0", „40" und „140" ein, das ergibt einen dunklen Blauton. Bestätigen Sie das Dialogfeld.

4. Klicken Sie anschließend auf das Feld *Vordergrundfarbe* und definieren Sie hier Weiß. Die Werte sind *R* 255, *G* 255 und *B* 255.

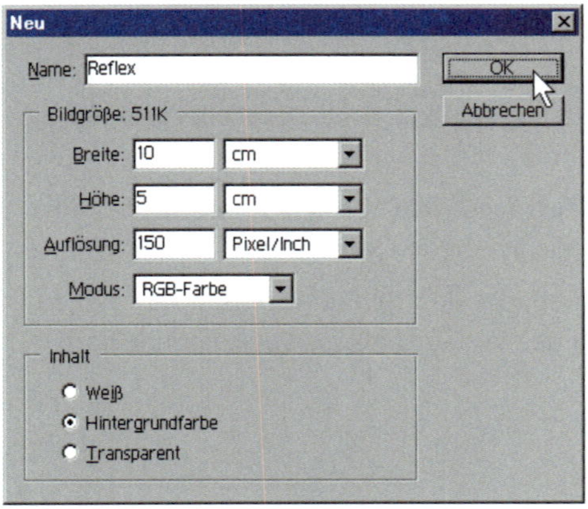

5. Wählen Sie *Datei/Neu*. Geben Sie in die Felder *Breite* und *Höhe* 10 x 5 cm ein und definieren Sie eine *Auflösung* von *150 Pixel/Inch*. Der Farbmodus soll *RGB-Farbe* sein, und aktivieren Sie die Option *Hintergrundfarbe* im Bereich *Inhalt*. Dadurch, dass Sie die Hintergrundfarbe vorher als Blau definiert haben, erhalten Sie eine blau gefüllte Bilddatei.

6. Aktivieren Sie das Textwerkzeug. Definieren Sie die Schriftattribute in der Leiste *Werkzeug-Optionen*. Wir haben die Schriftart ScalaSans-BoldItalic in der Schriftgröße 100 Punkt verwendet. Da die Vordergrundfarbe Weiß ist, wird der Text automatisch in Weiß erstellt.

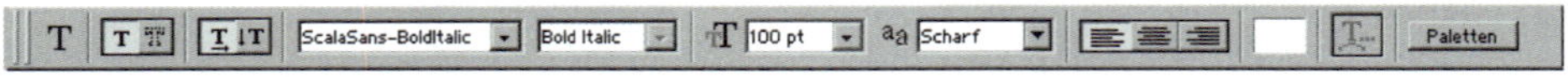

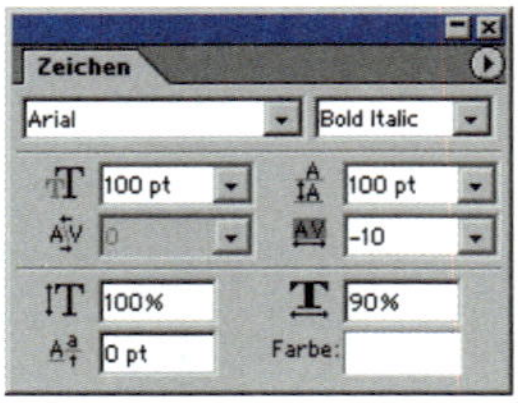

7. In der Leiste *Werkzeug-Optionen* finden Sie schon die wichtigsten Einstellungsmöglichkeiten zum Textwerkzeug.

Wenn Sie aber weitere typografische Einstellungen vornehmen möchten, klicken Sie in den Werkzeug-Optionen auf die Schaltfläche *Paletten*. Daraufhin öffnen sich die Paletten *Zeichen* und *Absatz*. Für dieses Beispiel haben wir die Schriftbreite auf *90 %* verringert und die Buchstaben mit *-10* „unterschnitten". Das bedeutet, dass die Buchstabenabstände zueinander verringert wurden.

best friend TIPP

Neuen Verlauf erstellen

An dieser Stelle ist es wichtig, dass Sie in den Werkzeug-Optionen direkt die Vorschauabbildung des ausgewählten Verlaufs und nicht den Pfeil anklicken, der die Auswahlliste öffnet.

8. Klicken Sie in das Bild. Geben Sie Ihren Text – hier „Reflex" – ein. Schließen Sie die Bearbeitung des Textes mit einem Klick auf das Häkchen in der *Werkzeug-Optionen*-Palette ab.

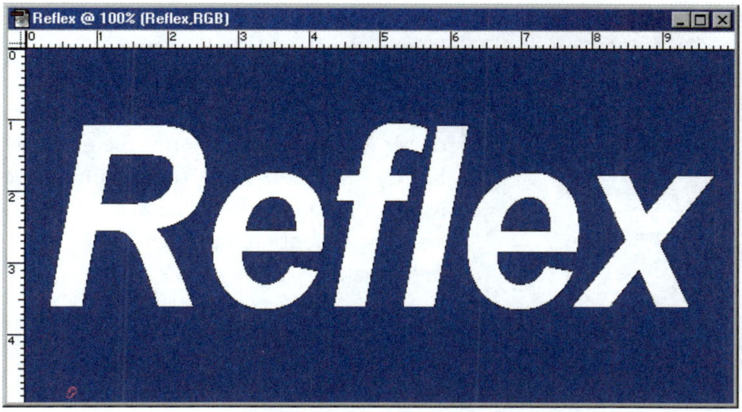

9. Aktivieren Sie das Verlaufswerkzeug. Es teilt sich seinen Platz in der Werkzeug-Palette mit dem Füllwerkzeug.

10. Sobald Sie das Werkzeug gewechselt haben, passen sich die Werkzeug-Optionen an. Sie finden jetzt die Einstellungsmöglichkeiten für das Verlaufswerkzeug.

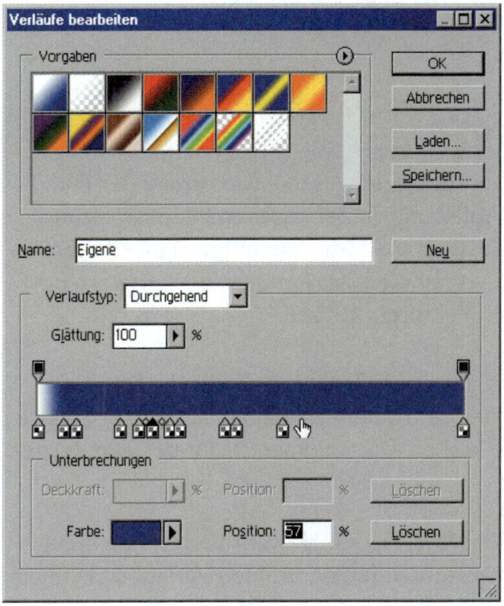

Aktivieren Sie die Schaltfläche *Linearer Verlauf* und klicken Sie anschließend auf die Vorschauabbildung des voreingestellten Verlaufs. Die allermeisten Bildbearbeitungsprogramme bieten die Möglichkeit, eigene Verläufe zu erstellen. In Paint Shop Pro z. B. müssen Sie im Bereich *Stil* der Farben-Palette das Symbol *Farbenübergang* auswählen, dann wie in Photoshop auf das Vorschaubild klicken und in dem folgenden Dialogfeld die Schaltfläche *Bearbeiten* anklicken. Hier können Sie dann einzelne Farbwechsel einfügen.

11. Nach dem Klick auf die Vorschauabbildung öffnet sich das Dialogfeld *Verläufe bearbeiten.* Klicken Sie auf die Schaltfläche *Neu* und geben Sie einen Namen für den neuen Verlauf ein.

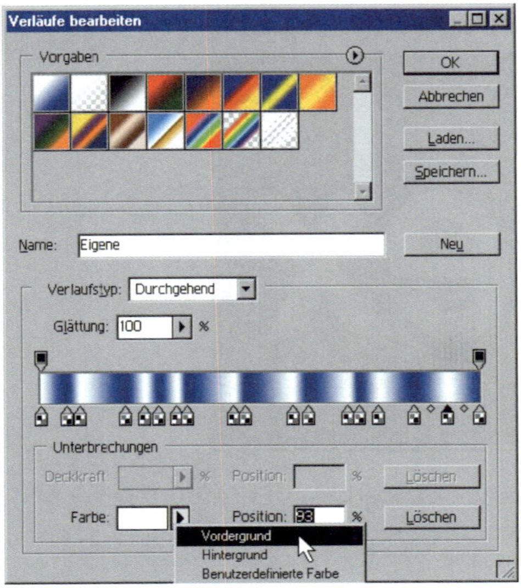

12. Im Bereich *Verlaufstyp* sehen Sie den Balken, der den Verlauf repräsentiert. Wenn Sie unterhalb des Verlaufs klicken, fügen Sie damit Markierungen ein. Jeder dieser Markierungen können Sie eine Farbe zuweisen. Setzen Sie zunächst mehrere Markierungen in unterschiedlichen Abständen. Orientieren Sie sich an den Abbildungen.

13. Nachdem Sie die Markierungen gesetzt haben, klicken Sie eine nach der anderen an und weisen eine Farbe zu, indem Sie aus dem Listenfeld *Farbe* entweder *Vorder-* oder *Hintergrund* auswählen. Je nachdem, ob Sie Blau oder Weiß zuweisen möchten. Dieser Prozess ist etwas mühselig. Wenn Sie alle Farbwechsel definiert haben, klicken Sie auf *Speichern.* Vergeben Sie einen Namen für den neuen Verlauf und bestätigen Sie die Dialogfelder.

14. Da Sie den Text gleich mit dem Verlauf bearbeiten, muss dieser zunächst gerendert werden. Wählen Sie den Befehl *Ebene/Rastern/Text.* Daraufhin können Sie den Text bearbeiten.

best friend TIPP

Rendern/Rastern

Bildbearbeitungsprogramme arbeiten pixelorientiert. Das heißt, ein Bild ist aus einer Vielzahl von Bildpunkten zusammengesetzt. Die Anzahl der Punkte richtet sich nach der gewählten Auflösung. In den meisten Bildbearbeitungsprogrammen werden Texte zunächst als Vektoren eingefügt. Dadurch können Sie nachträglich Textänderungen vornehmen. Als Rendern oder Rastern bezeichnet man das Umrechnen von Vektoren in Pixel.

15. Erstellen Sie aus Ihrem Text einen Auswahl. Das erreichen Sie am schnellsten, indem Sie bei gehaltener Strg-Taste in die Textebene klicken. Daraufhin erscheint der Text ausgewählt.

16. Klicken und ziehen Sie mit aktivem Verlaufswerkzeug von oben links nach unten rechts, um den Verlauf einzufügen. In Kapitel 1 verwenden Sie das Verlaufswerkzeug zum Erstellen einer Verlaufsmaske.

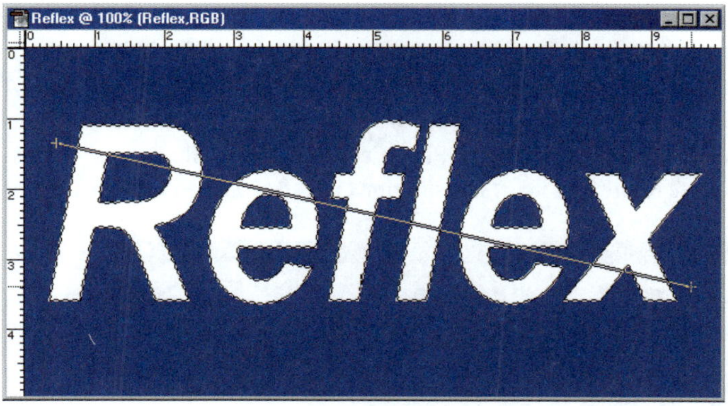

17. Betrachten Sie das Ergebnis. Dieser Effekt ist für sich schon attraktiv, er soll aber noch mit dem Glas-Filter bearbeitet werden.

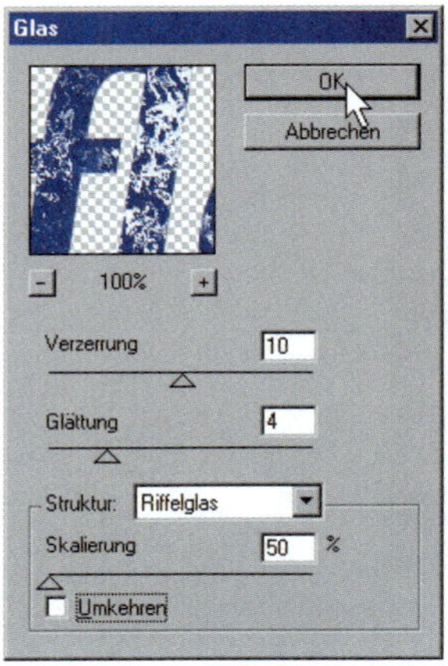

18. Wählen Sie *Filter/Verzerrungsfilter/Glas.* Experimentieren Sie mit den Einstellungen, bis Ihnen die Vorschau gefällt, oder verwenden Sie folgende Werte: *Verzerrung 10, Glättung 4,* Struktur *Riffelglas, Skalierung 50 %.*

Es lohnt sich, verschiedene Einstellungen auszuprobieren, weil Sie dadurch ganz unterschiedliche Effekte bewirken.

19. Da das Blau des Verlaufs und des Hintergrunds das gleiche ist, soll der Text noch Ebeneneffekte erhalten, damit er sich von der Hintergrundebene absetzt. Wählen Sie *Ebene/Ebenestil/Schlagschatten.* Der Schatten soll Weiß sein. Wählen Sie als *Füllmethode Normal,* klicken Sie auf das Farbfeld und wählen Sie *Weiß* aus. Geben Sie eine *Distanz* von „6" Pixeln und eine *Größe* von ebenfalls „6" Pixeln ein. Aktivieren Sie zusätzlich das Kontrollkästchen *Abgeflachte Kante und Relief* links in der Liste. Bestätigen Sie mit *OK.*

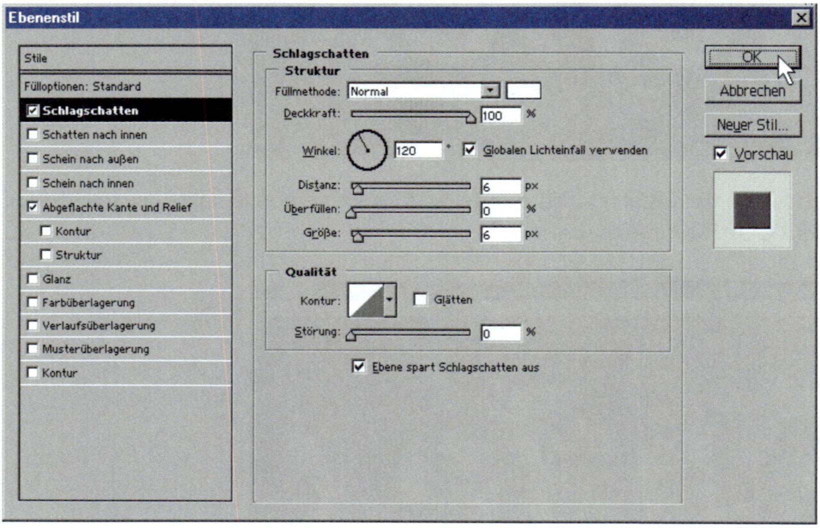

20. Dem Hintergrund soll noch eine Struktur verliehen werden. Klicken Sie dazu in der *Ebenen*-Palette die Hintergrundebene an, um sie zu aktivieren.

21. Im Moment ist noch die Textauswahl aktiv, wählen Sie daher *Auswahl/Auswahl aufheben.*

22. Wählen Sie *Filter/Störungsfilter/Störungen* hinzufügen. Geben Sie in dem Dialogfeld eine *Stärke* von „50 %" ein, aktivieren Sie die Option *Gleichmäßig* und das Kontrollkästchen *Monochrom.* Klicken Sie auf *OK.*

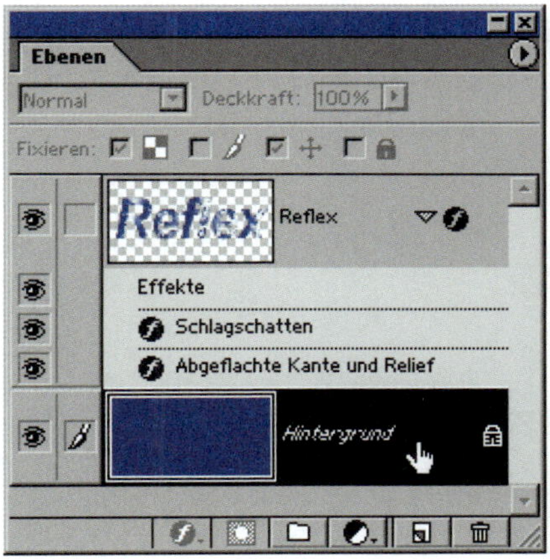

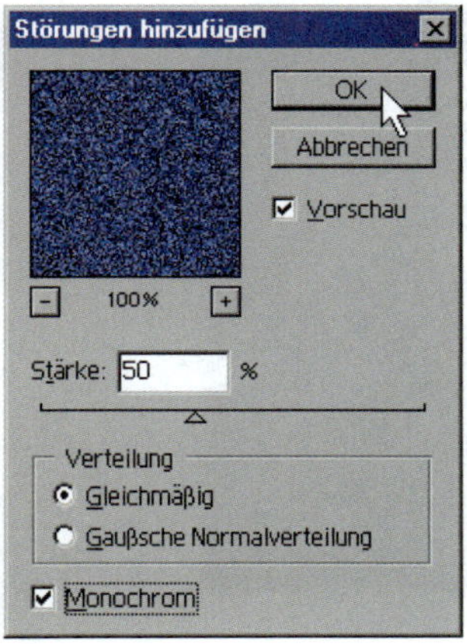

TIPP

Monochrom

Das Kontrollkästchen *Monochrom* bewirkt, dass einfarbige, schwarze bzw. graue Störungen hinzugefügt werden. Anderenfalls würden die Störungen bunt gemischt ausfallen.

23. Um die Störungen weichzuzeichnen, rufen Sie den Befehl *Filter/Weichzeichnungsfilter/Gaußscher Weichzeichner* auf. Dieser Weichzeichnungsfilter ist regelbar. Geben Sie einen Radius von „3" Pixeln für die Weichzeichnung ein und bestätigen Sie das Dialogfeld.

Der Effekt ist fertig gestellt. Mit diesen Schritten gestalten Sie individuelle Grafiken, wandeln Sie einfach die einzelnen Filter leicht ab und setzen Sie weitere Farben ein.

5.4 Gespaltene Texteffekte

In diesem Beispiel teilen Sie die Schrift horizontal und verschieben die obere Hälfte. Sie verwenden unterschiedliche Füllmethoden, um die einzelnen Ebenen ineinander zu überblenden.

Quickstep – Gepaltene Texteffekte

- Wählen Sie *Datei/Neu.* Erstellen Sie die Datei *Oper* mit den Maßen 10,5 x 14,8 cm.
- Öffnen Sie die Datei *Skulptur.jpg*. Kopieren Sie die Skulptur in die Datei *Oper*.
- Bringen Sie das Bild auf die gewünschte Größe innerhalb der Bilddatei.
- Stellen Sie beliebige Vorder- und Hintergrundfarben ein. Wechseln Sie auf die Hintergrundebene und wählen Sie *Filter/Renderingfilter/Wolken*.
- Markieren Sie die Bildebene und stellen Sie als Füllmethode in der *Ebenen*-Palette *Multiplizieren* ein.
- Ziehen Sie aus dem waagerechten Lineal eine Hilfslinie bis etwa an die Position *Y 9 cm*.
- Aktivieren Sie das Textwerkzeug.
- Erfassen Sie den Text – hier „Opera".
- Wechseln Sie zum Verschieben-Werkzeug und positionieren Sie die Schrift so, dass sie zentriert auf der Hilfslinie liegt.
- Wählen Sie *Ebene/Rastern/Text.*
- Aktivieren Sie das Auswahlrechteck.

- Markieren Sie den Text unterhalb der Hilfslinie. Wählen Sie *Bearbeiten/Ausschneiden.*
- Wählen Sie *Bearbeiten/Einfügen.* Photoshop fügt den Textteil auf einer neuen Ebene ein.
- Aktivieren Sie das Verschieben-Werkzeug und ziehen Sie die Texthälfte wieder an die richtige Stelle unterhalb der anderen Hälfte.
- Klicken Sie in der *Ebenen*-Palette die unten liegende Textebene an.
- Wählen Sie den Eintrag *Ebene/Neu/ Ebene.*
- Verwenden Sie das Auswahlrechteck, um die untere Bildhälfte zu markieren.
- Wählen Sie die Tastenkombination [Alt]+[Rück].
- Wählen Sie *Ebene/Mit darunter liegender auf eine Ebene reduzieren.*
- Wählen Sie aus dem Listenfeld *Füllmethode einstellen* in der *Ebenen*-Palette den Eintrag *Ineinanderkopieren.*
- Klicken Sie mit gehaltener [Strg]-Taste in die obere Ebene. Wechseln Sie anschließend wieder zur Ebene mit der blauen Fläche, indem Sie diese anklicken.
- Mit dem Befehl *Bearbeiten/Löschen* schneiden Sie die untere Texthälfte aus der Fläche aus.

Ebenen ineinander überblenden

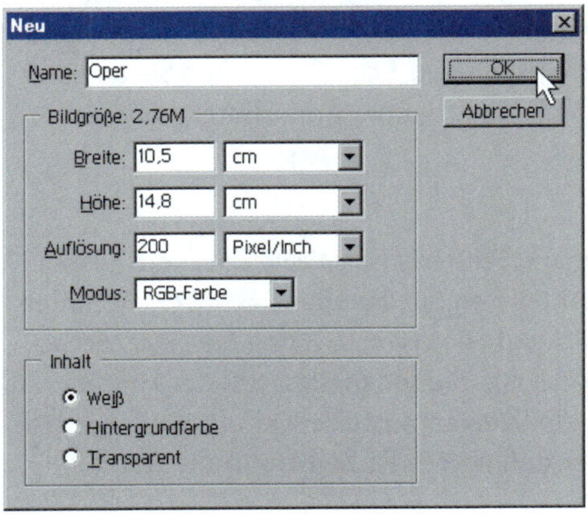

1. Wählen Sie *Datei/Neu.* Erstellen Sie eine Datei mit dem Namen *Oper* und den Maßen 10,5 x 14,8 cm – dies entspricht der Größe einer Postkarte – und einer *Auflösung* von *200* dpi.

Der *Modus* soll *RGB-Farbe* sein und der *Inhalt Weiß.* Bestätigen Sie das Dialogfeld.

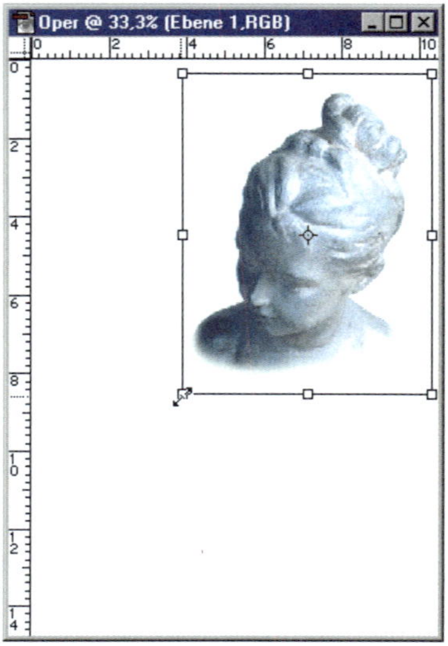

2. Öffnen Sie die Datei *Skulptur.jpg*, die Sie von der DATA BECKER-Website herunterladen können. Kopieren Sie die Skulptur in die Datei *Oper*. Markieren Sie dazu zunächst *Skuptur.jpg* mit einem Klick in die Titelleiste. Aktivieren Sie das Verschieben-Werkzeug, klicken Sie den Frauenkopf an und ziehen Sie ihn in die Datei *Oper.* Dabei wird er automatisch kopiert.

3. Das Bild ist noch zu groß. Wählen Sie *Bearbeiten/Frei transformieren.* Sie erhalten einen Markierungsrahmen mit acht Knotenpunkten. Halten Sie die [Umschalt]-Taste gedrückt und ziehen Sie an einem der Eckpunke in Richtung Bildmitte. So wird das Bild proportional verkleinert. Um den Skalierungsvorgang auszulösen, klicken Sie doppelt innerhalb des Markierungsrahmens. Treffen Sie dabei allerdings nicht exakt die Mitte, hier liegt der Mittelpunkt des Markierungsrahmens und ein Doppelklick auf diesen Mittelpunkt hat keine Wirkung.

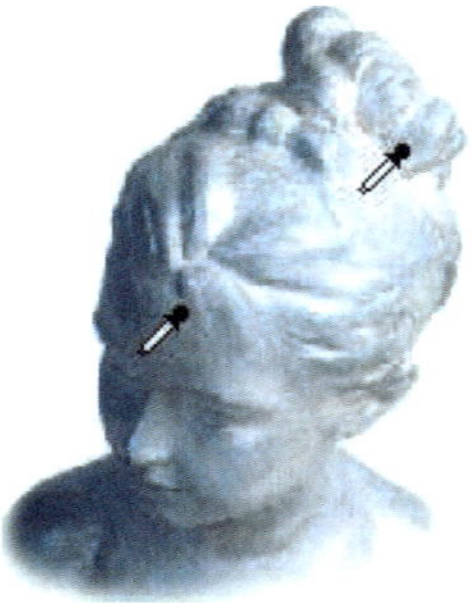

4. Für das Wolkenmuster benötigen Sie verschiedene Vorder- und Hintergrundfarben. Es sollen Farben aus dem Bild Verwendung finden.

Aktivieren Sie das Werkzeug *Pipette.* Klicken Sie in einen dunklen Bereich des Kopfes. So legen Sie die Vordergrundfarbe fest. Halten Sie dann die [Alt]-Taste gedrückt und klicken Sie an einer hellen Stelle des Kopfes – dies definiert die Hintergrundfarbe.

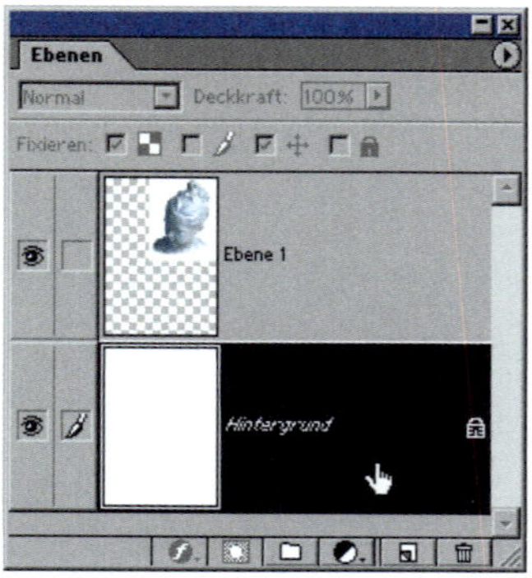

5. Rufen Sie mit *Fenster/Ebenen einblenden* die *Ebenen*-Palette auf. Aktivieren Sie die Ebene *Hintergrund* mit einem Mausklick auf *Hintergrund.* Rufen Sie *Filter/Renderingfilter/Wolken* auf. Sie sehen, dass auf der Hintergrundebene ein Wolkenmuster eingefügt wird, das sich aus den zuvor definierten Farben zusammensetzt.

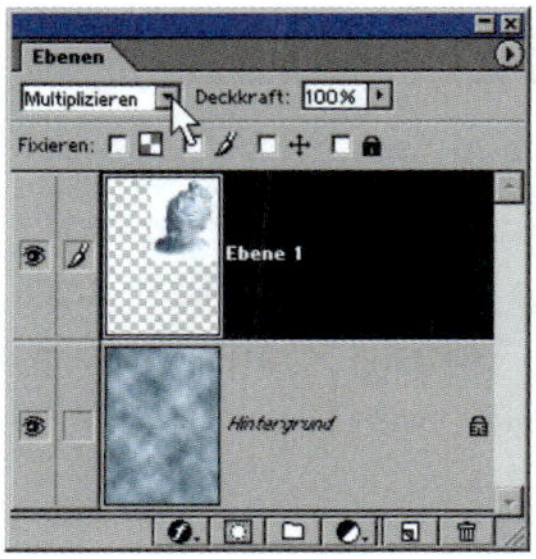

6. Das Skulptur-Bild weist noch einen weißen Hintergrund auf. Dieser wird durch einen Trick entfernt. Wechseln Sie wieder zur *Ebenen*-Palette und klicken Sie die *Ebene 1*, auf der sich die Skulptur befindet, an. Oben links in der *Ebenen*-Palette finden Sie das Listenfeld *Füllmethode einstellen.* Öffnen Sie das Listenfeld und wählen Sie den Eintrag *Multiplizieren* aus.

7. Betrachten Sie das Ergebnis. Jeder Bildpixel der oberen Ebene wird mit dem darunter liegenden Bildpixel in Bezug auf seine Farbwerte multipliziert. Durch diese Operation verschwindet das Weiß und die Töne in der Skulptur werden kräftiger.

8. Für das Einfügen des Textes und der Fläche benötigen Sie eine Hilfslinie. Stellen Sie sicher, dass die Lineale eingeblendet sind. Sie erreichen das mit *Ansicht/Lineale einblenden.* Klicken Sie in das waagerechte Lineal und ziehen Sie eine Hilfslinie bis etwa an die Position *Y 9 cm.* Orientieren Sie sich an der Abbildung. Wichtig ist, dass die Hilfslinien „magnetisch" sind. Das bedeutet, dass sie als Positionierhilfe fungieren. Objekte, Auswahlen oder Werkzeuge, die Sie in die Nähe der Hilfslinie bringen, werden davon angezogen. Öffnen Sie das Menü *Ansicht.* Wenn der Punkt *Ausrichten* ein Häkchen aufweist, sind die Hilfslinien magnetisch. Anderenfalls wählen Sie den Menüpunkt aus.

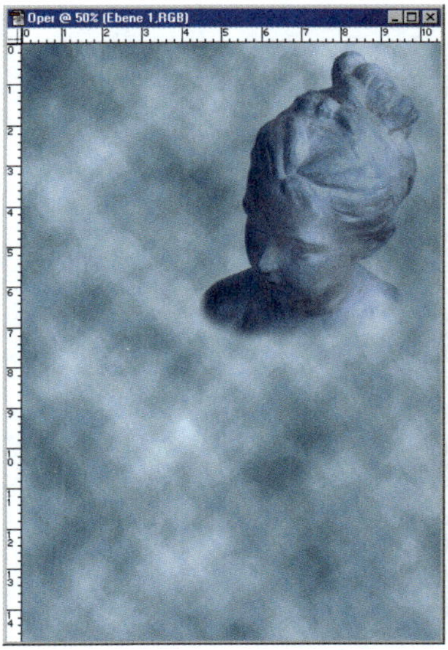

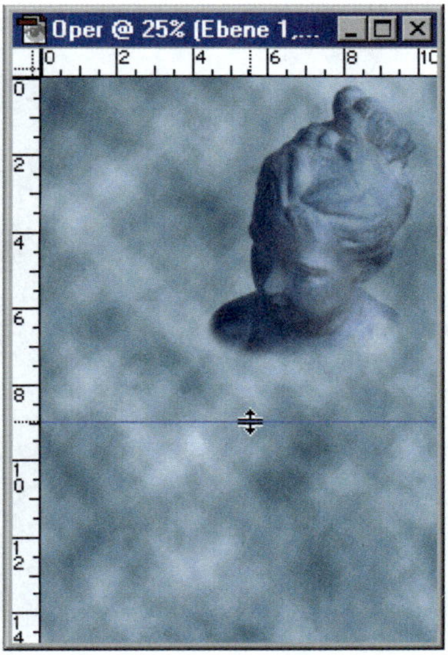

9. Aktivieren Sie das Textwerkzeug. Rufen Sie die Werkzeug-Optionen auf und verwenden Sie z. B. die Schriftart FuturaBold in der Schriftgröße 78 Punkt. Klicken Sie auf die Schaltfläche *Paletten* der Werkzeug-Optionen.

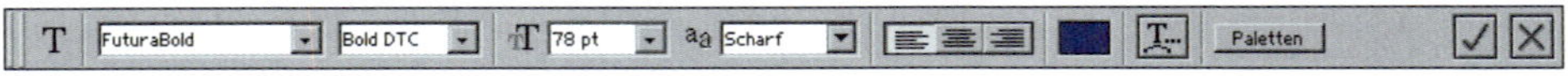

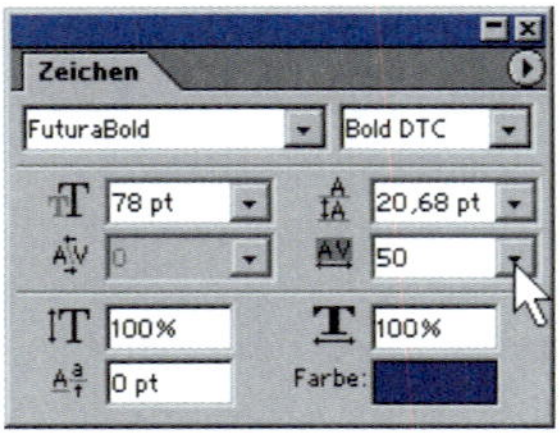

10. Die einzelnen Buchstaben der Schrift sollen „gesperrt" gesetzt werden. Das heißt, die Buchstabenabstände sollen größer sein als normal. In der Palette *Zeichen* finden Sie das Listenfeld *Laufweite.* Wählen Sie den Eintrag *50* aus. Klicken Sie auf das Farbfeld und definieren Sie einen Blauton, der aus R 0, G 0 und B 130 besteht.

11. Nachdem Sie alle Voreinstellungen vorgenommen haben, klicken Sie in das Bild. Erfassen Sie den Text – hier *Opera.*

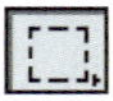

12. Wechseln Sie zum Verschieben-Werkzeug und positionieren Sie die Schrift so, dass sie zentriert auf der Hilfslinie liegt.

13. Da Sie die Textebene gleich in zwei Ebenen teilen, müssen Sie sie zunächst rastern. Wählen Sie *Ebene/Rastern/Text.*

14. Aktivieren Sie das Auswahlrechteck.

15. Markieren Sie den Text unterhalb der Hilfslinie. Wählen Sie *Bearbeiten/Ausschneiden.* Die untere Texthälfte befindet sich in der Zwischenablage.

16. Wählen Sie *Bearbeiten/Einfügen.* Photoshop fügt den Textteil auf einer neuen Ebene ein.

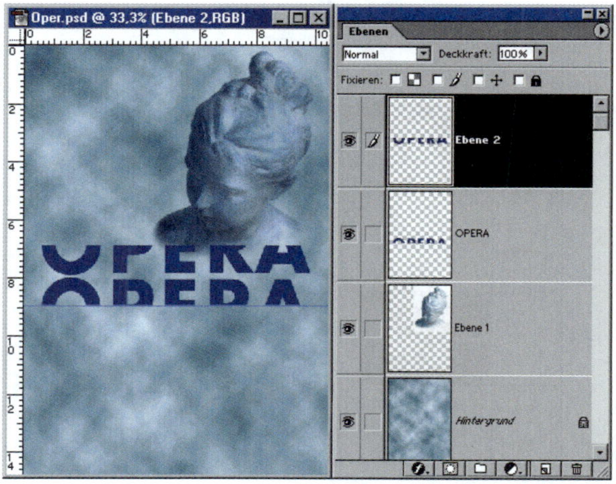

17. Aktivieren Sie das Verschieben-Werkzeug und ziehen Sie die Texthälfte wieder an die richtige Stelle unterhalb der anderen Hälfte.

18. Arbeiten Sie in einem hohen Zoomfaktor, um die Texthälften exakt zu positionieren. Wenn Sie das Verschieben-Werkzeug aktiviert haben, können Sie die Ebene mithilfe der Cursortasten pixelweise verschieben.

19. Bisher ist noch die gerade eingefügte Textebene aktiv. Zwischen beiden Textteilen soll eine neue Ebene eingefügt werden, die die farbige Fläche enthält. Klicken Sie daher in der *Ebenen*-Palette die unten liegende Textebene an. In diesem Beispiel ist besonders wichtig, welche Ebene gerade aktiv ist.

20. Wählen Sie den Eintrag *Ebene/Neu/ Ebene*. Die neue Ebene wird zwischen den Textebenen eingefügt.

21. Verwenden Sie wieder das Auswahlrechteck, um die untere Bildhälfte zu markieren. Es ist wichtig, dass die Markierung bis genau an die Ränder reicht. Es ist eventuell hilfreich, die Bilddatei an der unteren rechten Ecke etwas aufzuziehen, sodass der graue Hintergrund zum Vorschein kommt. So können Sie mit der Markierung außerhalb ansetzen.

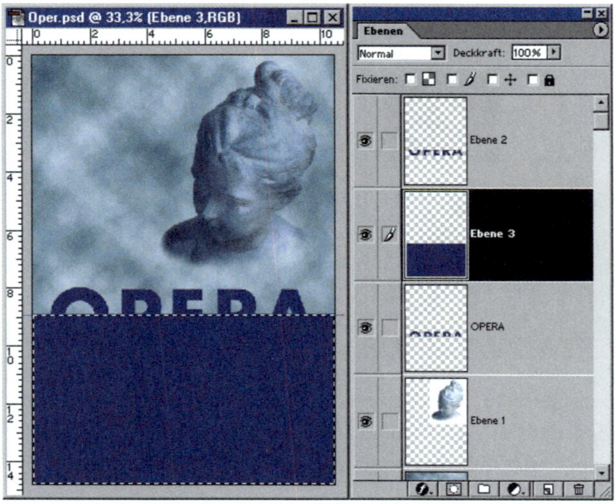

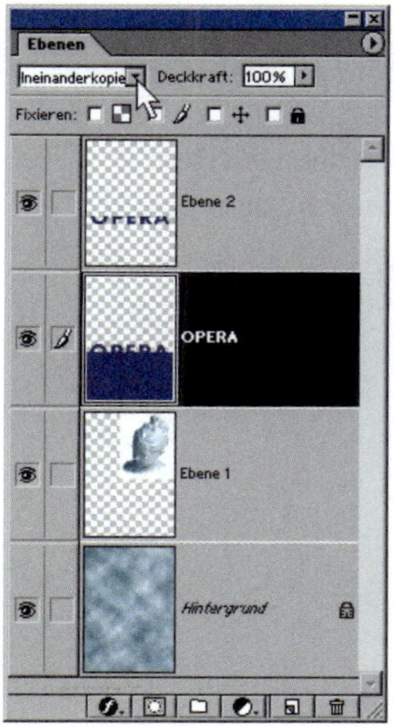

22. Achten Sie darauf, dass die neue Ebene aktiv ist. Der dunkle Blauton sollte noch Vordergrundfarbe sein. Wählen Sie *Bearbeiten/Fläche füllen* oder die Tastenkombination Alt+Rück.

23. Nachdem Sie die Fläche gefüllt haben, verschmelzen Sie diese. Wählen Sie *Ebene/Mit darunter liegender auf eine Ebene reduzieren.*

Prüfen Sie an dieser Stelle, ob die darunter liegende Ebene diejenige ist, die die Oberseite des Textes darstellt.

24. Zurzeit ist die Ebene noch deckend, da sie sich im Füllmodus *Normal* befindet. Wählen Sie aus dem Listenfeld *Füllmethode einstellen* in der *Ebenen*-Palette den Eintrag *Ineinanderkopieren.* Mit diesem Modus wird die Wolkenebene getönt.

25. Betrachten Sie das Ergebnis. Der jetzt noch dunkelblaue Schriftteil soll aus der Fläche ausgeschnitten werden. Lenken Sie Ihr Augenmerk wieder auf die *Ebenen*-Palette.

26. Die oberste Ebene soll als Auswahl geladen werden. Klicken Sie mit gehaltener Strg-Taste in die obere Ebene. Wechseln Sie anschließend wieder zur Ebene mit der blauen Fläche, indem Sie diese anklicken.

27. Mit dem Befehl *Bearbeiten/Löschen* schneiden Sie die untere Texthälfte aus der Fläche aus.

Allerdings müssen Sie noch die oberste Ebene löschen. Klicken Sie die Ebene mit dem unteren Textfragment an und ziehen Sie sie in den Papierkorb unten rechts in der *Ebenen*-Palette.

Best friend's Check up!

Hier finden Sie in einer Übersicht die wichtigsten Begriffe aus diesem Kapitel.

Funktionen/ Befehle/Begriffe	Bedeutung
Maske	Der Begriff „Maske" stammt aus der klassischen Fotografie und Reprotechnik. Hierbei wurden rote Folien zurechtgeschnitten und auf das lichtempfindliche Fotomaterial aufgebracht, um diese Bereiche vor der Belichtung zu schützen.
Schriftschnitt	Die Bezeichnung „Schriftschnitt" bezeichnet das Attribut einer Schrift, z. B. Normal bzw. Regular, Fett bzw. Bold oder Kursiv bzw. Oblique.
Schriftfamilie	Die Schriftfamilie umfasst sämtliche Schnitte einer Schriftart.
Textglättung	Mit Textglättung oder Antialiasing wird das Angleichen von Schriftkanten an den Hintergrund bezeichnet. Die Randpixel werden weichgezeichnet, sodass die für pixelorientierte Programme charakteristische Treppchenbildung kaschiert wird.
Laufweite	Laufweite ist der Oberbegriff für Buchstabenabstände. Wenn Sie Text unterschneiden, verringern Sie die Laufweite, wenn Sie ihn sperren, erhöhen Sie die Abstände zwischen den einzelnen Buchstaben.

6 Bildmontage

Bildmontagen haben ganz unterschiedliche Einsatzgebiete. Einerseits können es witzige Collagen sein, bei denen gewollt ist, dass die Montage auffällt. Andererseits können Sie gegensätzliche Landschaften ineinander blenden, was einen hohen Reiz hat. Die verschiedenen Techniken lernen Sie in diesem Projekt kennen.

6.1 Farbbereiche ausblenden

Diese Technik gehört zu den schnellsten Montagetechniken. Allerdings funktioniert sie nur, wenn ein Bild einen gleichmäßig gefärbten Hintergrund aufweist und das Bildmotiv, das erhalten bleiben soll, diese Farbe nicht enthält. Der Fallschirmspringer in diesem Beispiel ist für die Montage per Ebenenstil besonders gut geeignet. Der Himmel im Bild ist gleichmäßig grau, mit wenigen Schwankungen. Gleichzeitig kommen Weiß und Grau nicht im Fallschirm oder im Springer vor, sodass Sie den Hintergrund einfach ausblenden können.

Quicksteps – Farbbereiche ausblenden

- Öffnen Sie die Bilder *Fallschirm.jpg* und *Berghoch.jpg*.
- Entfernen Sie mithilfe der Tonwertkorrektur die hellen Grautöne im Bildhintergrund.

- Kopieren Sie das Fallschirmbild in das Bergbild.
- Klicken Sie in der *Ebenen*-Palette doppelt auf die obere Ebene.
- Schieben Sie den rechten Regler des Rasterbalkens *Diese Ebene* nach links bis etwa auf den Wert 247.
- Halten Sie dann die [Alt]-Taste gedrückt und klicken Sie den Regler erneut an. Durch das Halten der [Alt]-Taste lässt sich der Regler teilen. Schieben Sie die linke Hälfte des Reglers etwa auf den Wert 191.
- Wählen Sie *Bearbeiten/Transformieren.* Skalieren Sie das Fallschirmbild auf die gewünschte Größe.

Der schnellste Weg, zwei Bilder zu montieren

1. Sie benötigen für dieses Projekt zwei Bilder: *Fallschirm.jpg* und *Berghoch.jpg*, die Sie von unserer Website herunterladen können. Öffnen Sie beide Bilder in Ihrem Bildbearbeitungsprogramm.

2. Achten Sie darauf, dass *Fallschirm.jpg* aktiviert ist, Sie erkennen das daran, dass die Titelleiste der Bilddatei blau statt grau gefärbt ist. In diesem Bild existieren im Hintergrund kaum sichtbare graue Bildpixel. Diese fallen auf den ersten Blick kaum auf, würden aber die Montage stören. Korrigieren Sie dieses Problem mithilfe der Tonwertkorrektur. Rufen Sie *Bild/Einstellen/Tonwertkorrektur* auf.

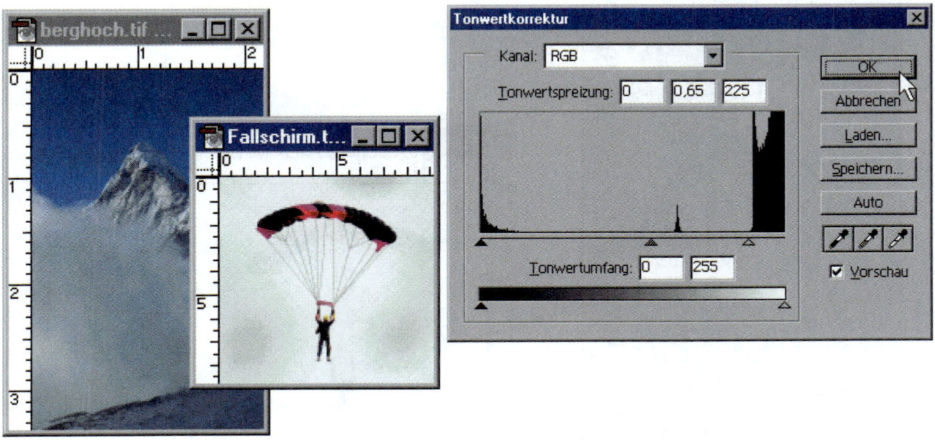

3. Beurteilen Sie das Histogramm des Bilds. Ganz rechts sehen Sie einen breiten Ausschlag des Histogramms. Dieser repräsentiert die hellen Grautöne im Bild. Da Sie diese Information aus dem Bild löschen möchten, schieben Sie den oberen rechten Regler,

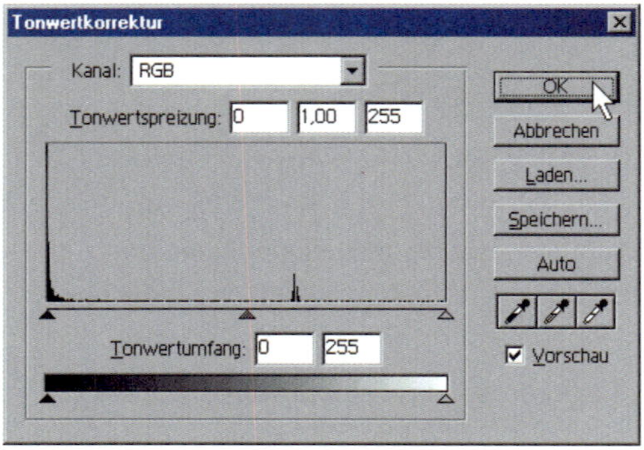

der den Startpunkt für Weiß festlegt, bis an den Beginn des Ausschlags auf den Wert 225, wie hier abgebildet. Durch die Verschiebung des Weiß-Punkts werden allerdings auch die mittleren Grauwerte – hier die Seile des Fallschirms – heller.

Um dies wieder rückgängig zu machen, schieben Sie den oberen mittleren Regler nach rechts bis auf den Wert 0,65. Schließen Sie das Dialogfeld mit einem Klick auf *OK*. Rufen Sie die Tonwertkorrektur anschließend erneut auf und betrachten Sie erneut das Histogramm. Sie können sehen, dass ganz rechts, also in den hellen Graubereichen, keine Bildinformation mehr enthalten ist.

4. Nachdem die Vorarbeit an *Fallschirm.jpg* vollbracht ist, montieren Sie die Bilder. Aktivieren Sie das Verschieben-Werkzeug, klicken Sie in die Fallschirm-Datei, halten Sie die Maustaste gedrückt und ziehen Sie in das andere Bild.

In dem Moment, in dem Sie die Maustaste wieder loslassen, wird der Fallschirm in die Berglandschaft eingefügt.

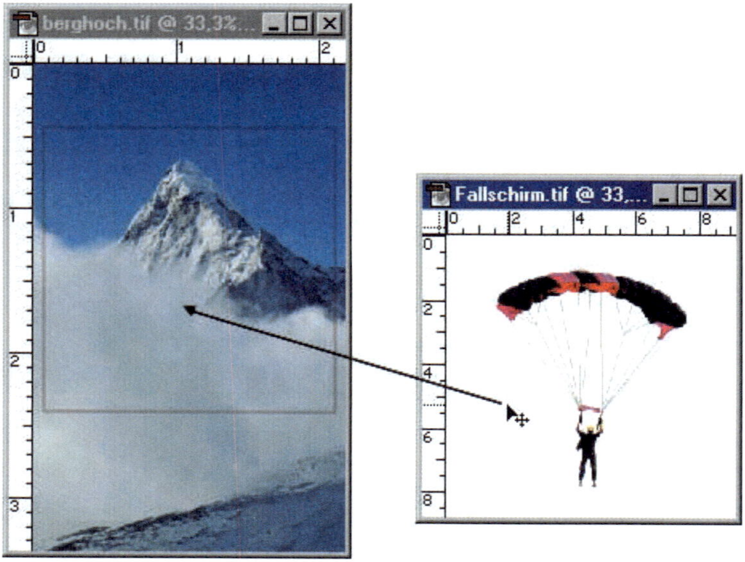

best friend TIPP

Das Histogramm

Die Beurteilung des Histogramms der Tonwertkorrektur ist anfangs nicht ganz einfach. Je öfter man sie aber benutzt, desto mehr geht die Bearbeitung in Routine über. Weitere Informationen zur Arbeit mit dem Histogramm lesen Sie in Kapitel 1.

5. Betrachten Sie das Ergebnis. Das zweite Bild wird automatisch auf einer neuen Ebene eingefügt. Sie können das Bild also auf jede erdenkliche Art bearbeiten, ohne dass der Hintergrund, also die Berge, davon berührt werden. Der weiße Hintergrund ist im Moment noch deckend. Dieser soll im Folgenden ausgeblendet werden. Dafür benötigen Sie zunächst die *Ebenen*-Palette. Wählen Sie in Photoshop *Fenster/Ebenen einblenden.* In fast allen Bildbearbeitungsprogrammen finden Sie die *Ebenen*-Palette in den Menüs *Fenster* oder *Ansicht.*

6. Klicken Sie in der *Ebenen*-Palette doppelt auf die obere Ebene, die den Fallschirm beinhaltet. In früheren Versionen von Photoshop ist es wichtig, dass Sie auf die Text-Beschriftung in der Ebene klicken und nicht auf die Vorschauabbildung.

7. Es öffnet sich das Dialogfeld *Ebenenstil*. Sie kennen es schon aus anderen Kapiteln zum Erzeugen von Schlagschatten oder anderen Effekten. Hier dient es allerdings ausschließlich zum Ausblenden eines Farbbereichs. Achten Sie darauf, dass aus dem Listenfeld *Farbbereich Graustufen* ausgewählt ist, da Weiß und die hellen Grautöne als transparent definiert werden sollen. Schieben Sie zunächst den rechten Regler des Rasterbalkens *Diese Ebene* etwas nach links bis etwa auf den Wert 247. Durch diese Aktion werden Weiß und noch vorhandene helle Grau-Anteile bis zum Tonwert 247 komplett ausgeblendet.

best friend TIPP

Unauffällige Montagen

Wenn Sie möchten, dass Ihre Montage besonders authentisch wirkt und nicht als solche zu entlarven ist, achten Sie darauf, dass Sie Bilder verwenden, die eine ähnliche Lichteinstrahlung haben. Die unterschiedlichen Lichtverhältnisse verraten in diesem Beispiel, dass die Szene nicht authentisch ist.

8. Halten Sie dann die [Alt]-Taste gedrückt und klicken Sie den Regler erneut an. Durch das Halten der [Alt]-Taste lässt sich der Regler teilen. Schieben Sie die linke Hälfte des Reglers etwa auf den Wert 191. Durch das Teilen des Reglers bewirken Sie, dass Helligkeitswerte, die zwischen den beiden Tonwerten 191 bis 247 liegen, fließend ausgeblendet werden. Es kommt nicht zu harten Kanten. Bestätigen Sie dann mit *OK*. Das Weiß des Fallschirmbilds ist jetzt ausgeblendet.

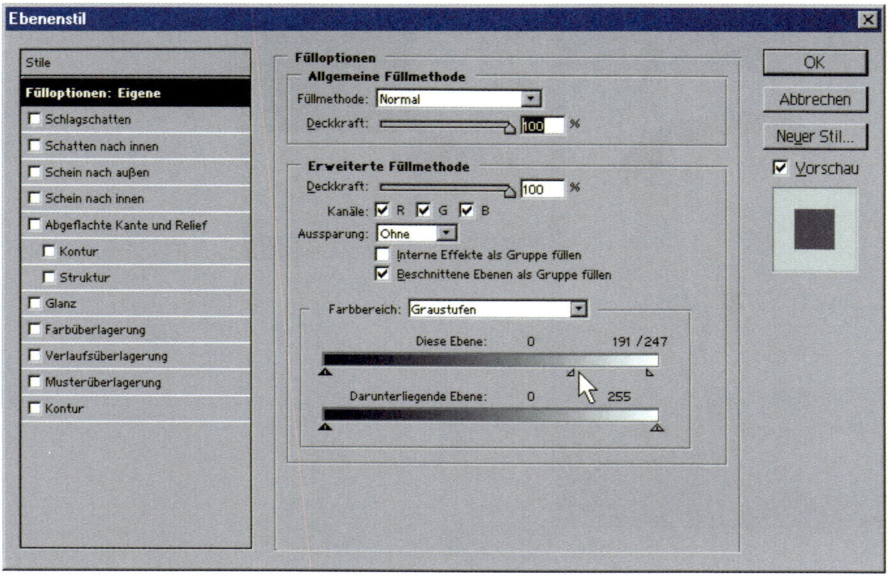

9. Da der Hintergrund jetzt ausgeblendet ist, ist die Größe des Fallschirmspringers in Bezug zur Landschaft besser zu beurteilen. Passen Sie jetzt die Größe und die Position an. Wählen Sie *Bearbeiten/Frei Transformieren.* Sie erhalten acht Markierungsknoten, mit deren Hilfe Sie das Bild skalieren können. Durch Ziehen an den Eckpunkten bei gehaltener [Umschalt]-Taste vergrößern bzw. verkleinern Sie das Bild proportional. Das Ziehen an den Mittelpunkten verzerrt das Bild. Um es zu verschieben, klicken und ziehen Sie innerhalb des Rahmens. Lösen Sie den Skalierungsvorgang mit einem Doppelklick innerhalb des Rahmens aus.

10. In Ihrem Bild befinden sich jetzt noch zwei Ebenen. Möchten Sie das Bild speichern, verwenden Sie das Dateiformat PSD. Dieses Photoshop-Dateiformat ist in der Lage, Ebenen zu verwalten. Falls Sie für die Veröffentlichung im Web oder für die Druckausgabe JPG- oder TIF-Bilder brauchen, verschmelzen Sie zunächst die Ebenen. Wählen Sie dazu den Befehl *Ebene/Auf Hintergrundebene reduzieren.* Die beiden Ebenen sind daraufhin verschmolzen und nicht mehr getrennt voneinander zu bearbeiten. Falls Sie ein solches Bild noch verändern möchten, achten Sie darauf, dass Sie das Original im PSD-Format sichern.

best friend TIPP

Die untere Ebene einblenden

Mit dem Dialogfeld *Ebenenstil* können Sie auch genau umgekehrt arbeiten als hier beschrieben. Wenn Sie statt des oberen Rasterbalkens die Regler des unteren verschieben, können Sie die unten liegende Ebenen einblenden.

6.2 Bilder nahtlos ineinander blenden

Bei dieser Technik blenden Sie zwei Bilder ineinander, sodass völlig neue Landschaften entstehen. Für die Überblendung verwenden Sie die Technik der Ebenenmaskierung.

In diesem Buch kommen Sie auch mit dem Maskierungsmodus in Berührung. Maskierungsmodus und Ebenenmasken ähneln sich sehr. Den Maskierungsmodus verwenden Sie, um eine Auswahl zu verändern, mit einer Ebenenmaske blenden Sie Teile einer Ebene aus.

Ebenenmasken bleiben permanent enthalten. Die maskierten Bereiche werden aus dem Bild ausgeblendet, ohne dass die Bildinformation verloren geht. Ebenenmasken können jederzeit verändert werden.

Quicksteps – Bilder ineinander blenden

- Kopieren Sie zwei beliebige Bilder deckungsgleich übereinander.
- Wählen Sie den Befehl *Ebene/Ebenenmaske hinzufügen/Nichts maskiert.*
- Aktivieren Sie das Verlaufswerkzeug.
- Definieren Sie folgende Einstellungen: *Linearer Verlauf, Vorder- zu Hintergrundfarbe, Modus Normal* und *Deckkraft 100 %.*
- Stellen Sie Schwarz als Vordergrund- und Weiß als Hintergrundfarbe ein.
- Ziehen Sie in der Ebenenmaske einen Verlauf von oben nach unten.
- Verschmelzen Sie die Ebenen mit *Ebene/Auf Hintergrundebene reduzieren.*

Effekte durch Kombination gegensätzlicher Motive

1. Wenn Sie das Beispiel exakt nachbauen möchten, verwenden Sie die Bilddateien *Herri.jpg* und *Wasser.jpg*. Diese gegensätzlichen Landschaften wirken in der Kombination miteinander besonders reizvoll. Ein verblüffender Effekt, mit dem Sie den Betrachter durchaus zum Stutzen bringen können.

2. Aktivieren Sie das Bild *Wasser.jpg*. Photoshop zeigt das aktive Bild mit einer blauen Titelleiste an. Wählen Sie *Auswahl/Alles auswählen.* Kopieren Sie das Bild mit *Bearbeiten/Kopieren* in die Zwischenablage.

3. Wechseln Sie zu der Datei *Herri.jpg,* indem Sie deren Titelleiste anklicken. Wählen Sie *Bearbeiten/Einfügen.* Das in der Zwischenablage befindliche Bild wird auf einer neuen Ebene in die Datei *Herri.jpg* eingefügt.

best friend TIPP

Dateien kopieren

Alle Programme bieten verschiedene Wege, Dateien oder Teile davon zu kopieren. Hier wurde gerade die Methode „Markieren, Kopieren, Einfügen" ver-

best friend TIPP

wendet. Sie können die Bilder auch per Drag & Drop zusammenfügen, indem Sie mit dem Verschieben-Werkzeug das eine Bild anklicken und es dann in das andere Bild ziehen. Eine weitere Möglichkeit ist, bei beliebigem Werkzeug die Bildminiatur in der *Ebenen*-Palette anzuklicken und dann in das andere Bild zu ziehen. Wenn Sie hierbei zusätzlich die [Umschalt]-Taste gedrückt halten, wird das Bild exakt in der Bildmitte positioniert.

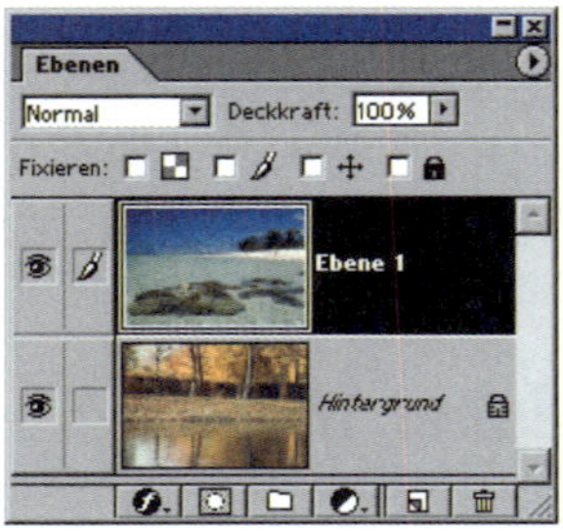

4. Betrachten Sie die *Ebenen*-Palette. Sie sehen, wie die beiden Bilder deckungsgleich übereinander liegen.

5. Jetzt kommt die Ebenenmaske ins Spiel. Wählen Sie den Befehl *Ebene/Ebenenmaske hinzufügen/Nichts maskiert.* Mit diesem Befehl haben Sie eine Ebenenmaske erstellt, die aber noch keinen Inhalt hat. Somit kann sie sich noch nicht auf das Bild auswirken. Die eigentliche Maskierung generieren Sie in den nächsten Schritten.

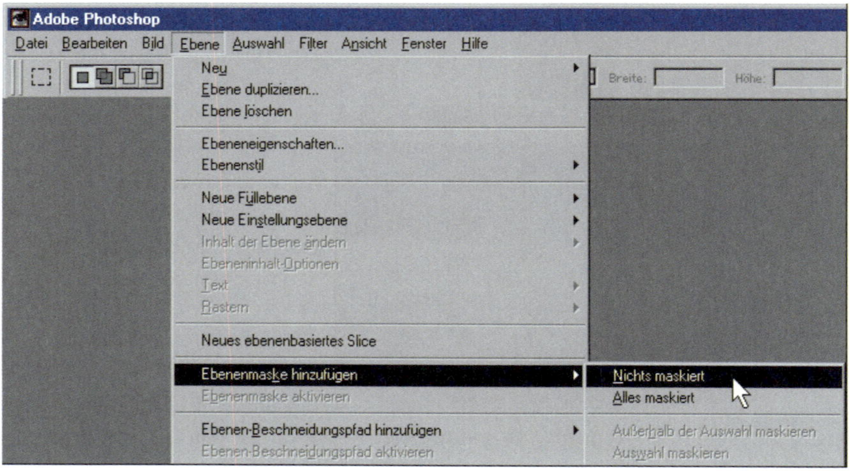

6. Betrachten Sie die *Ebenen*-Palette. Sie sehen, dass rechts neben der Bildminiatur eine weitere Vorschauabbildung eingefügt wurde: die noch leere Ebenenmaske. Diese füllen Sie in den folgenden Schritten mit Inhalt.

7. Aktivieren Sie das Verlaufswerkzeug. Da die beiden Bilder fließend ineinander übergehen sollen, muss eine verlaufsförmige Maske erstellt werden.

best friend TIPP

Ebenenmasken in anderen Programmen

Leider verfügen nicht alle Bildbearbeitungsprogramme über Ebenenmasken. Wenn Sie Fragen zu diesem Thema haben, die sich speziell auf Ihre Software beziehen, schreiben Sie uns unter *NinaMartini@aol.com*.

8. Rufen Sie die Werkzeug-Optionen auf und definieren Sie folgende Einstellungen: *Linearer Verlauf, Vorder- zu Hintergrundfarbe, Modus Normal* und *Deckkraft 100 %*. Drücken Sie auf [D] auf Ihrer Tastatur, dadurch wird Schwarz automatisch als Vordergrundfarbe und Weiß als Hintergrundfarbe eingestellt.

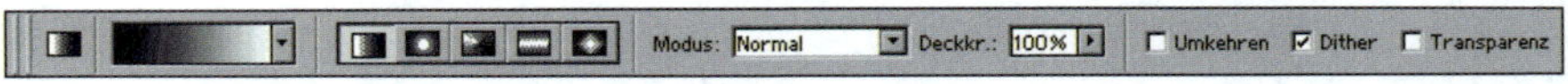

9. Sie befinden sich immer noch in der Ebenenmaske. Photoshop zeigt Ihnen das in der Titelleiste an. Klicken Sie mit dem Verlaufswerkzeug etwas oberhalb des Wassers, halten Sie die Maustaste gedrückt und ziehen Sie nach unten, etwa wie in der Abbildung dargestellt.

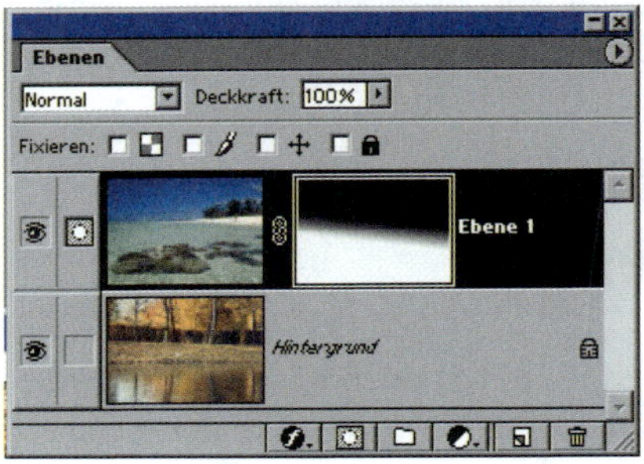

10. Betrachten Sie wieder die *Ebenen*-Palette. Sie sehen den Verlauf der Maske. Überall dort, wo die Maske Schwarz, also deckend ist, wird das Bild ausgeblendet. In den weißen Bereichen bleibt das Bild sichtbar. In den Graubereichen dazwischen entsteht ein weicher Übergang.

11. Falls Sie mit Ihrem Verlauf noch nicht zufrieden sind, setzen Sie das Verlaufswerkzeug erneut ein. Dadurch, dass der Verlauf von Schwarz zu Weiß verläuft und nicht von Schwarz zu transparent, ist der Verlauf deckend. Bei jedem neuen Versuch wird also der vorherige Verlauf überdeckt.

12. Wenn Sie mit dem Bild zufrieden sind, verschmelzen Sie die Ebenen mit *Ebene/Auf Hintergrundebene reduzieren*. Danach sind die einzelnen Ebenen nicht mehr zu bearbeiten. Falls Sie die Ebenen dagegen später noch verändern möchten, erhalten Sie die beiden Ebenen und verschmelzen sie nicht. Speichern Sie die Datei in dem Fall als PSD-Datei ab, da dieses Format in der Lage ist, Ebenen zu speichern.

best friend TIPP

Mehrere Ebenenmasken einsetzen

Sie können beliebig vielen Ebenen Ebenenmasken zuweisen. Auf diese Weise ist es möglich, spannende Collagen mit einzelnen Bildausschnitten zu gestalten, ohne dass man die Bildpixel tatsächlich löschen muss.

6.3 Gegenstände überblenden

Im Abschnitt zuvor haben Sie mit Ebenenmasken gearbeitet. In diesem Projekt werden ebenfalls zwei Motive übereinander gelegt und überblendet. In diesem Fall verwenden Sie allerdings keine Ebenenmaske, sondern Sie setzen die Ebenen-Füllmethode *Abdunkeln* ein. Wie diese Füllmethode funktioniert, erfahren Sie auf den folgenden Seiten.

Quicksteps – überblenden

- Öffnen Sie die Bilder *Apfel.jpg* und *Billard.jpg.*
- Die beiden Objekte sollen so deckungsgleich wie möglich übereinander liegen. Verringern Sie die Deckkraft der oberen Ebene, um sie leichter positionieren zu können.
- Wählen Sie *Bearbeiten/Frei transformieren.*
- Skalieren Sie das obere Bild so, dass es so genau wie möglich über dem unteren liegt.
- Wählen Sie in der *Ebenen*-Palette den Eintrag *Abdunkeln* aus dem Listenfeld *Füllmethode einstellen.*
- Rufen Sie *Filter/Rendering-Filter/3D-Transformieren* auf.
- Aktivieren Sie das Kugel-Werkzeug.
- Ziehen Sie einen Kreis auf.
- Korrigieren Sie die Lage des Kreises mit dem Direkt-Auswahl-Werkzeug.
- Aktivieren Sie das Trackball-Werkzeug. Klicken Sie damit in der Mitte des Kreises und ziehen Sie etwas nach unten.
- Korrigieren Sie die Ränder mit dem Radiergummi.
- Wählen Sie *Bearbeiten/Transformieren/Verzerren.*
- Verzerren Sie die Billardkugel, bis sie so exakt wie möglich über dem Apfel liegt.
- Retuschieren Sie die Details mit dem Radiergummi und dem Wischfinger.

Bildmixtur mit Durchblick

1. Öffnen Sie die Bilder *Apfel.jpg* und *Billard.jpg.* Die beiden Bilder sollen so übereinander geblendet werden, dass der Apfel wie glasiert aussieht. Klicken Sie mit dem Verschieben-Werkzeug die Kugel an, halten Sie die Maustaste gedrückt und ziehen Sie sie über den Apfel. In dem Moment, in dem Sie die Maustaste über dem Apfel loslassen, wird die Billardkugel kopiert. Sie haben sie mit der so genannten Drag & Drop-Methode über dem Apfel eingefügt.

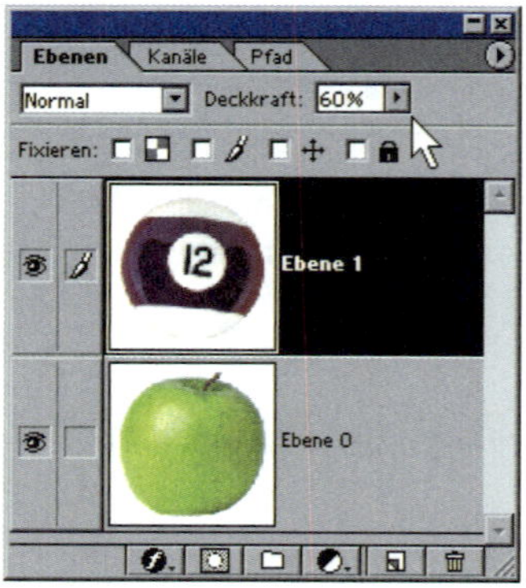

2. Die beiden Objekte sollen so deckungsgleich wie möglich übereinander liegen. Verringern Sie die Deckkraft der oberen Ebene, um beide Ebenen sehen zu können.

Klicken Sie dazu in der *Ebenen*-Palette das Listenfeld *Deckkraft* an, per Schieberegler können Sie dann die Transparenz der oberen Ebene regeln. So fällt das Positionieren leichter.

3. Wählen Sie *Bearbeiten/Frei transformieren.* Skalieren Sie die Billardkugel durch Ziehen an den Eckpunkten des Markierungsrahmens, bis die Objekte möglichst deckungsgleich liegen. Drehen Sie die Kugel, indem Sie die Maus außerhalb der Eckpunkte bewegen, bis sich der Mauscursor in einen gebogenen Pfeil verwandelt. Schließen Sie die Transformierung durch einen Doppelklick innerhalb des Markierungsrahmens ab. Achtung: Klicken Sie nicht ganz genau in der Mitte, hier befindet sich die Achse für den Drehpunkt und ein Doppelklick auf diesen Punkt bewirkt keine Veränderung.

Die Füllmethode Abdunkeln

Wenn Sie die Füllmethode *Abdunkeln* verwenden, analysiert Photoshop, an welcher Stelle die Bildpixel der oberen Ebene dunkler sind als die der unteren. Überall dort, wo dunklere Bildpixel gefunden werden, findet eine Überblendung statt, fast so, als würden Sie eine Farbfolie über ein Bild legen. An den Stellen, an denen die Pixel der oberen Ebene heller sind, findet keine Überblendung statt. Die hellen Pixel werden als transparent definiert.

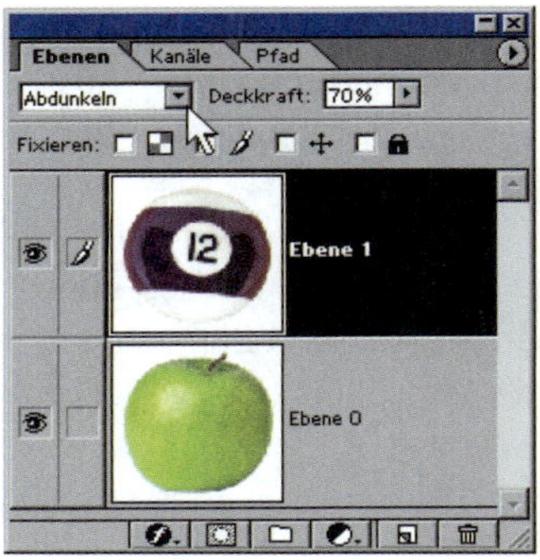

4. Wählen Sie in der *Ebenen*-Palette den Eintrag *Abdunkeln* aus dem Listenfeld *Füllmethode einstellen.*

Durch diese Aktion werden die beiden Ebenen überblendet. Experimentieren Sie mit der Deckkraft. Wir haben eine Deckkraft von 70 % gewählt.

5. Rufen Sie *Filter/Rendering-Filter/3D-Transformieren* auf.

best friend TIPP

Strukturen auf Objekte blenden

Mit dieser Technik können Sie auch Strukturen auf beliebige Objekte strahlen. Je nach Motiv arbeiten Sie ebenfalls mit einer der alternativen Füllmethoden – z. B. Multiplizieren – oder verändern die Deckkraft der oberen Ebene, sodass die Bilder miteinander verschmelzen.

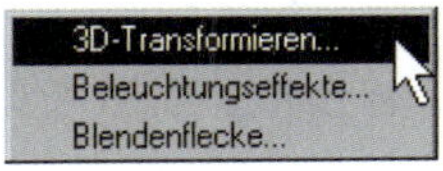

6. Dieses Dialogfeld mutet anfangs etwas kompliziert an. Zunächst müssen Sie ein Objekt anlegen, um das die Billardkugel gedreht wird. Aktivieren Sie das Kugel-Werkzeug. Es befindet sich an zweiter Stelle von oben links in der Dialogfeld-eigenen Werkzeugleiste.

7. Ziehen Sie damit einen Kreis auf, der genauso groß ist wie die Billardkugel.

8. Sie können die Lage und die Größe des Kreises noch korrigieren, indem Sie mit dem Direkt-Auswahl-Werkzeug arbeiten. Es ist der weiß gefüllte Pfeil in der Werkzeugleiste.

Klicken und ziehen Sie am Rand des Kreises, können Sie ihn verschieben, Klicken und Ziehen an einem der beiden Punkte vergrößert oder verkleinert den Kreis.

9. Wenn der Kreis perfekt sitzt, aktivieren Sie das Trackball-Werkzeug, es ist das zweite von unten rechts. Klicken Sie damit in der Mitte des Kreises und ziehen Sie etwas nach unten, und zwar so lange, bis Ihnen die Transformierung gefällt. Schließen Sie das Dialogfeld mit einem Klick auf *OK*.

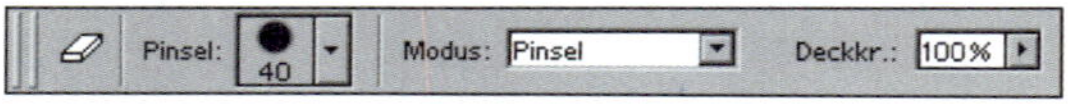

10. An den Stellen, an denen Photoshop für die 3-D-Transformierung keine Substanz zum Drehen mehr zur Verfügung stand, wurde die Ebene mit grau gefärbt. Sie sehen diese grauen Streifen am oberen und unteren Rand der Billardkugel. Radieren Sie diese Elemente einfach weg. Aktivieren Sie das Werkzeug *Radiergummi.* Definieren Sie in den Werkzeug-Optionen die Größe des Radiergummis – hier wurde ein Durchmesser von 40 Pixeln gewählt.

11. Radieren Sie die grauen Ränder, die durch den 3-D-Filter entstanden sind.

12. Die Kugel liegt immer noch nicht ganz exakt über dem Apfel. Wählen Sie *Bearbeiten/Transformieren/Verzerren.*

13. Verzerren Sie die Billardkugel, bis sie so exakt wie möglich über dem Apfel liegt. Doppelklicken Sie innerhalb des Rahmens, um die Verzerrung auszulösen.

14. Mittlerweile passt die Montage schon gut. Es gibt allerdings noch einige Detailprobleme zu lösen.

An manchen Stellen ragt die Billardkugel über den Apfel hinaus, an anderen ist sie kleiner. Entfernen Sie die überstehenden Teile mit dem Radiergummi. Radieren Sie die überstehenden Kanten der Billardkugel.

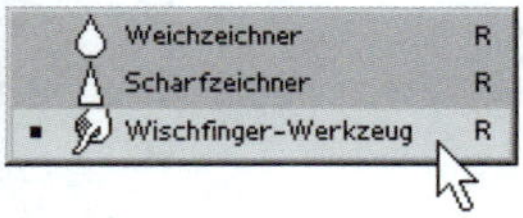

15. Mit dem Wischfinger können Sie so arbeiten, als würden Sie tatsächlich mit dem Finger nasse Farbe verwischen. Aktivieren Sie das Werkzeug *Wischfinger.*

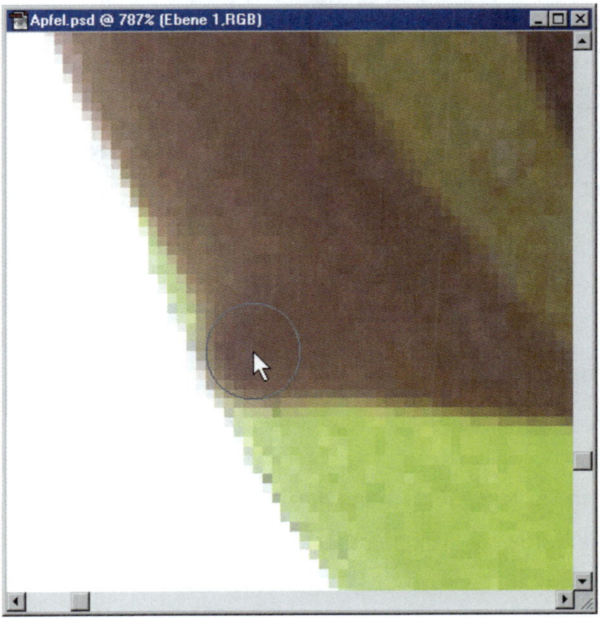

16. Arbeiten Sie sich mit dem Wischfinger an die Kanten heran. Klicken Sie in den Farbton der Billardkugel, den Sie erweitern möchten, und „schieben" Sie die Farbe bei gehaltener Maustaste über den Apfel in Richtung der Außenkanten.

6.4 Collage: Kreative Bildmontage

In allen Teilen dieses Kapitels war die *Ebenen*-Palette von zentraler Bedeutung. In diesem Projekt kommt sie zu vollem Einsatz, da Sie mit mehreren Ebenen arbeiten.

Quicksteps – Collagen erstellen

- Für dieses Projekt können Sie eigene Bilder oder die Bilder *Mon_01.jpg* bis *Mon_04.jpg* verwenden.
- Wählen Sie *Datei/Neu.* Geben Sie 14,8 cm als Breite und 10,5 cm als Höhe an.
- Wählen Sie den Befehl *Ebene/Ebenenstil/Musterüberlagerung.* Wählen Sie ein beliebiges Muster aus.

- Füllen Sie die Ebene mit einer beliebigen Farbe oder malen Sie mit dem Pinsel-Werkzeug.
- Wählen Sie *Ebene/Auf Hintergrundebene reduzieren.*
- Wählen Sie *Ebene/Neue Einstellungsebene/Farbton/Sättigung.*
- Aktivieren Sie das Kontrollkästchen *Färben.* Verschieben Sie den Farbtonregler auf den Wert 50, den Regler *Sättigung* auf den Wert 60 und die Lab-Helligkeit auf 10.
- Kopieren Sie alle anderen Bilder in die Collage.
- Transformieren und positionieren Sie die einzelnen Bilder.
- Wenden Sie den beliebten Ebenenstil *Abgeflachte Kante und Relief* an.
- Aktivieren Sie zusätzlich das Kontrollkästchen *Schlagschatten* ganz links in dem Dialogfeld.

Arrangieren Sie Ihre Bilder

1. Für dieses Projekt können Sie eigene Bilder oder die Bilder *Mon_01.jpg* bis *Mon_04.jpg* verwenden. Öffnen Sie alle Bilder in Ihrem Bildbearbeitungsprogramm.

best friend TIPP

Die Option Transparent

Dadurch, dass Sie die Option *Transparent* aktiviert haben, erhalten Sie statt einer Hintergrundebene eine normale, „freie" Ebene. Wie bereits erwähnt, können auf Hintergrundebenen nicht alle Effekte angewandt werden. Da Sie aber im Folgenden mit dem Ebenenstil *Musterüberlagerung* arbeiten, benötigen Sie eine „freie" Ebene.

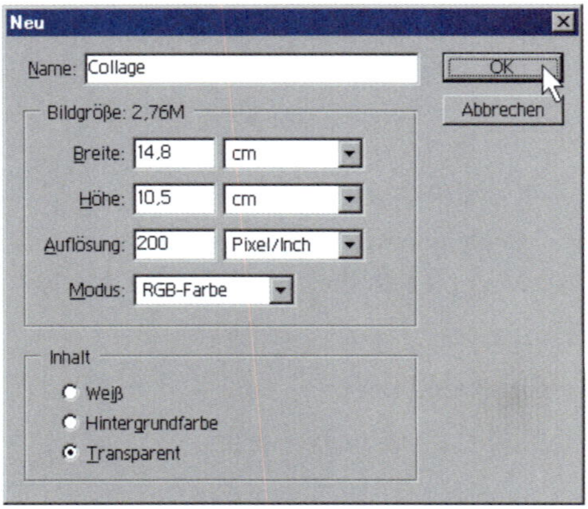

2. Erstellen Sie die Datei, die quasi als Leinwand für die anderen Bilder dienen soll. Wählen Sie *Datei/Neu.* Geben Sie „Collage" als Namen, „14,8 cm" als *Breite* und „10,5 cm" als *Höhe* ein. Diese Maße entsprechen der Postkartengröße. Die *Auflösung* soll *200* dpi betragen, der *Modus* ist *RGB-Farbe*, und aktivieren Sie im Bereich *Inhalt* die Option *Transparent.* Bestätigen Sie mit *OK.*

3. Wählen Sie den Befehl *Ebene/Ebenenstil/Musterüberlagerung.* Sie finden die Vorschauabbildung *Muster*, die einen kleinen Pfeil aufweist. Klicken Sie darauf, um die Muster-Liste zu öffnen. Wählen Sie ein beliebiges Muster aus. Hier wurde das Muster *Glanz* gewählt. Bestätigen Sie das Dialogfeld.

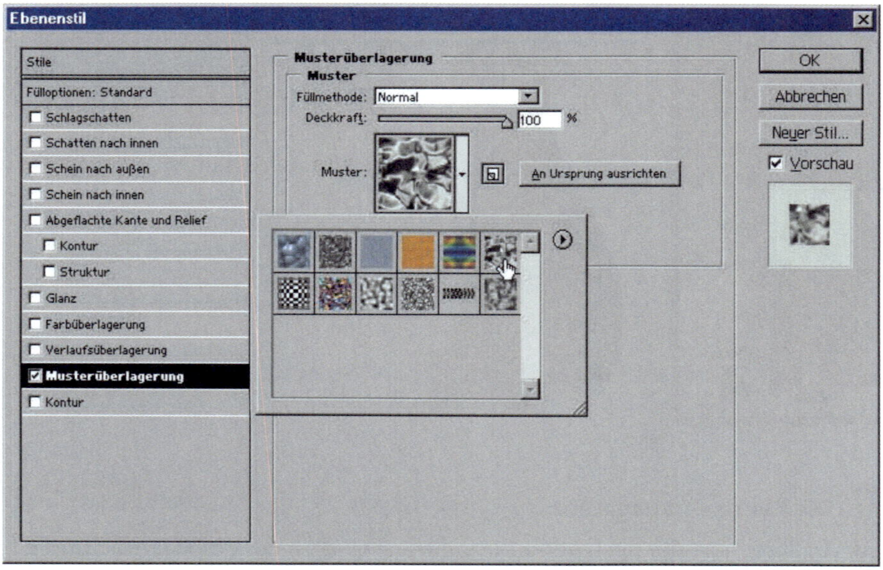

best friend TIPP

Muster selbst gestalten

Sie können Muster auch selbst gestalten und speichern, sodass sie in dem Dialogfeld *Musterüberlagerung* zur Verfügung stehen. Wie Sie dabei vorgehen, erfahren Sie in Kapitel 10.

4. Noch ist nach dem Bestätigen des Dialogfelds nichts zu sehen. Die Ebene ist immer noch leer. Das Muster kommt erst zum Vorschein, wenn Sie die Ebene entweder vollflächig füllen (die Farbe ist hierbei egal) oder mit dem Pinsel-Werkzeug malen. Aktivieren Sie das Werkzeug *Pinsel.* Sie erreichen ihn auch, wenn Sie [B] auf der Tastatur drücken.

5. Beachten Sie wieder die Werkzeug-Optionen. Wir haben hier eine Pinselspitze mit einem Durchmesser von 300 Pixeln im *Modus Normal* und der *Deckkraft 100 %* verwendet. Die Farbe, mit der Sie malen, ist auch hierbei nicht wichtig. Da der Stil *Musterüberlagerung* heißt, benötigt er irgendeine Farbinformation auf der Ebene, die dann überlagert wird.

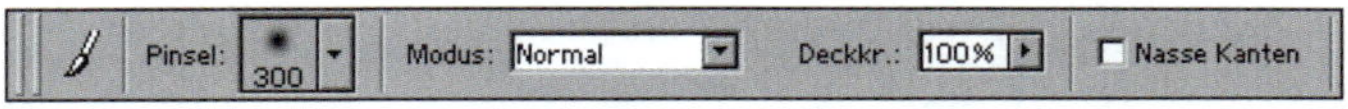

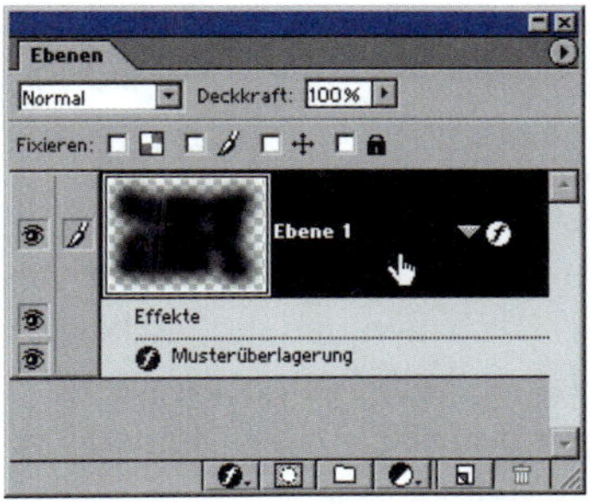

6. Klicken Sie in die Arbeitsfläche und malen Sie bei gehaltener Maustaste. Sie sehen, dass während des Malens das Muster auf der Ebene erscheint. Auf diese Weise bestimmen Sie selbst, wo das Muster erscheinen soll – nämlich überall dort, wo Sie es durch das „Überpinseln" einfügen. Betrachten Sie die *Ebenen*-Palette. Hier wird Ihnen die Fläche, die Sie bemalen, angezeigt. Außerdem sehen Sie unterhalb der Ebenenminiatur, dass der Effekt *Musterüberlagerung* angezeigt wird. Ganz links in der *Ebenen*-Palette finden Sie die Augen-Symbole. Ein Klick auf ein Auge blendet den Effekt oder die Ebene selbst aus, sodass das Auge anschließend hellgrau dargestellt wird. Möchten Sie die Ebene oder den Effekt wieder einblenden, klicken Sie erneut auf das Symbol.

7. Malen Sie so lange innerhalb der Datei, bis Sie mit der Hintergrundstruktur zufrieden sind. Wenn Sie keine weichen Kanten – wie in diesem Beispiel – erzeugen möchten, können Sie auch die gesamte Fläche ausmalen oder füllen.

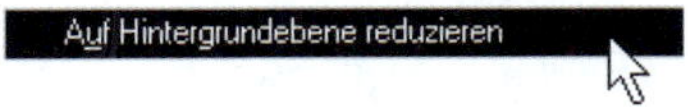

8. Die Hintergrundstruktur weist bisher ausschließlich Grautöne auf. Dies ändern Sie in den nächsten Schritten: Sie verleihen dem Hintergrundmuster einen Farbton. An dieser Stelle ist ein Trick nötig. Da das Muster im Moment noch ein Ebenestil ist, kann es nicht ohne weiteres eingefärbt werden. Sie könnten dazu einen weiteren Ebenenstil – Farbüberlagerung bei einer geringen Deckkraft – nutzen. Da hier jedoch eine Einstellungsebene zum Färben verwendet werden soll, wählen Sie *Ebene/Auf Hintergrundebene reduzieren.* Jetzt ist der Effekt praktisch verschmolzen und kann wie andere Bildinformationen auch behandelt werden.

best friend INFO

Einstellungsebenen

Einstellungsebenen sind ein sehr praktikables Feature von Photoshop, nicht alle anderen Programme verfügen über diese Funktion. Sie kennen die Farbkorrekturfunktionen aus dem Menü *Bild/Einstellen.* Hier finden Sie z. B. die Gradationskurven oder die Farbbalance. Wenn Sie diese auf ein Bild anwenden, wird die Farb- bzw. Helligkeitsinformation verändert.

Dies geschieht permanent, d. h., wenn Sie später die Korrektur zurücknehmen oder verändern möchten, ist dies nicht möglich, außer Sie gehen zu einer älteren Version zurück. Einstellungsebenen sind Farbkorrektur-Ebenen, die Sie über Ihre normale Bildebene legen. Zum Beispiel die Funktion *Farbbalance* wirkt sich dann auf die darunter liegende Ebene aus, kann aber jederzeit nachträglich verändert oder auch gelöscht werden.

9. Wählen Sie *Ebene/Neue Einstellungsebene/Farbton/Sättigung.*

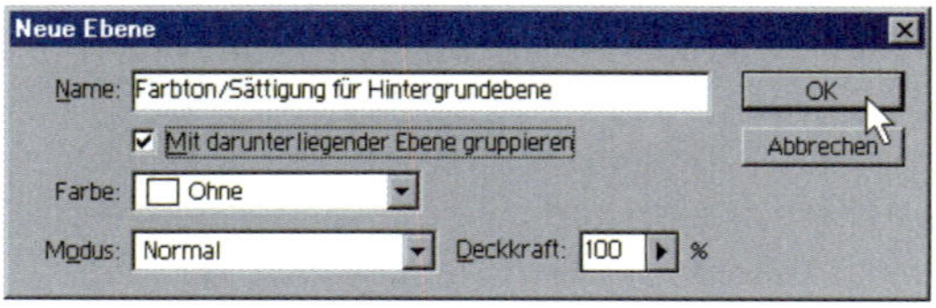

10. Es öffnet sich das Dialogfeld *Neue Ebene.* Hier können Sie einen Namen für die Einstellungsebene vergeben. Wir haben den vorgeschlagenen Namen beibehalten. Aktivieren Sie das Kontrollkästchen *Mit darunter liegender Ebene gruppieren.* Durch diese Aktion kann die Einstellungsebene nicht von der Hintergrundebene zu einer anderen Ebene verschoben werden, sondern ist mit ihr verbunden. Bestätigen Sie mit *OK.*

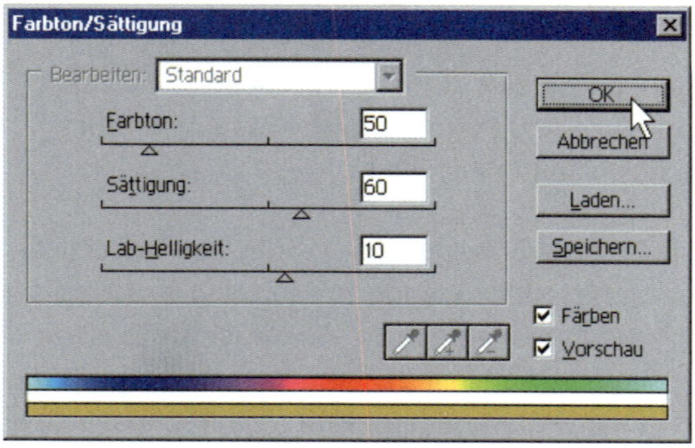

11. Daraufhin landen Sie in dem eigentlichen Dialogfeld *Farbton/Sättigung.* Aktivieren Sie das Kontrollkästchen *Färben.* In vielen Programmen heißt es *Kolorieren.* Verschieben Sie den Farbtonregler auf den Wert *50,* den Regler *Sättigung* auf den Wert *60* und die *Lab-Helligkeit* auf *10.* Dadurch erreichen Sie einen Goldton. Dieser Farbton wird unten in dem Dialogfeld angezeigt. Bestätigen Sie das Dialogfeld.

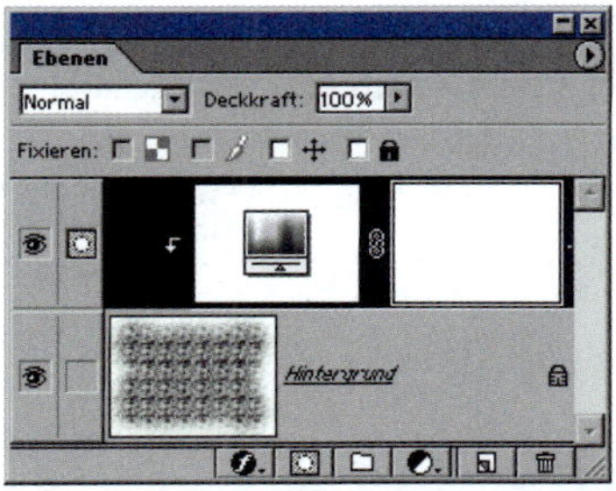

12. Schauen Sie sich wieder die Veränderung in der *Ebenen*-Palette an. Die Einstellungsebene wurde über der Hintergrundebene eingefügt.

Die Einrückung zeigt, dass die Ebene mit der darunter liegenden gruppiert ist.

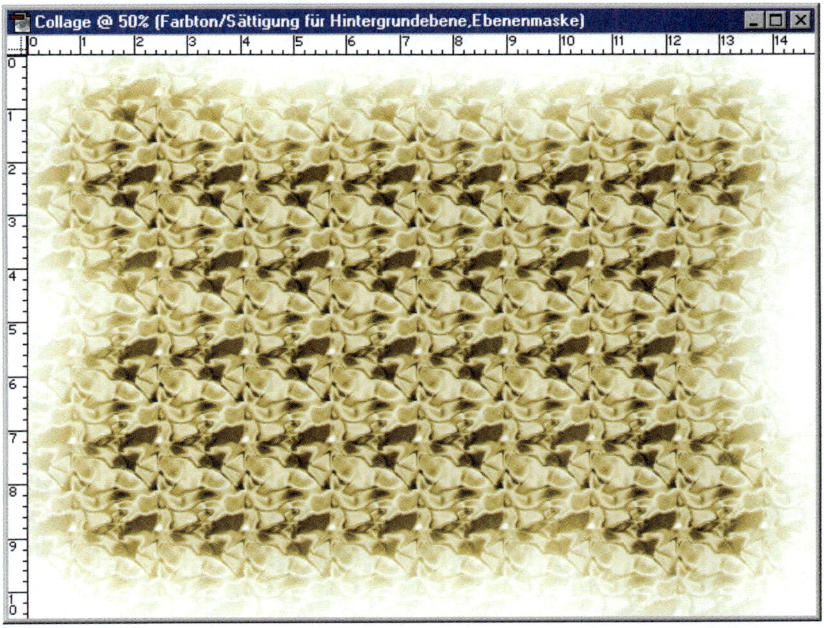

best friend TIPP

Ebene automatisch wählen

Durch die Aktivierung dieses Kontrollkästchens wird immer die Ebene ausgewählt, deren Bild Sie anklicken. Bei dieser Collage ist die Funktion sehr praktisch, da sie mit vier Bilder und einer Hintergrundebene relativ überschaubar ist. Wenn Sie allerdings mit sehr vielen Ebenen arbeiten, die einander gegenseitig vollständig überdecken, ist es angenehmer, die Option zu deaktivieren und die aktuelle Ebene über die *Ebenen*-Palette zu markieren. Dadurch wird verhindert, dass falsche Ebenen ausgewählt werden.

13. Nun sollten Sie die Datei speichern, um sich vor Datenverlusten zu schützen. Wählen Sie *Datei/Speichern unter.* Der Name *Collage* wird automatisch eingefügt, da Sie diesen in dem Dialogfeld *Neu* eingegeben haben, auch das Dateiformat PSD ist schon richtig ausgewählt, da Sie bereits mit zwei Ebenen arbeiten. Klicken Sie auf *Speichern.*

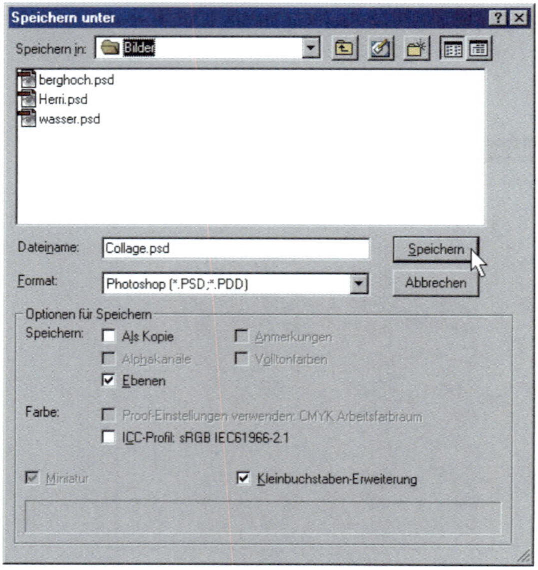

14. Jetzt kommen die anderen Bilder ins Spiel. Arbeiten Sie per Drag & Drop. Aktivieren Sie das Verschieben-Werkzeug und klicken Sie eins der bereits geöffneten Bilder an. Klicken Sie in das Bild, halten Sie die Maustaste gedrückt und ziehen Sie das Bild in die Datei *Collage.* Das Bild wird kopiert.

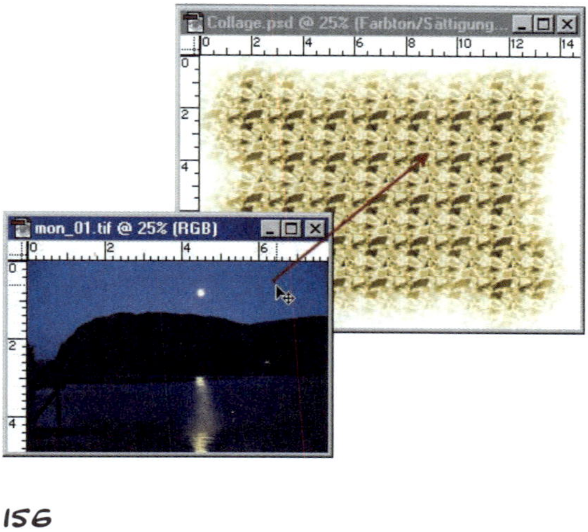

15. Gehen Sie genauso für alle anderen Bilder vor. Klicken Sie eins nach dem anderen an und ziehen Sie es in die Collage. Wenn Sie alle Bilder kopiert haben, können Sie die Bilder *Mon_01.jpg* bis *Mon_04.jpg* schließen.

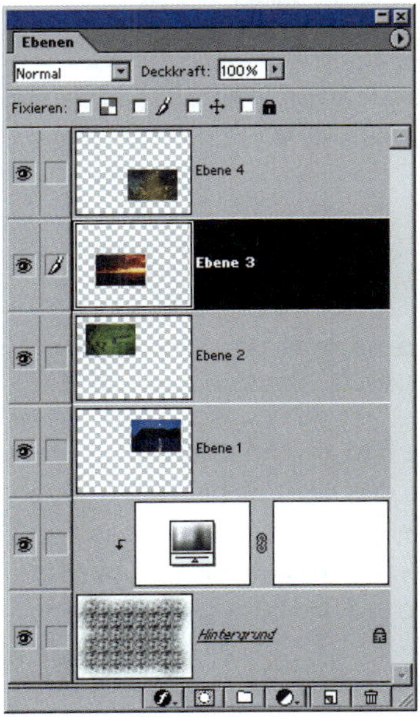

16. In der *Ebenen*-Palette sollten jetzt in unserem Beispiel insgesamt sechs Ebenen vorhanden sein: die Hintergrundebene, die Einstellungsebene, die die Hintergrundebene färbt, und die vier Bildebenen.

17. Jetzt geht es daran, die einzelnen Bilder zu positionieren. Wenn Sie das Verschieben-Werkzeug aktiviert haben, können Sie die Bilder einfach anklicken und verschieben. Normalerweise müssen Sie dazu die jeweilige Ebene in der *Ebenen*-Palette per Mausklick aktivieren und können dann das Bild der Ebenen bewegen. Es gibt aber eine Funktion, die Ihnen bei dieser Collage die Arbeit erleichtert: Aktivieren Sie in den Werkzeug-Optionen das Kontrollkästchen *Ebene automatisch wählen.*

18. Klicken Sie das gewünschte Bild an und ziehen Sie es an eine beliebige Position. Wenn Sie alle vier Bilder positioniert haben, wählen Sie *Bearbeiten/Frei transformieren.* Ihr Bild erhält acht Kontrollkästchen, die Sie vielleicht schon aus anderen Kapiteln z. B. vom Freistellungswerkzeug her kennen.

19. An dieser Stelle folgt eine äußerst komfortable Funktion von Photoshop. Schauen Sie sich die Werkzeug-Optionen an. Sie sehen, dass Sie Werte direkt numerisch eingeben können.

Geben Sie in das Feld *Winkel* den Wert „-5°" ein. Klicken Sie dann auf das Häkchen-Symbol rechts in der Palette. Das ausgewählte Bild wird daraufhin gedreht.

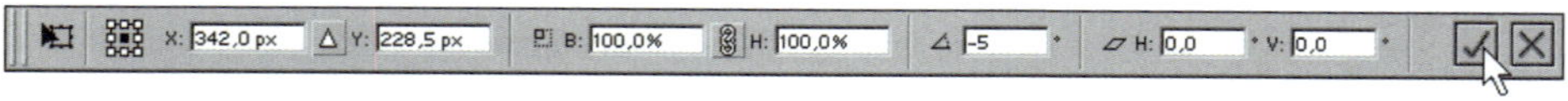

20. Klicken Sie das nächste Bild an. Um dieses im gleichen Winkel zu drehen, müssen Sie den Wert nicht erneut eingeben und das Häkchen anklicken, Photoshop hält auch hier eine Erleichterung parat. Wählen Sie *Bearbeiten/Transformieren/Erneut.* Diesen Befehl erreichen Sie auch per Tastatur mit [Umschalt]+[Strg]+[T]. Wenden Sie ihn auf die übrigen Bilder an.

21. So sieht das derzeitige Ergebnis aus. Um der Collage mehr Tiefe zu verleihen, wenden Sie den beliebten Ebenenstil *Abgeflachte Kante und Relief* an.

22. Markieren Sie eines der Bilder und wählen Sie *Ebene/Ebenenstil/Abgeflachte Kante und Relief*. Die Einstellungsmöglichkeiten dieses Dialogfelds sind vielfältig. Experimentieren Sie mit den Einstellungen oder orientieren Sie sich an der Abbildung. Aktivieren Sie zusätzlich das Kontrollkästchen *Schlagschatten* ganz links in dem Dialogfeld.

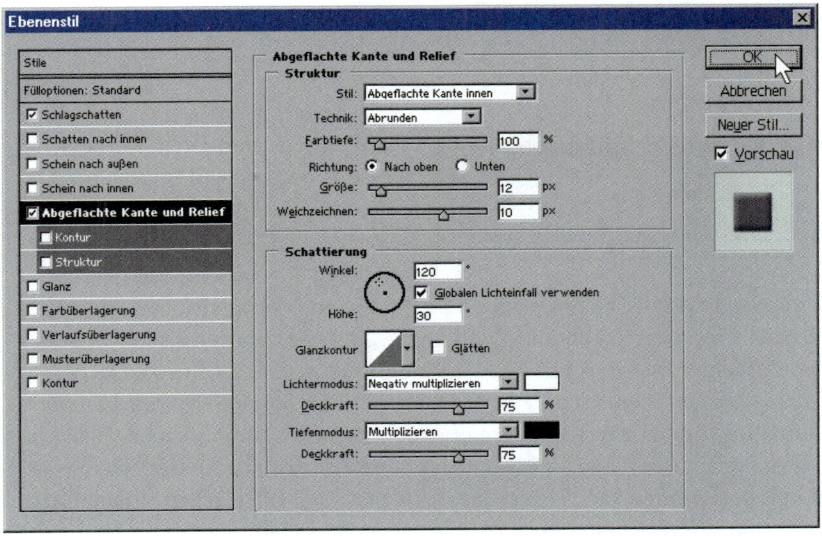

Ebenen verschieben

Die Position von Ebenen im Ebenenstapel verändern Sie einfach, indem Sie eine Ebene mit der Maus anklicken, die Maustaste festhalten und über bzw. unter eine andere Ebene in der *Ebenen*-Palette ziehen und loslassen.

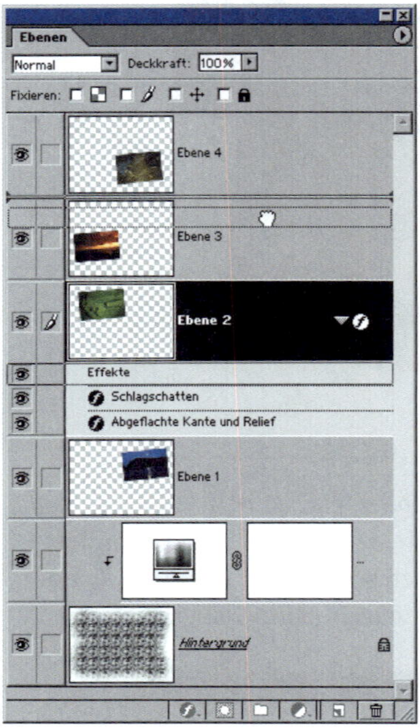

23. Wieder kommt die *Ebenen*-Palette ins Spiel. Sie sehen, dass auf eines der Bilder die Effekte *Schlagschatten* und *Abgeflachte Kante und Relief* angewandt sind.

Sie sehen dies an den Einträgen unterhalb des Bilds. Klicken Sie jetzt den Eintrag *Effekte* mit der Maus an, halten Sie die Maustaste gedrückt und ziehen Sie bis über das nächste Bild in der *Ebenen*-Palette.

In dem Moment, in dem Sie die Maustaste loslassen, wird der Effekt auch auf dieses Bild übertragen. So können Sie den Effekt auf alle vier Bilder kopieren.

best friend TIPP

Ebenen sperren

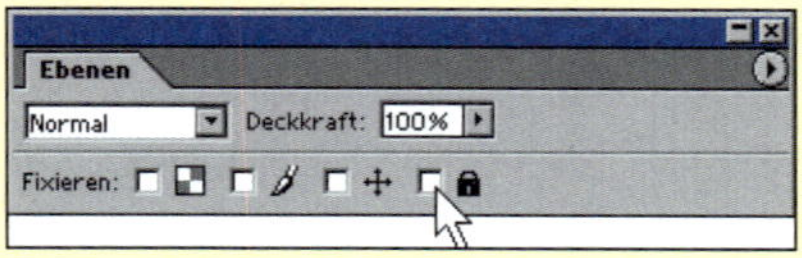

Oben in der *Ebenen*-Palette finden Sie vier Kontrollkästchen. Diese bieten Ihnen praktische Funktionen für die Ebenen-Arbeit. Das erste Kontrollkästchen heißt *Transparente Pixel fixieren*. Wenn Sie dieses markieren, können Sie eine Ebene nur an den Stellen verändern, an denen bereits Bildpixel vorhanden sind. Sie könnten also nicht außerhalb der Bilder malen. An zweiter Stelle befindet sich das Kontrollkästchen *Bildpixel fixieren*. Dieses schützt Ihre Ebene vor Bearbeitung, Malwerkzeuge oder Filter können dann auf diese Ebene nicht angewendet werden. Das dritte Kästchen in der Reihe heißt *Position fixieren*. Es verhindert, dass eine Ebene verschoben werden kann. Wenn Sie das vierte Kontrollkästchen aktivieren, ist die Ebene komplett geschützt, sie kann nicht verändert werden.

24. Das Ergebnis Ihrer Arbeit. Sie können auch unregelmäßig geformte Bilder herstellen, indem Sie mit dem Radiergummi die Ränder bearbeiten.

6.5 Panoramabilder erstellen

Die digitale Fotografie macht Panoramabilder besonders attraktiv. Früher mussten die Einzelbilder entwickelt und auf Fotopapier in Standardmaßen belichtet werden, um sie dann zusammenzukleben. Die Anschlüsse waren nie ganz exakt.

Mit Ihrem Bildbearbeitungsprogramm setzen Sie die Einzelteile mühelos zusammen, gleichen die Helligkeit an und retuschieren die Anschlüsse. Auf Ihrem Drucker drucken Sie selbst das Panorama auf Fotopapier aus. Auf diese Weise können Sie sogar 360°-Panoramabilder gestalten.

Quicksteps – Bilder kombinieren

- Öffnen Sie zwei Bilder, die zusammengefügt werden sollen.
- Wählen Sie *Bild/Bildgröße* und kontrollieren Sie die Breite der Datei 1.
- Wechseln Sie zum Bild 2 und erweitern Sie die Datei mit *Bild/Arbeitsfläche* um die Breite von Bild 1.
- Kopieren Sie Bild 2 in das erweiterte Bild 1.
- Positionieren Sie die Bilder mit dem Verschieben-Werkzeug so, dass die Anschlüsse aneinander passen.
- Gleichen Sie mit *Bild/Einstellen/Gradationskurven* Helligkeitsunterschiede aus.
- Verschmelzen Sie die Ebenen mit *Ebene/Auf Hintergrundebene reduzieren.*
- Aktivieren Sie das Stempel-Werkzeug. Retuschieren Sie die Kante.
- Beschneiden Sie das retuschierte Bild mit dem Freistellungswerkzeug.
- Nehmen Sie allgemeine Schärfe- und Farbkorrekturen vor.

Kombinieren Sie die Bilder

1. Die Bilder *Pano_1.jpg* und *Pano_2.jpg* sollen zusammengesetzt werden. Öffnen Sie beide Bilder in Ihrem Bildbearbeitungsprogramm.

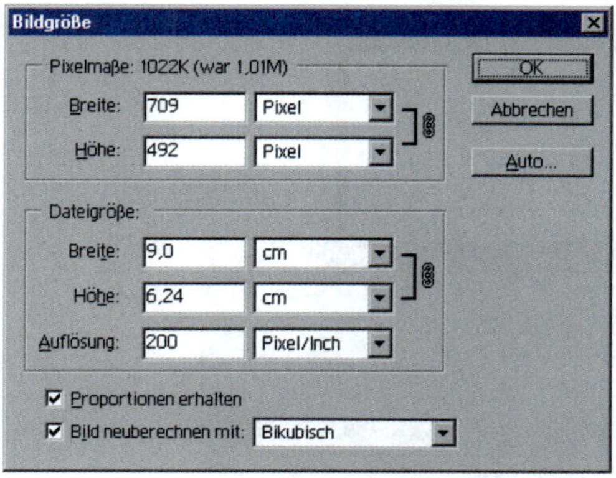

2. *Pano_2.jpg* soll rechts an *Pano_1.jpg* angeknüpft werden. Dazu muss die Arbeitsfläche von *Pano_1.jpg* nach rechts erweitert werden.

Um herauszufinden, wie breit die Erweiterung sein muss, aktivieren Sie *Pano_2.jpg* und wählen *Bild/Bildgröße*. Lesen Sie die Breite ab.

In diesem Beispiel beträgt die Breite 9 cm. *Pano_1.jpg* muss also um 9 cm erweitert werden.

TIPP

Breite und Auflösung beachten

In diesem Beispiel haben beide Bilder eine Auflösung von 200 dpi. Beachten Sie, dass sich beim Zusammenkopieren zweier Dateien die Auflösung auf die Bildbreite auswirkt. Wenn Sie beispielsweise eine 200-dpi-Datei in eine 100-dpi-Datei einkopieren, wird die Breite der 200-dpi-Datei später doppelt so groß erscheinen.

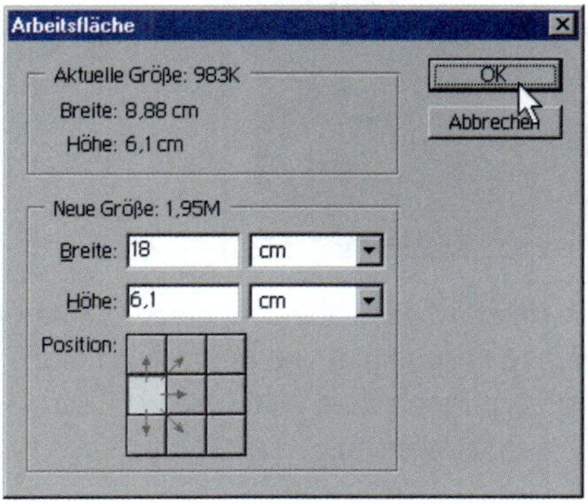

3. Wechseln Sie zu *Pano_1.jpg*, indem Sie deren Titelleiste anklicken. Rufen Sie den Befehl *Bild/Arbeitsfläche* auf, hiermit können Sie die Arbeitsfläche nicht nur beschneiden, sondern auch erweitern.

Im unteren Bereich finden Sie neun Kästchen, dies sind die Stützpunkte, mit denen Sie bestimmen, wo die Erweiterung angefügt wird. Klicken Sie das linke mittlere der neun Kästchen an. Dieser Punkt ist somit fixiert und die Erweiterung erfolgt an der rechten Seite. *Pano_1.jpg* hat ebenfalls eine Breite von etwa 9 cm. Da sie um weitere 9 cm ergänzt werden soll, geben Sie eine *Breite* von „18 cm" ein und bestätigen mit *OK*.

4. Die Datei wurde erweitert. Fügen Sie jetzt *Pano_2* in *Pano_1* ein. Aktivieren Sie dazu das Verschieben-Werkzeug, klicken Sie in das Bild *Pano_2* und ziehen Sie es in *Pano_1*. Lassen Sie die Maustaste los, das Bild wird eingefügt.

5. Der rechte Bildteil befindet sich automatisch auf einer neuen Ebene. Schließen Sie die Datei *Pano_2,* da Sie sie nicht mehr benötigen.

6. Suchen Sie jetzt die Punkte, an denen sich die beiden Bilder überschneiden. Ziehen Sie die rechte Bildhälfte mit dem Verschieben-Werkzeug so genau wie möglich an die Anschlüsse der linken Bilddatei. Oft ist das Positionieren einfacher, wenn Sie vorübergehend die Deckkraft der oberen Ebene in der *Ebenen*-Palette verringern.

So können Sie beide Ebenen sehen und die deckungsgleichen Elemente besser finden. Vergrößern Sie das Bild eventuell mit dem Zoomwerkzeug, um die Schnittkante besser beurteilen zu können. Es ist fast unmöglich, eine hundertprozentige Übereinstimmung zu finden.

Dies liegt an den perspektivischen Verzerrungen. Bringen Sie wichtige Punkte in Übereinstimmung. Die Wolken sind beispielsweise leicht zu retuschieren und müssen daher nicht übereinander liegen.

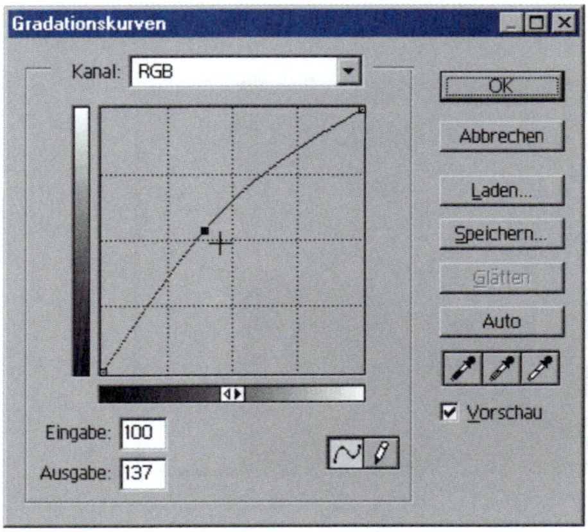

7. Zwischen beiden Bildern bestehen Belichtungsunterschiede. Der rechte Teil ist deutlich dunkler als der linke. Rufen Sie *Bild/Einstellen/Gradationskurven* auf. Klicken Sie etwa in der Mitte der Geraden und ziehen Sie sie etwas nach oben, bis beide Bilder die gleiche Helligkeit aufweisen.

Achtung: Falls die Voreinstellungen Ihres Programms von diesen abweichen, müssen Sie die Kurve nach unten ziehen, um eine Aufhellung zu bewirken.

Sie ändern die Voreinstellung, indem Sie auf den Doppelpfeil im unteren Rasterbalken des Dialogfelds klicken. Bestätigen Sie das Dialogfeld.

8. Die Anschlüsse sind schon fast perfekt, allerdings ist die Schnittkante noch sichtbar. Retuschieren Sie diese in den folgenden Schritten. Sie benötigen jetzt keine zwei Ebenen mehr. Verschmelzen Sie die Ebenen mit *Ebene/Auf Hintergrundebene reduzieren.*

9. Aktivieren Sie das Stempel-Werkzeug. Kontrollieren Sie die Einstellungen in den Werkzeug-Optionen. Beginnen Sie mit der Retusche der Wolken. Verwenden Sie daher zunächst eine relativ große Werkzeugspitze mit einem Durchmesser von 100 Pixeln und einer weichen Kante. Der *Modus* ist *Normal* und die Deckkraft *100 %.*

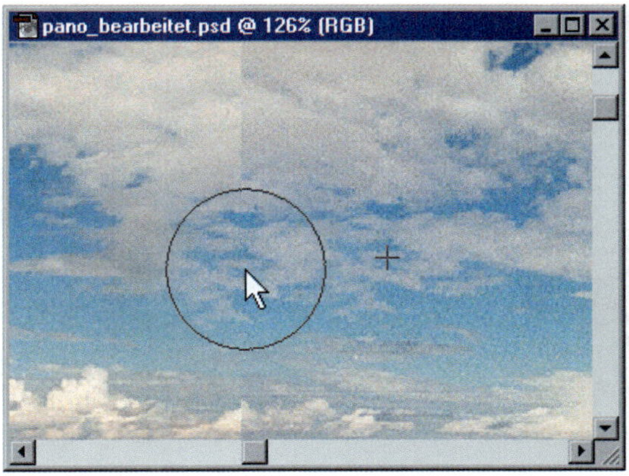

10. Halten Sie die [Alt]-Taste gedrückt und klicken Sie an der Stelle, die Sie kopieren möchten. Anschließend überstempeln Sie die Schnittkante. Das + zeigt an, welche Stelle im Bild gerade kopiert wird. Legen Sie für jeden Teil der Schnittkante die Kopierquelle neu fest. Verwenden Sie für die Details im unteren Bildbereich kleinere Werkzeugspitzen und eine größere Ansicht des Bilds, um die Retusche zu erleichtern.

best friend TIPP

Bilder verzerren

Die Bilder dieses Beispiels sind perspektivisch nur sehr leicht verzerrt. Die Verzerrung lässt sich einfach per Retusche ausgleichen. Sollten Sie Bilder mit starken Abweichungen bearbeiten, wählen Sie *Bearbeiten/Transformieren/Verzerren.* Sie erhalten einen Markierungsrahmen mit acht Markierungsknoten an den Ecken und auf den Geraden. Sie können das Bild jetzt mithilfe der Markierungsknoten in die richtige Perspektive bringen und auch drehen. Zum Drehen müssen Sie den Mauszeiger außerhalb des Rahmens an einen der Eckpunkte führen. Der Mauscursor wandelt sich zu einem gebogenen Pfeil. Wenn Sie jetzt klicken und ziehen, wird das Bild gedreht. Ein Doppelklick innerhalb des Rahmens löst den Vorgang aus.

11. Wenn Sie das zusammengefügte Bild betrachten, fällt auf, dass die Höhe der beiden Bildteile etwas voneinander abweicht. Das rechte Bild sitzt etwas nach unten verschoben, nachdem die Teile aneinander gesetzt wurden. Aus diesem Grund müssen Sie das gesamte Bild noch mit dem Freistellungswerkzeug auf das gewünschte Format beschneiden, sodass keine „Stufe" zwischen den Bildern besteht. Klicken Sie mit dem Freistellungswerkzeug oben links im Bild und ziehen Sie bis nach rechts unten. Der so markierte Bildausschnitt bleibt nach der Freistellung erhalten. Mithilfe der Eck- und Geradenmittelpunkte des Markierungsrahmens können Sie den Bildausschnitt noch optimieren. Klicken Sie doppelt innerhalb des Rahmens, um den Freistellungsvorgang auszulösen.

12. Wenn beide Teile perfekt zusammengefügt sind, können Sie noch allgemeine Farbkorrekturen vornehmen. Wir haben das Bild noch mit Schärfefiltern und dem Dialogfeld *Bild/Einstellen/Variationen* bearbeitet. Details hierzu finden Sie in Kapitel 1.

Best friend's Check up!

Die in diesem Kapitel verwendeten Begriffe finden Sie in unserer Übersicht noch einmal kurz erläutert.

Funktionen/ Befehle/Begriffe	Bedeutung
Einstellungsebene	Einstellungsebenen sind ein sehr praktikables Feature von Photoshop, nicht alle anderen Programme verfügen über diese Funktion. Sie kennen die Farbkorrekturfunktionen aus dem Menü Bild/Einstellen. Hier finden Sie z. B. die Gradationskurven oder die Farbbalance. Wenn Sie diese auf ein Bild anwenden, wird die Farb- bzw. Helligkeitsinformation verändert. Dies geschieht permanent, d. h., wenn Sie später die Korrektur zurücknehmen oder verändern möchten, ist dies nicht möglich, außer Sie gehen zu einer älteren Version zurück. Einstellungsebenen sind Farbkorrektur-Ebenen, die Sie über Ihre normale Bildebene legen. Zum Beispiel die Funktion Farbbalance wirkt sich dann auf die darunter liegende Ebene aus, kann aber jederzeit nachträglich verändert oder auch gelöscht werden.
Ebenenstapel	Mit Ebenenstapel könnte man die vielen einzelnen Ebenen, die Sie in Photoshop und anderen Bildbearbeitungsprogrammen übereinander legen können, bezeichnen. Stellen Sie sich die einzelnen Ebenen als Fotos vor, die übereinander liegen. Einige dieser Fotos haben einen deckenden Hintergrund, andere sind transparent wie eine Folie. Wie in einem gewöhnlichen Foto-Stapel können Sie einzelne Fotos anfassen und an einer anderen Stelle im Stapel wieder einfügen. Genau diesen Vorgang simuliert Photoshop mit der Ebenen-Palette. Viele Programme nennen diese Palette übrigens Objekte-Palette.
Gradationskurven	Mit den Gradationskurven können Sie sowohl Helligkeits- und Kontrastkorrekturen als auch Farbkorrekturen vornehmen. Der Begriff „Gradation" stammt aus der klassischen Fotografie. Er beschreibt die Abstufung der Helligkeitsunterschiede in einem Bild. Bei einer flachen Gradation sind viele Zwischenstufen zwischen Weiß und Schwarz vorhanden, bei einer steilen Gradation gibt es nur wenige Graustufen.

7 Objekte freistellen: Hintergründe entfernen

- Transparenz erzeugen S. 170
- Freistellen mit Beschneidungspfaden S. 178

In manchen Bildern lenkt der Hintergrund vom Hauptdarsteller, dem Objekt im Vordergrund, ab. In solchen Fällen kann es sehr attraktiv sein, den Hintergrund eines Bilds zu entfernen. Sie können hierzu Auswahl- und Malwerkzeuge verwenden.

Wenn Sie ein freigestelltes Bild in einem Layout-Programm auf einer farbigen Fläche oder einem anderen Bild positionieren möchten, benötigen Sie einen Freistellungspfad. Wie Sie diesen anlegen, erfahren Sie im zweiten Abschnitt dieses Kapitels.

7.1 Transparenz für GIFs erzeugen

Möglicherweise möchten Sie ein Bild auf Ihre Website stellen, das einen transparenten Hintergrund aufweisen soll, sodass der Hintergrund der Website durchscheint. In diesem Fall ist das Dateiformat der Wahl GIF.

GIF kann im Gegensatz zu JPG oder TIF Transparenz verwalten. Wie Sie diese Transparenz anlegen, erfahren Sie in diesem Kapitel.

Best friend's Quickstep

- Öffnen Sie die Datei *Labrador.jpg.*
- Wandeln Sie die Hintergrundebene durch Umbenennen in eine freie Ebene um.
- Aktivieren Sie das Werkzeug *Polygon-Lasso.*
- Wählen Sie den Hund aus.
- Wechseln Sie in den Maskierungsmodus und optimieren Sie die Auswahl.
- Wechseln Sie wieder in den Standardmodus.
- Kehren Sie die Auswahl um.
- Wählen Sie *Bearbeiten/Löschen.*
- Speichern Sie das Bild als GIF, aktivieren Sie dabei das Kontrollkästchen *Transparenz.*

Die Freistellung mit dem Lasso-Werkzeug

1. Laden Sie die Datei *Labrador.jpg* von der DATA BECKER-Website und öffnen Sie sie in Ihrem Bildbearbeitungsprogramm.

2. Wie schon in anderen Kapiteln erwähnt, kann die Hintergrundebene nicht alles, was gewöhnliche, „freie" Ebenen können. Sie ist z. B. nicht in der Lage, Transparenz zu verwalten. Wenn Sie auf der Hintergrundebene Elemente löschen, werden diese nicht transparent angezeigt, sondern einfach mit der Hintergrundfarbe gefüllt.

Aus diesem Grund muss die Hintergrundebene vor dem Löschen in eine normale Ebene verwandelt werden. Rufen Sie mit *Fenster/Ebenen einblenden* die *Ebenen*-Palette auf. In der *Ebenen*-Palette sehen Sie die Miniaturabbildung der Hintergrundebene. Klicken Sie doppelt auf den Eintrag *Hintergrund.*

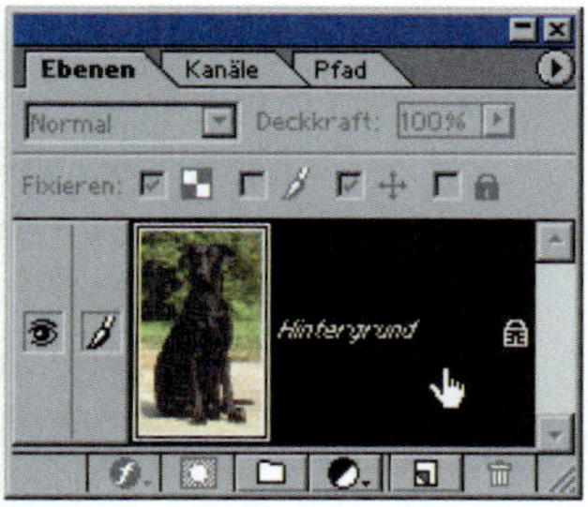

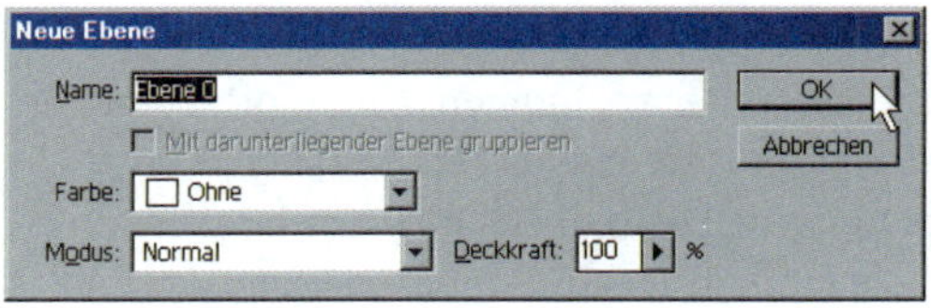

3. Es öffnet sich daraufhin ein Dialogfeld, das Sie fragt, wie Sie die Ebene nennen möchten. Photoshops Vorschlag ist *Ebene 0*. Nehmen Sie den Vorschlag an und bestätigen Sie mit *OK*.

4. Betrachten Sie die *Ebenen*-Palette. Ihre Ebene heißt jetzt *Ebene 0*. Durch diese Namensänderung wurde die Hintergrundebene automatisch in eine normale Ebene verwandelt. Das Schloss-Symbol, das vorher bei der Hintergrundebene anzeigte, dass die Ebene nicht verschiebbar ist, ist verschwunden. Vergleichen Sie die Bilder von Schritt 2 und 4. Sie sehen, dass viele Funktionen, die zuvor grau markiert – also nicht verwendbar – waren, jetzt zur Verfügung stehen.

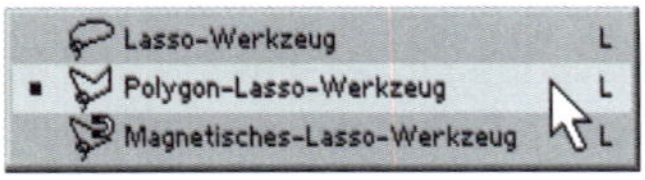

5. Aktivieren Sie das Werkzeug *Polygon-Lasso.* Der Unterschied dieses Werkzeugs zum gewöhnlichen Lasso ist, dass Sie die Auswahl mit beliebig vielen Mausklicks erstellen. Beim normalen Lasso-Werkzeug darf die Maustaste zwischendurch nicht losgelassen werden.

6. Führen Sie einen ersten Mausklick an einer beliebigen Stelle der Kontur des Hunds aus. Der erste Stützpunkt wird gesetzt. Klicken Sie jetzt bei aktivem Polygon-Lasso um den Hund herum. Bei dieser Arbeit ist ein hoher Zoomfaktor sehr hilfreich, da man die Kontur so besser nacharbeiten kann. Die Tastenkombinationen [Strg]+[+] zum Vergrößern der Ansicht sowie [Strg]+[-] zum Verkleinern der Ansicht funktionieren auch während der Arbeit mit dem Lasso, Sie müssen das Werkzeug nicht wechseln. Um den sichtbaren Ausschnitt innerhalb des Fensters zu verschieben, halten Sie die [Leertaste] gedrückt und klicken und ziehen im Bild. Anschließend können Sie die Arbeit mit dem Lasso fortsetzen.

best friend TIPP

Arbeit mit Zusatztasten

Wenn Sie mit dem gewöhnlichen Lasso arbeiten, müssen Sie auf die Vorzüge des Polygon-Lassos nicht verzichten. Wenn Sie bei der Arbeit die [Alt]-Taste gedrückt halten, wandelt sich das normale Lasso in das Polygon-Lasso. Es lohnt sich bei allen Werkzeugen, die Funktionalität der Tasten [Strg], [Alt] und

Umschalt auszuprobieren, sie bieten häufig gute Hilfen an. Verwenden Sie in Photoshop den Befehl *Fenster/Informationsleiste einblenden.* Wenn Sie daraufhin ein beliebiges Werkzeug aktivieren und dann eine der Tasten (oder deren Kombination, z. B. Strg+Alt) drücken wird Ihnen in der Informationsleiste angezeigt, was diese Tasten bewirken.

7. Klicken Sie sich ganz um den Hund herum und lassen Sie die Maustaste los, wenn Sie den Startpunkt erreichen. Daraufhin wandelt sich die Markierungslinie in eine gestrichelte Lauflinie, die die Auswahl markiert. Je nachdem, wie exakt Sie jetzt schon vorgegangen sind, ist die Auswahl des Hunds schon fast perfekt. Diese können Sie im Maskierungsmodus optimieren.

8. Wechseln Sie mit einem Klick auf das entsprechende Symbol – oder indem Sie Q auf Ihrer Tastatur drücken – in den Maskierungsmodus. Dieser Shortcut funktioniert in Photoshop. In anderen Programmen gibt es dafür Menübefehle, die z. B. *Auf Maske malen* heißen. Falls Sie bei Ihrem speziellen Programm diesen Punkt nicht finden, können Sie uns unter *NinaMartini@aol.com* fragen.

Die Maske, also die nicht ausgewählten Bereiche, sind rot markiert. Sie sehen, dass die Zwischenbereiche zwischen Beinen und Schwanz des Hunds noch nicht maskiert sind. Dieses muss jetzt mit den Pinsel-Werkzeugen vorgenommen werden.

9. Aktivieren Sie das Pinsel-Werkzeug. Wählen Sie in den Werkzeug-Optionen eine geeignete Pinselspitzengröße, z. B. mit einem Durchmesser von 5 Pixeln. Achten Sie darauf, dass die Vordergrundfarbe Schwarz und die Hintergrundfarbe Weiß ist. Sie erreichen dies schnell, indem Sie [D] auf Ihrer Tastatur drücken.

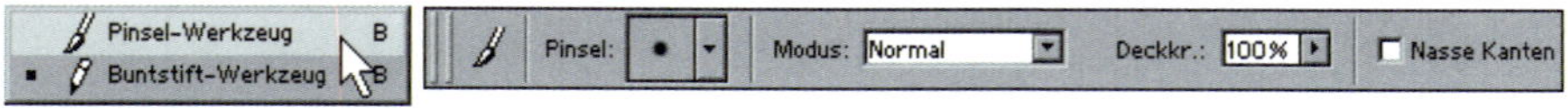

10. Übermalen Sie jetzt den Bereich zwischen Beinen und Schwanz mit Schwarz als Vordergrundfarbe. Dadurch erweitern Sie die Maske, also die nicht ausgewählten Bereiche. Falls Sie sich „vermalen" und zuviel maskieren, wechseln Sie mit [X] auf Ihrer Tastatur Vorder- und Hintergrundfarbe und überpinseln mit Weiß als Vordergrundfarbe den Bereich, den Sie korrigieren möchten. Schwarz als Vordergrundfarbe erweitert die Maske, Weiß als Vordergrundfarbe löscht die Maske. So wechseln Sie ganz nach Bedarf hin und her.

best friend TIPP

Abweichende Voreinstellungen

Die hier beschriebenen Eigenschaften der Maske beziehen sich auf die Standardeinstellungen: Die Maskenfarbe ist Rot und es werden die Bereiche markiert, die nicht ausgewählt sind. Die eigentliche Auswahl wird transparent dargestellt. Diese Voreinstellungen können Sie ändern. Klicken Sie dazu doppelt auf das Symbol *Maskierungsmodus*. In dem darauf folgenden Dialogfeld können Sie die Maskenfarbe und Deckkraft ändern sowie bestimmen, ob die ausgewählten oder die nicht ausgewählten Bereiche markiert werden sollen. Grundsätzlich funktioniert die Arbeit mit den voreingestellten Werten sehr gut, es gibt aber Ausnahmen. Wenn Sie beispielsweise mit einem Bild arbeiten, in dem sehr viele Rottöne vorkommen, kann es hilfreich sein, die Maskenfarbe auf Blau zu ändern.

11. Zoomen Sie mit der Tastenkombination [Strg]+[+] in eine relativ große Ansicht, um den Umriss des Hunds gut beurteilen zu können. Bei unserem Beispielbild gibt es an der linken Seite ungenau ausgewählte Bereiche.

12. Übermalen Sie am Rand die Bereiche mit Schwarz als Vordergrundfarbe, die noch den unmaskierten Hintergrund zeigen.

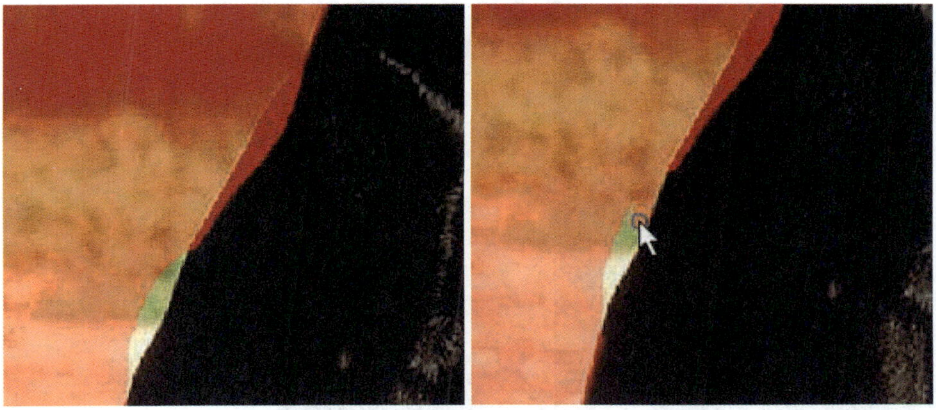

13. Löschen Sie mit Weiß als Vordergrundfarbe die Bereiche, die den Hund überdecken. Wenn Sie auf diese Weise alle Kanten optimiert haben, wechseln Sie zurück in den Standardmodus, indem Sie [Q] erneut drücken. Photoshop zeigt Ihnen in der blauen Titelleiste Ihres Bilds an, ob Sie sich gerade im Maskierungsmodus befinden.

14. Zurück im Standardmodus sehen Sie, dass der Hund jetzt exakt ausgewählt ist. Da Sie im Folgenden den Hintergrund löschen möchten, müssen Sie die Auswahl umkehren. Wählen Sie den Befehl *Auswahl/Auswahl umkehren.* Dieser Befehl befindet sich in anderen Programmen mitunter im Menü *Maske* oder im Menü *Bearbeiten.* Statt *Umkehren* wird häufig die Bezeichnung *Invertieren* verwendet.

15. Sie sehen am Verlauf der gestrichelten Linie, dass der Hintergrund ausgewählt ist. Wählen Sie den Befehl *Bearbeiten/Löschen,* um den Hintergrund zu entfernen. Sie können alternativ auch die [Entf]-Taste auf Ihrer Tastatur drücken.

best friend TIPP

Schwarz und Weiß als Vordergrundfarbe

Anfangs wirkt es mitunter verwirrend, dass mit Schwarz gemalt wird, aber die Maske in Rot aufgetragen wird. Stellen Sie sich Schwarz als „volle Deckung der Maske" und Weiß zum „Radieren der Maske" vor. Die Maske ist quasi das Gegenteil der Auswahl, alle Bereiche, die nicht ausgewählt wurden, werden maskiert.

16. Sie sind schon fast am Ziel. Sie müssen Ihr Bild nur noch speichern. Wählen Sie *Datei/Speichern unter.*

17. In dem Dialogfeld *Speichern unter* bestimmen Sie das Dateiformat, das Sie verwenden möchten. Öffnen Sie das Listenfeld *Format* und wählen Sie *CompuServe GIF (*.GIF)* aus. Kontrollieren Sie im Listenfeld *Speichern in,* ob Sie sich im gewünschten Ordner befinden. Im Feld *Dateiname* behalten Sie entweder die Bezeichnung des JPG bei oder geben einen alternativen Dateinamen ein. Klicken Sie dann auf *Speichern.*

18. Es öffnet sich ein zweites Dialogfeld. Hier stellen Sie die Optionen für die GIF-Speicherung ein. Wählen Sie aus dem Listenfeld *Palette* den Eintrag *Lokal (Selektiv),* verwenden Sie 256 Farben. Wichtig ist, dass Sie hier das Kontrollkästchen *Transparenz* aktivieren und aus dem Listenfeld *Dither: Diffusion* auswählen. Detaillierte Informationen zu den einzelnen Optionen wie Paletten und Dither finden Sie in Kapitel 10. Bestätigen Sie das Dialogfeld mit *OK.*

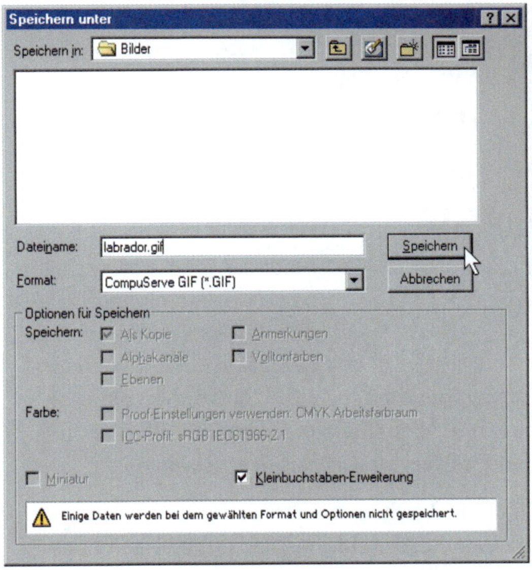

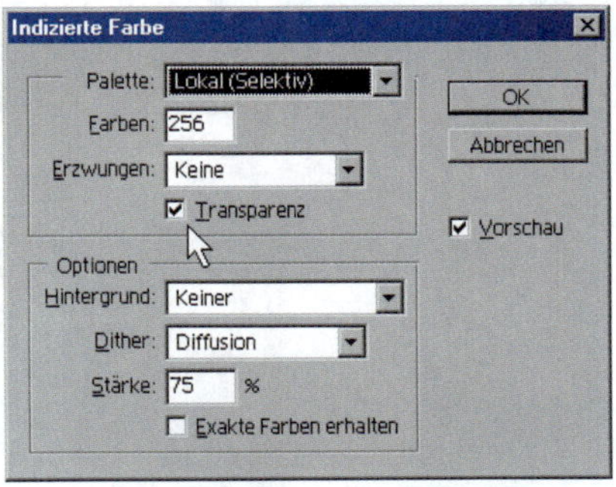

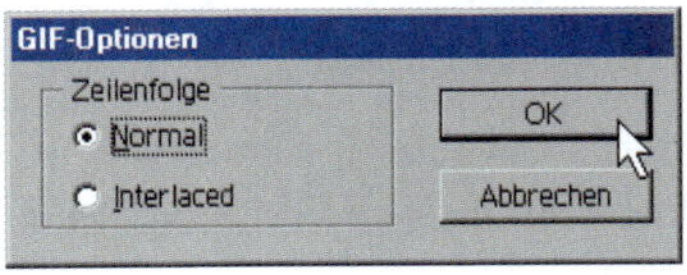

19. In dem darauf folgenden Dialogfeld können Sie entscheiden, ob Ihr Bild normal oder im Interlaced-Modus aufgebaut werden soll. Wenn Sie *Interlaced* wählen, wird das Bild in Schritten langsam aufgebaut. Der Betrachter erhält also bereits eine Vorschau, bevor das gesamte Bild geladen ist. Bestätigen Sie auch dieses Dialogfeld. Der Speichervorgang ist somit abgeschlossen. Sie können das Bild auf Ihrer Website platzieren oder in Präsentationsprogrammen einsetzen.

best friend TIPP

Fotos als GIF speichern

Fotos wie das in diesem Beispiel sind eigentlich für die Speicherung als JPG prädestiniert. JPGs sind leider nicht in der Lage, Transparenz zu verwalten, aus diesem Grund müssen Sie an dieser Stelle das Format GIF wählen. Weiterführende Informationen zum Thema „Dateiformate" finden Sie in Kapitel 10.

7.2 Objekte freistellen mit Pfaden

Pfade sind im Grunde Vektoren in einer Pixeldatei. Wenn Sie in einem Vektorprogramm wie z. B. CorelDRAW oder Freehand Objekte erstellen, werden diese aus Vektoren generiert. Bildbearbeitungsprogramme arbeiten in erster Linie pixelorientiert.

Pfade können zu verschiedenen Zwecken eingesetzt werden. Einerseits können Sie einen Pfad zur Auswahlerstellung benutzen. Da Pfade sehr komfortabel zu bearbeiten sind – Sie können einzelne Ankerpunkte löschen, verschieben, einfügen –, legen Sie zunächst einen Pfad an, um dann aus dem Menü der Pfad-Palette den Eintrag *Auswahl erstellen* zu wählen.

Die zweite Einsatzmöglichkeit ist, den Pfad als Beschneidungspfad für Layout-Programme zu nutzen. Wenn Sie einer TIF-Datei einen Beschneidungspfad zugewiesen haben, können Sie das Bild beliebig auf einer Fläche platzieren, der Hintergrund bleibt ausgeblendet, ohne dass die Bildinformation tatsächlich entfernt werden muss.

Ein weiteres Einsatzgebiet ist das Nachzeichnen von Pfaden. Im Menü der *Pfad*-Palette, das Sie hier kennen lernen, finden Sie auch die Punkte *Pfad-Kontur füllen* und *Pfadfläche füllen.*

Quicksteps – Mit Pfaden arbeiten

- Verwenden Sie für dieses Beispiel die Datei *Rhodo.jpg*.
- Aktivieren Sie das Zeichenstift-Werkzeug.
- Zoomen Sie das Bild in eine geeignete Ansicht.
- Setzen Sie per Mausklick den ersten Ankerpunkt auf dem Blütenrand.

- Führen Sie die Maus ein Stück weiter über den Rand der Blume, klicken und ziehen Sie gleichzeitig etwas, um einen Kurvenpunkt zu erstellen. Ein einfacher Klick erzeugt Eckpunkte.
- Umranden Sie auf diese Weise die Blume.
- Schließen Sie den Pfad mit einem Klick in den Startpunkt.
- Optimieren Sie den Pfad unter Verwendung der anderen Pfad-Werkzeuge.
- Rufen Sie mit *Fenster/Pfade einblenden* die *Pfad*-Palette auf.
- Wählen Sie aus dem Paletten-Menü den Eintrag *Pfad speichern.*
- Geben Sie eine beliebige Bezeichnung für den Pfad ein.
- Öffnen Sie das Paletten-Menü erneut. Wählen Sie diesmal den Eintrag *Beschneidungspfad.*
- In dem darauf folgenden Dialogfeld wählen Sie aus dem Listenfeld *Pfad* den gerade gespeicherten Pfad.
- Wählen Sie *Datei/Speichern unter.* Speichern Sie das Bild als TIFF oder als EPS.
- Platzieren Sie das Bild in einem Layout-Programm.

Freistellen mit Beschneidungspfaden

1. Für dieses Beispiel verwenden Sie die Datei *Rhodo.jpg* oder eine beliebige Datei aus Ihrem Fundus.

best friend TIPP

Ankerpunkte mit der Maus verschieben

Wenn Sie mit der Position eines Ankerpunkts unzufrieden sind und ihn gleich währen der Erstellung des Pfads verschieben möchten, halten Sie die [Strg]-Taste gedrückt. Dadurch wandelt sich das Pfad-Werkzeug in das Direkt-Auswahl-Werkzeug und Sie können den Stützpunkt anfassen und an die richtige Stelle ziehen.

2. In der Werkzeug-Palette finden Sie verschiedene Pfad-Werkzeuge. Verwirrender Weise haben diese in Photoshop leider keine Bezeichnungen, die an das Wort „Pfad" erinnern. Verwenden Sie zunächst das Zeichenstift-Werkzeug, um den Pfad anzulegen. Im Check up am Ende dieses Kapitels finden Sie detaillierte Informationen zu den einzelnen Werkzeugen.

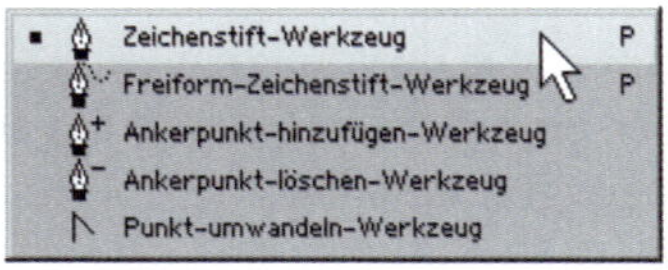

3. Zoomen Sie das Bild in eine geeignete Ansicht, sodass Sie die Ränder der Blüte gut beurteilen können. Klicken Sie mit dem Zeichenstift auf den Rand, um den ersten Ankerpunkt zu setzen. Führen Sie die Maus ein Stück weiter über den Rand der Blume, klicken und ziehen Sie gleichzeitig etwas. Sie erkennen, dass durch das Ziehen ein Kurvenpunkt entsteht, der Tangenten besitzt, mit deren Hilfe Sie den Verlauf der Kurve verändern können. Ein einfacher Klick setzt einen Eckpunkt. Setzen Sie Eckpunkte dort, wo die Blütenblätter aufeinander treffen, und Kurvenpunkte an den Rundungen der Blätter.

best friend TIPP

Ankerpunkte mit den Cursortasten verschieben

Mit den Cursortasten werden Ankerpunkte direkt nach dem Setzen – also solange sie noch markiert sind – in ihrer Position verschoben. Die andere Möglichkeit ist, beim fertigen Pfad einzelne Stützpunkte mit dem Direkt-Auswahl-Werkzeug zu markieren und dann mit den Cursortasten zu verschieben.

4. Klicken Sie auf diese Weise um die Blüte herum. Sie müssen noch nicht ganz exakt vorgehen, weil Sie einzelne Ankerpunkte im Nachhinein bearbeiten können.

best friend TIPP

Ankerpunkte löschen

Wenn Sie während der Arbeit mit dem Zeichenstift den Mauszeiger über einen vorhandenen Ankerpunkt bewegen, erhalten Sie das Ankerpunkt-löschen-Werkzeug. Überflüssige Ankerpunkte können Sie so direkt entfernen.

5. Es ist besonders wichtig, dass der Pfad geschlossen wird, anderenfalls funktioniert er nicht als Beschneidungspfad. Klicken Sie dazu in den ersten gesetzten Ankerpunkt. Bei manchen Motiven ist es nicht ganz einfach, den ersten Punkt zu treffen.

Um zu kontrollieren, ob es sich tatsächlich um den ersten Punkt handelt, bewegen Sie den Mauszeiger über den entsprechenden Punkt, wenn Ihnen dann am Mauszeiger eine winzige 0 angezeigt wird, handelt es sich um den Startpunkt. Führen Sie dann hier einen Mausklick aus, um den Pfad zu schließen.

6. Rufen Sie mit *Fenster/Pfade einblenden* die *Pfad*-Palette auf. Sie sehen hier eine Miniaturabbildung Ihres Arbeitspfads. Pfade werden so lange als Arbeitspfade bezeichnet, bis sie gespeichert werden. Wie alle Photoshop-Paletten verfügt auch die *Pfad*-Palette über ein Paletten-Menü. Sie öffnen es, indem Sie auf den kleinen, nach rechts gerichteten Pfeil klicken, der sich oben rechts an der Palette befindet. Wählen Sie aus dem Paletten-Menü den Eintrag *Pfad speichern.*

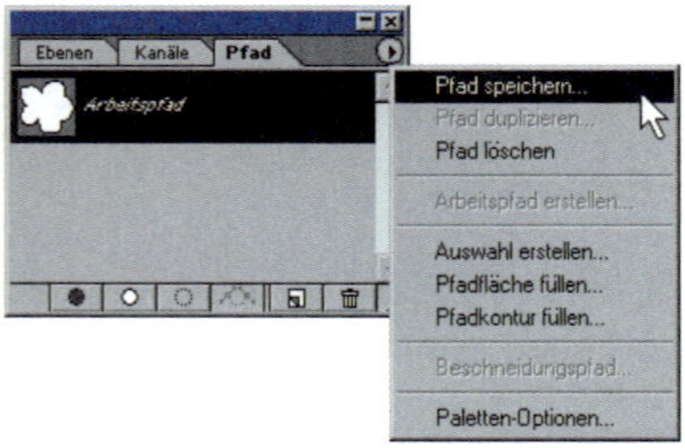

7. Es öffnet sich ein Dialogfeld. Hier geben Sie eine beliebige Bezeichnung – z. B. „Blume" – für den Pfad ein. Klicken Sie auf *OK.*

8. Öffnen Sie das Paletten-Menü erneut. Wählen Sie diesmal den Eintrag *Beschneidungspfad.*

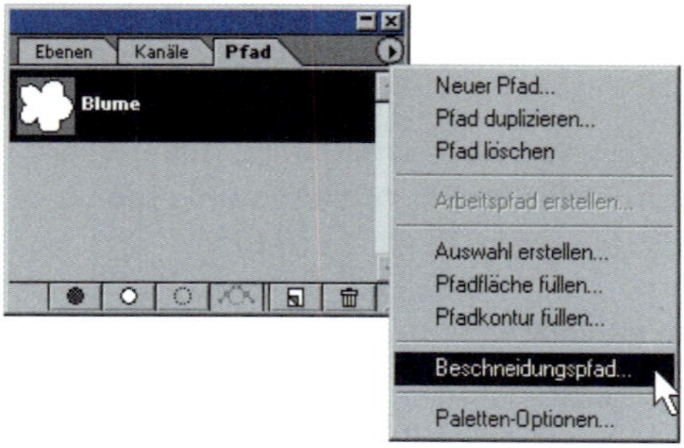

best friend TIPP

Zoomen während der Arbeit mit den Pfadwerkzeugen

Falls die eingestellte Ansichtsgröße zu klein ist, um die Punkte genau zu setzen, halten Sie einfach [Strg] und [Leertaste] gleichzeitig gedrückt – Sie erhalten das Lupensymbol. Klicken Sie in das Bild an die Stelle, die Sie zoomen möchten. Wenn Sie die Tasten wieder loslassen, erhalten Sie wieder das Pfadwerkzeug und können die Arbeit fortsetzen.

Falls Sie dann durch die Vergrößerung an den Rand des Bildausschnitts gelangen, halten Sie die Leertaste gedrückt, um die Verschiebehand zu erhalten. Verschieben Sie den Bildausschnitt und lassen Sie dann die Leertaste wieder los.

9. In dem darauf folgenden Dialogfeld wählen Sie aus dem Listenfeld *Pfad* den gerade gespeicherten Pfad – hier mit der Bezeichnung *Blume* – aus. Verwenden Sie eine *Kurvennäherung* von *1 Gerätepixel.* Schließen Sie das Dialogfeld.

best friend INFO

Kurvennäherung

Beim Drucken eines Bilds, das einen Beschneidungspfad enthält, muss der Drucker bzw. der PostScript-Interpreter den Vektor des Pfads in Rasterpunkte umsetzen. Wie exakt der Interpreter dabei vorgeht, bestimmen Sie mit dem Wert der Kurvennäherung. Adobe empfiehlt, hier keinen Wert einzugeben, da dabei die besten Ergebnisse erzielt werden.

Die Umsetzung ist in diesem Fall sehr genau. Leider führt diese sehr exakte Einstellung bei der Verwendung vieler Ankerpunkte bisweilen zu Druckproblemen. Aus diesem Grund verwenden wir hier eine Kurvennäherung von 1. Auch dieser Wert ist noch sehr exakt, die Skala geht bis 100 Gerätepixeln. Testen Sie, wie gut Ihr Drucker bzw. Belichter die Kurvennäherung umsetzen kann. Entstehen keine Druckprobleme, müssen Sie keinen Wert für die Kurvennäherung eingeben.

10. Ihr Beschneidungspfad ist angelegt, Sie müssen jetzt nur noch das gesamte Bild als TIF oder als EPS speichern, beide Dateiformate können Beschneidungspfade verwalten. Wählen Sie *Datei/Speichern unter.*

best friend TIPP

Pfade ausblenden

Der Pfad kann eventuell beim Beurteilen des Bilds stören, da er die Bildkante überdeckt. Durch einen Klick mit gehaltener Umschalt-Taste in die Pfad-Miniatur in der *Pfad*-Palette – oder indem Sie in der *Pfad*-Palette unterhalb des Pfads in die graue Fläche klicken – blenden Sie ihn aus und wieder ein.

11. Wählen Sie aus dem Listenfeld *Speichern in* den gewünschten Ordner, vergeben Sie im Eintragfeld *Dateiname* einen beliebigen Dateinamen und wählen Sie aus dem Listenfeld *Format* entweder TIFF oder EPS, da diese Formate in der Lage sind, Beschneidungspfade zu speichern. Klicken Sie auf *Speichern.*

12. Entscheiden Sie in den TIFF-Optionen, ob Sie das Bild als IBM-PC-kompatibel oder für Macintosh speichern möchten. Je nachdem, ob Sie an einem Macintosh-Rechner oder einem Windows-PC arbeiten, entscheiden Sie sich für die eine oder andere Option. Aktivieren Sie grundsätzlich das Kontrollkästchen *LZW-Komprimierung.* Sie arbeitet verlustfrei und kann somit immer verwendet werden. Auch zum Thema „Kompression" erhalten Sie detaillierte Informationen in Kapitel 10. Klicken Sie auf *OK.*

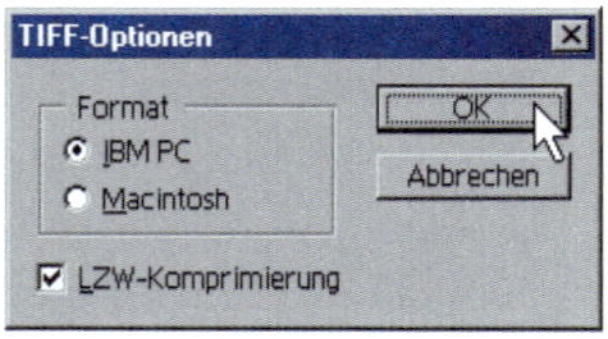

best friend TIPP

Löschen von Hintergründen

Sie können die komfortablen Pfadwerkzeuge auch benutzen, um daraus über das Pfad-Menü eine Auswahl zu erstellen. Achtung: Wenn Sie die Auswahl erstellt haben und dann z. B. die [Entf]-Taste drücken, um den Hintergrund zu entfernen, wird der Pfad gelöscht.

13. Wechseln Sie zum Layout-Programm Ihrer Wahl – z. B. PageMaker oder QuarkXPress. Positionieren Sie das Bild in der Layout-Datei auf einem anderen Bild oder über einer Fläche. Sie sehen, dass der Hintergrund transparent ist. So können Sie beliebig viele Bilder mit Beschneidungspfaden übereinander legen und Bildcollagen erstellen.

Rhododendron-Blüten

In manchen Bildern lenkt der Hintergrund vom Hauptdarsteller, dem Objekt im Vordergrund ab. In solchen Fällen kann es sehr attraktiv sein, den Hintergrund eines Bildes zu entfernen. Sie können hierzu Auswahl- und Malwerkzeuge verwenden. Wenn Sie ein freigestelltes Bild in einem Layout-Programm auf einer farbigen Fläche oder einem anderen Bild positionieren möchten, benötigen Sie einen Freistellungspfad. Wie Sie diesen anlegen erfahren Sie im zweiten Abschnitt dieses Kapitels.

In manchen Bildern lenkt der Hintergrund vom Hauptdarsteller, dem Objekt im Vordergrund ab. In solchen Fällen kann es sehr attraktiv sein, den Hintergrund eines Bildes zu entfernen. Sie können hierzu Auswahl- und Malwerkzeuge verwenden. Wenn Sie ein freigestelltes Bild in einem Layout-Programm auf einer farbigen Fläche oder einem anderen Bild positionieren möchten, benötigen Sie einen Freistellungspfad. Wie Sie diesen anlegen erfahren Sie im zweiten Abschnitt dieses Kapitels. In manchen Bildern lenkt der Hintergrund vom Hauptdarsteller, dem Objekt im Vordergrund ab. In solchen Fällen kann es sehr attraktiv sein, den Hintergrund eines Bildes zu entfernen. Sie können hierzu Auswahl- und Malwerkzeuge verwenden. Wenn Sie ein freigestelltes Bild in einem Layout-Programm auf einer farbigen Fläche oder einem anderen Bild positionieren möchten, benötigen Sie einen Freistellungspfad. Wie Sie diesen anlegen erfahren Sie im zweiten Abschnitt dieses Kapitels.

In manchen Bildern lenkt der Hintergrund vom Hauptdarsteller, dem Objekt im Vordergrund ab. In solchen Fällen kann es sehr attraktiv sein, den Hintergrund eines Bildes zu entfernen. Sie können hierzu Auswahl- und Malwerkzeuge verwenden. Wenn Sie ein freigestelltes Bild in einem Layout-Programm auf einer farbigen Fläche oder einem anderen Bild positionieren möchten, benötigen Sie einen Freistellungspfad. Wie Sie diesen anlegen erfahren Sie im zweiten Abschnitt dieses Kapitels. In manchen Bildern lenkt der Hintergrund vom Hauptdarsteller, dem Objekt im Vordergrund ab. In solchen Fällen kann es sehr attraktiv sein, den Hintergrund eines Bildes zu entfernen. Sie können hierzu Auswahl- und Malwerkzeuge verwenden. Wenn Sie ein freigestelltes Bild in einem Layout-Programm auf einer farbigen Fläche oder einem anderen Bild positionieren möchten, benötigen Sie einen Freistellungspfad. Wie Sie diesen anlegen erfahren Sie im zweiten Abschnitt dieses Kapitels.

In manchen Bildern lenkt der Hintergrund vom Hauptdarsteller, dem Objekt im Vordergrund ab. In solchen Fällen kann es sehr attraktiv sein, den Hintergrund eines Bildes zu entfernen. Sie können hierzu Auswahl- und Malwerkzeuge verwenden. Wenn Sie ein freigestelltes Bild in einem Layout-Programm auf einer farbigen Fläche

14. In der Vergrößerung wird deutlich, wie genau der Pfad angelegt wurde.

Best friend's Check up!

Hier finden Sie in einer Übersicht die wichtigsten Begriffe aus diesem Kapitel.

Funktionen /Befehle/Begriffe	Bedeutung
Zeichenstift	Das „normale" Zeichenstift-Werkzeug erstellt mit jedem Mausklick einen Ankerpunkt.
Magnetischer Zeichenstift	Wenn Sie den magnetischen Zeichenstift verwenden, bewegt sich der Pfad automatisch entlang klar abgegrenzter Kanten im Bild, wobei Sie innerhalb der Werkzeug-Optionen verschiedene Einstellungsmöglichkeiten zur Optimierung der Kantenfindung haben.
Freiform-Zeichenstift	Mit dem Freiform-Zeichenstift malen Sie einen Pfad so, als würden Sie mit dem Buntstift oder Pinsel arbeiten.
Ankerpunkt-einfügen-Werkzeug	Erstellen Sie mit dem Ankerpunkt-einfügen-Werkzeug neue Stützpunkte innerhalb eines gezeichneten Pfads.
Ankerpunkt-löschen-Werkzeug	Mit dem Ankerpunkt-löschen-Werkzeug entfernen Sie überflüssige Stützpunkte.
Direkt-Auswahl-Werkzeug	Durch das Direkt-Auswahl-Werkzeug werden entweder einzelne Ankerpunkte markiert und verschoben oder der gesamte Pfad ausgewählt, um ihn dann zu transformieren.
Ankerpunkt-umwandeln-Werkzeug	Das siebte in der Reihe der Pfadwerkzeuge ist das Ankerpunkt-umwandeln--Werkzeug. Mit seiner Hilfe werden aus Kurvenpunkten Eckpunkte und umge kehrt.

8 Gestalten und verformen mit Filtern

Der Programm-Lieferumfang an Filtern ist groß. Sie finden sowohl Korrekturfilter wie die Schärfe- und Störungsfilter als auch verfremdende Effekte, die als Stilmittel eingesetzt werden können. Häufig ist besonders die Kombination verschiedener Filter besonders reizvoll.

8.1 Filter partiell einsetzen

Besonders spannende Eindrücke entstehen, wenn Sie Filter nicht auf das gesamte Bild anwenden, sondern nur auf bestimmte, ausgewählte Bereiche. In diesem Fall kommt der gaußsche Weichzeichner zum Einsatz. Sie können aber auch jeden anderen Filter anwenden. Der Effekt wirkt bei Portraits besonders schön. Maskieren Sie wichtige Konturen wie Augen, Mund und Nase und wenden Sie auf die übrigen Bereiche den gaußschen Weichzeichner an.

Quicksteps – Filter partiell einsetzen

- Öffnen Sie die Datei *Voglpaar.jpg* oder ein Bild aus Ihrer Sammlung.
- Wechseln Sie in den Maskierungsmodus.
- Aktivieren Sie das Pinsel-Werkzeug.
- Wählen Sie eine geeignete Pinselspitze aus.

- Übermalen Sie jetzt mit Schwarz als Vordergrundfarbe die Bereiche des Fotos, die Sie vor der späteren Bearbeitung mit dem Filter schützen möchten.
- Wechseln Sie zurück in den Standardmodus.
- Wählen Sie *Filter/Weichzeichnungsfilter/Gaußscher Weichzeichner.*
- Wählen Sie *Filter/Kunstfilter/Diagonal verwischen.*

Die Arbeit mit dem gaußschen Weichzeichner

1. Öffnen Sie die Datei *Vogelpaar.jpg* oder ein Bild aus Ihrer Sammlung. Dieses Projekt ist nicht abhängig vom Motiv, es ist auf jedes beliebige Bild gut anwendbar.

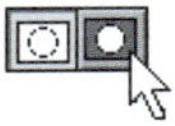

2. In diesem Projekt beginnen Sie Ihre Arbeit im Maskierungsmodus. Klicken Sie dazu auf das Symbol *Maskierungsmodus* im unteren Bereich der Werkzeug-Palette. Betrachten Sie die Titelleiste Ihres Bilds. Hier zeigt Photoshop an, dass Sie sich im Maskierungsmodus befinden.

best friend TIPP

Beachten Sie die Titelleiste

Es kommt vor, dass man im Maskierungsmodus landet, weil man versehentlich Q auf der Tastatur gedrückt hat. Man wundert sich, dass bestimmte Befehle nicht zur Verfügung stehen. Kontrollieren Sie in einem solchen Fall mit einem Blick auf die Titelleiste Ihres Bilds, ob Sie sich im Maskierungsmodus befinden.

3. Aktivieren Sie das gewöhnliche Pinsel-Werkzeug. Achtung: Es kommt vor, dass man versehentlich den Protokoll-Pinsel erwischt und dann beim Malen nichts passiert.

4. Wie immer müssen Sie die Werkzeug-Optionen definieren. Wählen Sie eine geeignete Pinselspitze aus. Wir haben eine weiche Spitze mit einem Durchmesser von 27 Pixeln verwendet. Der Mal-Modus ist *Normal* und die Deckkraft *100 %*.

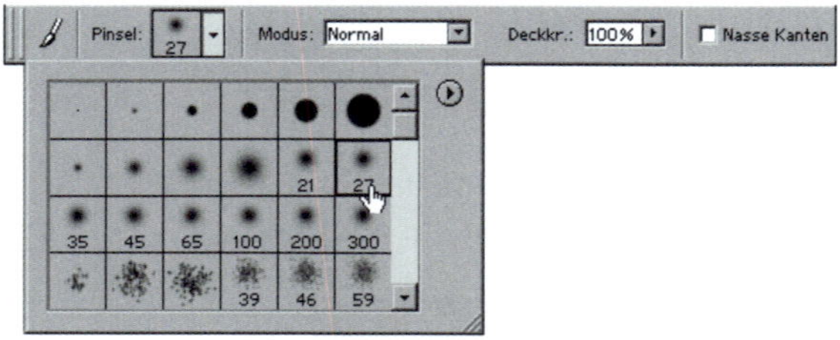

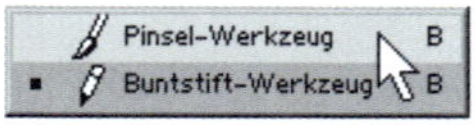

5. An dieser Stelle ist es wichtig, die eingestellten Farben zu kontrollieren. Die Vordergrundfarbe soll Schwarz und die Hintergrundfarbe Weiß sein. Sie erreichen diese Einstellung am schnellsten durch Drücken von [D] auf Ihrer Tastatur. Wenn Sie im Maskierungsmodus mit Schwarz malen, bedeutet das, dass eine Maske mit voller Deckung aufgetragen wird. Malen mit Weiß löscht die Maske.

6. Übermalen Sie jetzt mit Schwarz als Vordergrundfarbe die Bereiche des Fotos, die Sie vor der späteren Bearbeitung mit dem Filter schützen möchten. Dies sollten prägnante Bereiche wie Konturen, Augen, Schnabel sein.

7. Sie können bei dieser Arbeit sehr exakt, aber auch großzügig vorgehen, wie hier dargestellt. Probieren Sie für Ihr Motiv vielleicht beide Vorgehensweisen aus, das Resultat ist in jedem Fall reizvoll.

8. Wechseln Sie zurück in den Standardmodus, in dem Ihnen die Auswahl, also die Bereiche, die Sie nicht maskiert haben, mit einer gestrichelten Linie dargestellt werden.

Zum Wechseln in den Standardmodus können Sie entweder den Shortcut [Q] verwenden oder auf das Symbol *Standardmodus* in der Werkzeug-Palette klicken. Es befindet sich links neben dem Symbol *Maskierungsmodus.*

best friend **TIPP**

Wechseln zwischen Vorder- und Hintergrundfarbe

Durch Drücken von [X] auf Ihrer Tastatur wechseln Sie zwischen Vorder- und Hintergrundfarbe. Diese Tastaturbefehle werden auch Shortcuts genannt. Es erscheint zunächst etwas mühselig, Shortcuts auswendig zu lernen, aber mit der Zeit gehen sie automatisch in Fleisch und Blut über und beschleunigen die Arbeit ungemein.

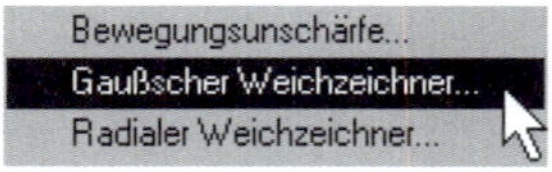

9. Die ausgewählten Bereiche sollen jetzt weichgezeichnet werden. Wählen Sie *Filter/Weichzeichnungsfilter/Gaußscher Weichzeichner.*

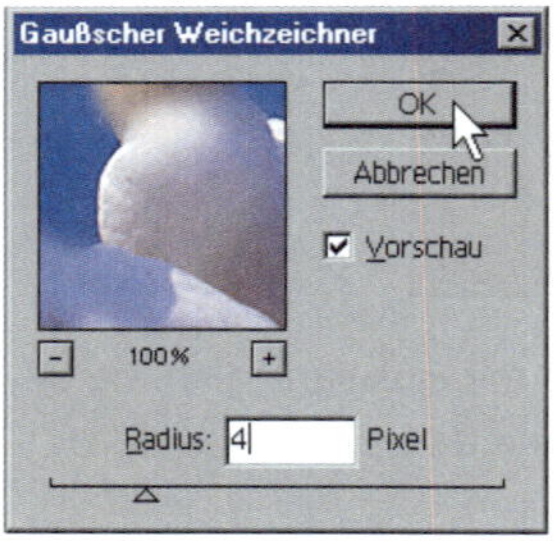

10. Der gaußsche Weichzeichner lässt sich im Gegensatz zu den anderen Weichzeichnern individuell einstellen. Aktivieren Sie das Kontrollkästchen *Vorschau*, falls es nicht schon aktiv ist. Testen Sie dann die verschiedenen Einstellungen im Bereich *Radius.* Hier wird ein *Radius* von *4 Pixel* verwendet.

11. Betrachten Sie das Ergebnis. Im Bereich der Steine wirkt der Kontrast zwischen Schärfe und Unschärfe besonders gut. Heben Sie die Auswahl noch nicht auf, es soll ein weiterer Filter zum Einsatz kommen, um den Kontrast zu verstärken.

Begrenzungslinien ein- und ausblenden

Die gestrichelte Linie, die die Auswahl markiert, stört manchmal bei der Beurteilung des Motivs. Sie können sie schnell ein- und ausblenden, indem Sie den Tastaturbefehl [Strg]+[H] verwenden.

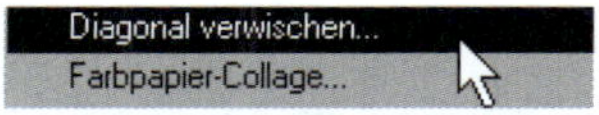

12. Wählen Sie *Filter/Kunstfilter/Diagonal verwischen.*

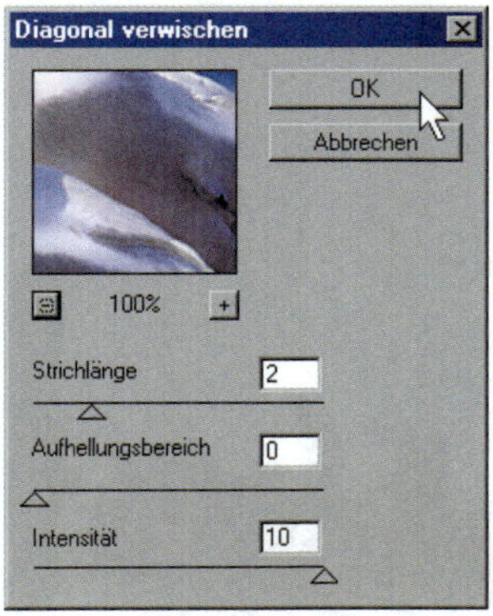

13. Auch dieser Filter lässt sich individuell einstellen. Die Standard-Einstellungen von Photoshop wirken allerdings sehr gut, sodass wir sie beibehalten haben: *Strichlänge 2, Aufhellungsbereich 0* und *Intensität 10.* Bestätigen Sie den Filter mit einem Klick auf *OK.*

14. Auch dieses Bild hat den Effekt, dass der Betrachter sich zunächst nicht entscheiden kann, ob es sich um ein Gemälde oder eine Fotografie handelt. Sie können die Auswahl jetzt entweder mit *Auswahl/Auswahl speichern* sichern, um eventuell später noch weitere Filter auf diese Bereiche anzuwenden, oder Sie heben sie mit *Auswahl/Auswahl aufheben* auf.

Auswahl speichern

Wenn Sie im TIF- oder PSD-Format arbeiten, wird eine gespeicherte Auswahl erhalten. Auch wenn Sie die Datei schließen und wieder öffnen, können Sie die gespeicherte Auswahl mit *Auswahl/Auswahl laden* wieder aktivieren.

8.2 Fotos in Aquarelle umwandeln

In diesem Projekt wandeln Sie ein Foto in ein Aquarell-Bild um. Der Trick liegt darin, dass Sie auf der oberen die Aquarell-Fassung und auf der unteren Ebene die Strich-Fassung, also die Umsetzung in eine Zeichnung des Bilds, speichern.

Quicksteps – Fotos in Aquarelle umwandeln

- Öffnen Sie ein Bild aus Ihrer Sammlung.
- Wählen Sie *Ebene/Ebene duplizieren.*
- Rufen Sie den Befehl *Filter/Kunstfilter/Grobe Malerei* auf.
- Verwenden Sie als Pinselgröße den Wert 1, für die Details den Wert 10 und für die Struktur ebenfalls den Wert 1.
- Rufen Sie *Filter/Weichzeichnungsfilter/Selektiver Weichzeichner* auf.
- Verwenden Sie hier folgende Werte: *Radius 10 Pixel, Schwellenwert 50 Stufen, Qualität Hoch* und *Modus Normal.*
- Klicken Sie die Ebene *Hintergrund* an und blenden Sie die obere Ebene aus.

- Wählen Sie den Befehl *Bild/Einstellen/Sättigung verringern.*
- Rufen Sie erneut *Filter/Weichzeichnungsfilter/Selektiver Weichzeichner* auf. Verwenden Sie einen Radius von 25 Pixeln, einen Schwellenwert von 35 Stufen und die Qualität *Hoch* und den Modus *Nur Kanten.*
- Wählen Sie *Bild/Einstellen/Umkehren.*
- Aktivieren Sie jetzt wieder die obere Ebene. Wählen Sie aus dem Listenfeld *Füllmethode einstellen* den Eintrag *Multiplizieren.*
- Zum Aufhellen des Aquarells verwenden Sie den Befehl *Bild/Einstellen/Tonwertkorrektur.*
- Schieben Sie den oberen rechten Regler nach links bis auf den Wert 160. Schieben Sie den mittleren Regler nach rechts auf den Wert 0,80.

Ihr persönliches Aquarell

1. Öffnen Sie die Datei *Mallorca.jpg,* die Sie von der DATA BECKER-Website herunterladen können, in Ihrem Bildbearbeitungsprogramm. Dieses Projekt ist wieder relativ motivunabhängig, Sie können also auch eigene Bilder verwenden, um die Schritte nachzuvollziehen.

best friend TIPP

Details vorarbeiten

Bei der Strichumsetzung kann es sein, dass besonders helle und besonders dunkle Bereiche „wegbrechen" bzw. „zulaufen". Um Detailverluste zu verhindern, können Sie solche Bildteile vor der Filter-Arbeit korrigieren. Im Beispielbild haben wir die Kanten des Gebäudes mit dem Werkzeug *Nachbelichter* verstärkt und das Blattwerk im linken Teil des Bilds mit dem Werkzeug *Abwedler* etwas aufgehellt. Sie können aber genauso gut Malwerkzeuge wie den Pinsel für diese Korrekturen einsetzen.

2. Sie benötigen zwei Ebenen desselben Bilds. Rufen Sie daher mit *Fenster/Ebenen einblenden* die *Ebenen*-Palette auf. Öffnen Sie das Paletten-Menü mit einem Klick auf den Pfeil oben rechts in der Palette und wählen Sie den Eintrag *Ebene duplizieren*.

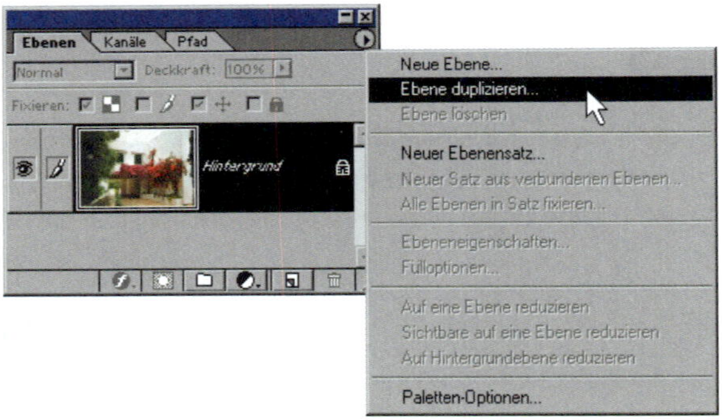

3. Sie erhalten ein Dialogfeld, in dem Sie den Namen der neuen Ebene eingeben können. Da die neue Ebene das Aquarell-Bild aufnehmen soll, geben Sie in das Feld *Als* die Bezeichnung „Aquarell" ein und bestätigen mit *OK*.

4. Wichtig ist, dass die obere Ebene aktiv ist. Klicken Sie im Zweifelsfall in die obere Ebene der Palette, um sie zu aktivieren.

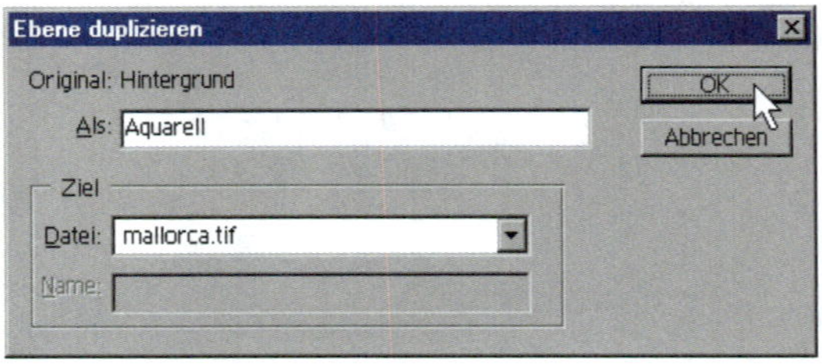

5. Rufen Sie den Befehl *Filter/Kunstfilter/Grobe Malerei* auf.

6. In dem Dialogfeld *Grobe Malerei* verwenden Sie als *Pinselgröße* den Wert *1*, für die *Details* den Wert *10* und für die *Struktur* ebenfalls den Wert *1*. Diese Einstellungen bringen erfahrungsgemäß gute Ergebnisse für dieses Beispiel. Es lohnt sich aber immer, auch mit anderen Werten zu experimentieren, um echte Unikate bei der Filter-Arbeit zu erzeugen.

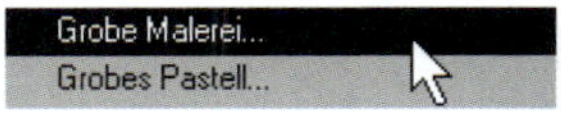

7. Das Resultat des Filters ist auch schon ein sehr attraktives Gemälde, es fehlt aber noch die Aquarell-Anmutung, die im Folgenden erzeugt wird.

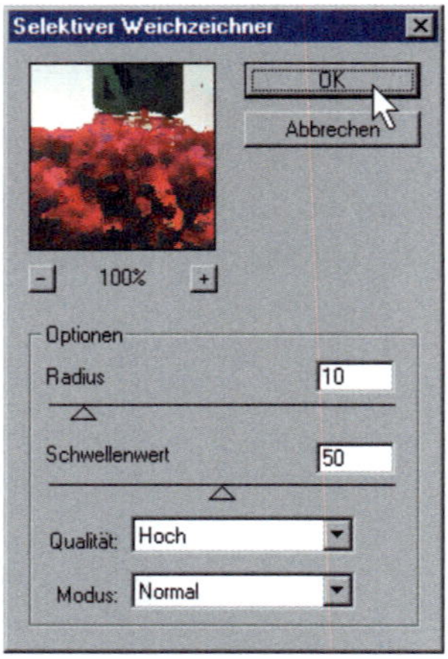

8. Hier kommt der selektive Weichzeichner zum Einsatz. Dieser ist noch detaillierter regelbar als der gaußsche Weichzeichner. Rufen Sie *Filter/Weichzeichnungsfilter/Selektiver Weichzeichner* auf.

9. Verwenden Sie hier folgende Werte: *Radius 10* Pixel, *Schwellenwert 50* Stufen, *Qualität Hoch* und *Modus Normal*. Bestätigen Sie Ihre Eingaben mit einem Klick auf *OK*.

10. Dieses Ergebnis ist schon deutlich aquarelliger ;-) Was jetzt noch fehlt, ist die Strichzeichnung der Kanten.

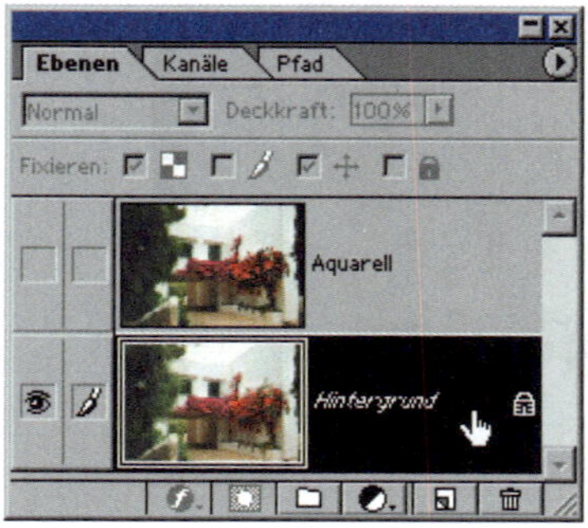

11. Jetzt ist die untere Ebene mit der Bearbeitung dran. Klicken Sie die Ebene *Hintergrund* an, um sie zu markieren. Allerdings ist jetzt die obere Ebene *Aquarell* immer noch sichtbar.

Blenden Sie sie aus, indem Sie das Augen-Symbol vor der oberen Ebene anklicken. Es sollte nur die untere Ebene, die noch die Originalfassung des Bilds enthält, zu sehen sein.

12. Zunächst soll das Bild entfärbt, also in eine Graustufenfassung konvertiert werden. Wählen Sie den Befehl *Bild/Einstellen/Sättigung verringern.* Die Bezeichnung dieses Befehls finde ich immer wieder etwas verwirrend, da die Sättigung nicht nur etwas verringert, sondern die Farbe komplett entfernt wird.

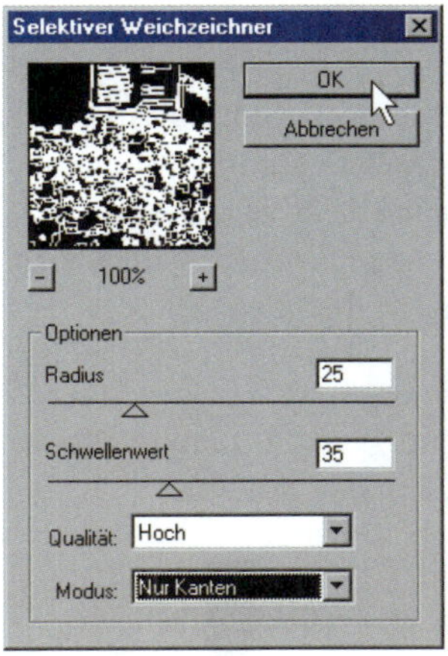

13. Um das Graustufenbild in eine Strichzeichnung umzuwandeln, rufen Sie erneut mit *Filter/Weichzeichnungsfilter/Selektiver Weichzeichner* das gleichnamige Dialogfeld auf. Diesmal verwenden Sie Werte, die sich deutlich von den oben verwendeten unterscheiden.

Verwenden Sie einen *Radius* von *25* Pixeln, einen *Schwellenwert* von *35* Stufen und die *Qualität Hoch.* Die Strichumsetzung wird durch den *Modus Nur Kanten* erreicht. Bestätigen Sie mit *OK.*

14. Das Ergebnis kommt dem Ziel schon näher, allerdings ist es entschieden zu dunkel. Dies ändern Sie im Folgenden.

15. Wählen Sie *Bild/Einstellen/Umkehren.* Dieser Befehl erstellt ein Negativ der Ebene und wird in vielen Programmen *Invertieren* genannt.

16. Sie sind fast am Ziel. Aktivieren Sie jetzt wieder die obere Ebene, indem Sie in den Eintrag *Aquarell* klicken.

Wieder kommt eine Füllmethode zum Einsatz, die Sie schon aus anderen Projekten kennen: Wählen Sie aus dem Listenfeld *Füllmethode einstellen* oben links in der *Ebenen*-Palette den Eintrag *Multiplizieren,* um die Ebenen ineinander zu blenden.

17. Das Bild wirkt zwar schon wie ein Aquarell, leider ist es noch viel zu dunkel. Wenn Sie jetzt noch ein paar Farbkorrekturen vornehmen, ist das Gemälde druckreif.

18. Zum Aufhellen des Aquarells verwenden Sie den Befehl *Bild/Einstellen/Tonwertkorrektur.*

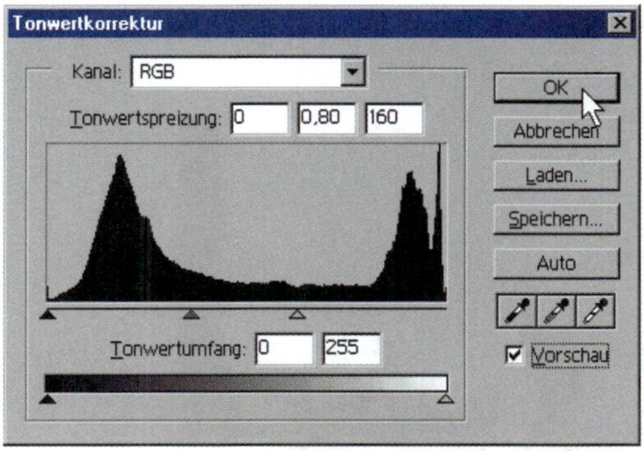

19. Schieben Sie den oberen rechten Regler, der den Startpunkt der Lichter regelt, nach links bis auf den Wert *160*.

Die Mitteltöne werden durch diese Verschiebung etwas zu hell, schieben Sie daher den mittleren Regler nach rechts auf den Wert *0,80*. Bestätigen Sie anschließend das Dialogfeld.

20. Fertig! Es ist nicht mehr zu erkennen, dass dieses Aquarell-Bild zuvor ein Digitalfoto war. Die Farbtöne sind in diesem Beispiel noch natürlich.

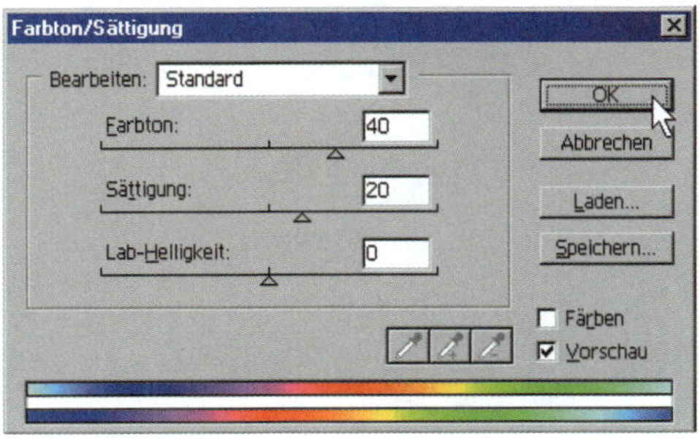

21. Falls Sie surrealistische Farben mögen, wählen Sie *Bild/Einstellen/Farbton/Sättigung*. Aktivieren Sie das Kontrollkästchen *Vorschau*. Verschieben Sie daraufhin nach Belieben die Regler *Farbton* und *Sättigung*. Bestätigen Sie mit *OK*, wenn Sie mit den Farbverschiebungen zufrieden sind.

22. Für dieses Beispiel haben wir den Wert *40* für den Regler *Farbton* und den Wert *20* für den Regler *Sättigung* verwendet.

8.3 Button erstellen mit Filtern

Gestalten Sie aus einer Kombination von Strukturierungs-, Weichzeichnungs- und Beleuchtungsfiltern einen attraktiven Button, den Sie z. B. als Eingangsschild für die Willkommens-Seite Ihres Onlinebildkatalogs nutzen können.

Best friend's Quicksteps – Button gestalten

- Erstellen Sie mit *Datei/Neu* eine Datei, deren Maße 350 × 250 Pixel bei einer Auflösung von 72 dpi beträgt. Wählen Sie als Modus *RGB-Farbe* und aktivieren Sie im Bereich *Inhalt* die Option *Transparent*.
- Stellen Sie die Vordergrundfarbe auf die Werte R: 0, G: 51, B: 255 ein.
- Aktivieren Sie aus dem Menü der Objektwerkzeuge in der Werkzeug-Palette das Ellipse-Werkzeug.
- Ziehen Sie ein Oval auf, das fast die ganze Datei ausfüllt.

- Rufen Sie *Filter/Strukturierungsfilter/Mit Struktur versehen* auf. Wählen Sie die Struktur *Sandstein*.
- Aktivieren Sie das Textwerkzeug. Schreiben Sie einen beliebigen Text.
- Markieren Sie den Text mit *Auswahl/Alles auswählen*.
- Rufen Sie mit *Fenster/Zeichen einblenden* die *Zeichen*-Palette auf. Formatieren Sie den Text.
- Wählen Sie *Filter/Stilisierungsfilter/Relief*.
- Bestätigen Sie die Rasterungs-Warnmeldung mit *OK*.
- In dem Filter-Dialogfeld geben Sie den Winkel „50°" ein, die Höhe des Reliefs soll 4 Pixel betragen und *Stärke 170 %*.
- Verschmelzen Sie dazu die Ebenen, indem Sie *Ebene/Sichtbare auf eine Ebene reduzieren* wählen.
- Rufen Sie *Filter/Renderingfilter/Beleuchtungseffekte* auf. Setzten Sie einen Spot auf die Schrift.
- Verwenden Sie für den Button zusätzlich den Effekt *Ebene/Stil/Abgeflachte Kante und Relief*.

Gestalten Sie den Button

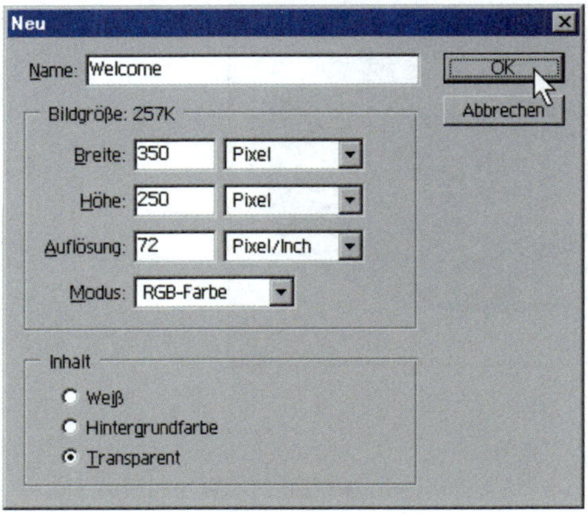

1. Erstellen Sie mit *Datei/Neu* eine Datei, deren Maße 350 × 250 Pixel bei einer Auflösung von 72 dpi beträgt. Wählen Sie als *Modus RGB-Farbe* und aktivieren Sie im Bereich *Inhalt* die Option *Transparent*.

Durch das Wählen von *Transparent* bewirken Sie, dass keine Hintergrundebene, sondern eine schwebende Ebene erstellt wird, auf der Sie bewegliche Objekte platzieren und die Sie mit Ebenenstilen ausstaffieren können.

2. Klicken Sie auf die Schaltfläche *Vordergrundfarbe einstellen* in der Werkzeug-Palette und wählen Sie einen Farbton aus – in diesem Fall ein mittlerer Blauton (R: 0, G: 51, B: 255).

3. Aktivieren Sie aus dem Menü der Objektwerkzeuge in der Werkzeug-Palette das Ellipse-Werkzeug. Achten Sie darauf, dass in der Palette *Werkzeug-Optionen* die Schaltfläche *Gefüllten Bereich erstellen* aktiviert ist. Ziehen Sie ein Oval auf, das fast die ganze Datei ausfüllt. Falls Sie die Ellipse nach dem Erstellen noch exakt platzieren möchten, verschieben Sie sie mit dem Verschieben-Werkzeug (Shortcut [V]).

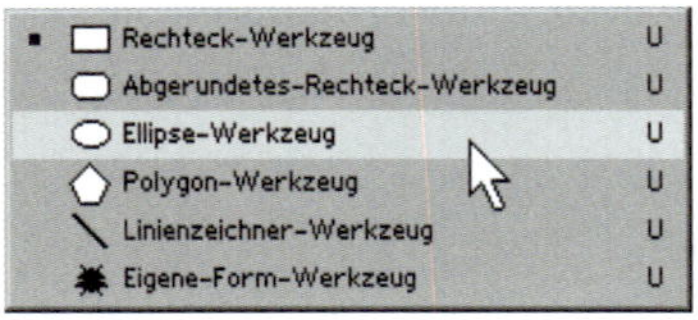

4. Rufen Sie *Filter/Strukturierungsfilter/Mit Struktur versehen* auf. In dem darauf folgenden Dialogfeld wählen Sie die Struktur *Sandstein* mit einer *Skalierung* von *200 %* und einem *Relief* von *10*. Bestätigen Sie mit *OK*.

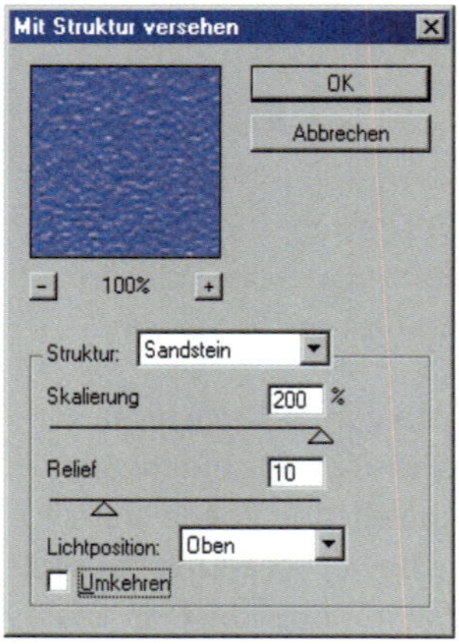

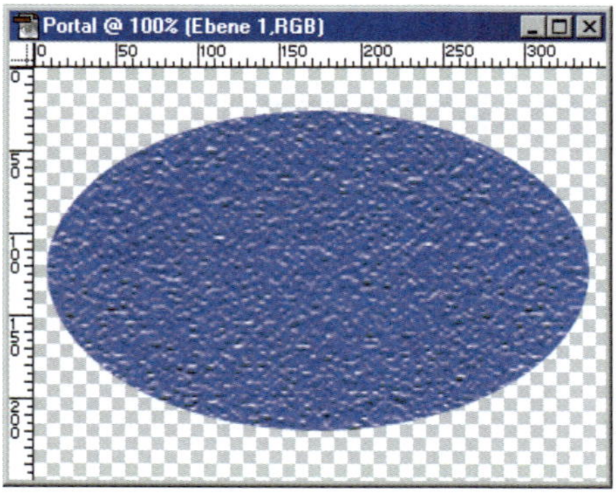

5. Aktivieren Sie das Textwerkzeug und klicken Sie in die Datei. Schreiben Sie einen Willkommenstext – in diesem Fall „You're welcome", wobei nach „You're" durch ein [Enter] eine Zeilenschaltung eingefügt wurde.

In der Vorgängerversion 5.0 öffnete sich nach einem Klick der Texteditor, in dem Sie auch alle Formatierungen vornahmen, in der Version 6.0 wurde dies geändert. Nach dem Klick in die Datei können Sie direkt losschreiben und formatieren den Text dann anschließend über die Paletten *Werkzeug-Optionen* und *Zeichen* und *Absatz*.

6. Der Cursor steht noch im Text, markieren Sie ihn mit *Auswahl/Alles auswählen*. Rufen Sie mit *Fenster/Zeichen einblenden* die *Zeichen*-Palette auf. Wählen Sie eine Schriftart aus, hier wurde die ScalaSans-Bolditalic verwendet, verwenden Sie alternativ beispielsweise die Tahoma-Bolditalic.

Der Schriftgrad soll 60 pt betragen, der Zeilenabstand 48 pt. Klicken Sie auf das Farbfeld, um eine Textfarbe – hier Schwarz – zu bestimmen. Auch die Position des Textes korrigieren Sie mithilfe des Verschieben-Werkzeugs.

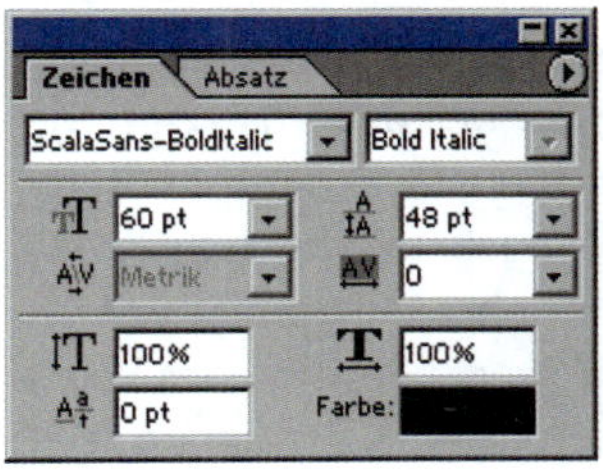

7. Um dem Text Dreidimensionalität zu verleihen, wählen Sie *Filter/Stilisierungsfilter/Relief*. Photoshop weist Sie darauf hin, dass die Textebene gerastert werden muss, um den Filter anzuwenden.

Bestätigen Sie mit *OK*. In dem Filter-Dialogfeld geben Sie den Winkel „50°“ ein, damit das Licht von oben rechts auf die Schrift fällt. Die Höhe des Reliefs soll 4 Pixel betragen und die Stärke 170 %.

8. Auf das gesamte Objekt werfen Sie jetzt ein Spotlight, um die Räumlichkeit noch mehr zu unterstützen. Verschmelzen Sie dazu die Ebenen, indem Sie *Ebene/Sichtbare auf eine Ebene reduzieren* wählen.

best friend TIPP

Lichtquellen vervielfältigen

Das Vorschaufenster des Dialogfelds *Beleuchtungseffekte* bietet noch eine weitere wichtige Bearbeitungsmöglichkeit: Wenn Sie die [Alt]-Taste gedrückt halten und dann mit der Maus ziehen und loslassen, wird die Lichtquelle dupliziert. Sie können auf diese Weise mehrere Lichtquellen einfügen.

9. Rufen Sie *Filter/Renderingfilter/Beleuchtungseffekte* auf. Im Listenfeld *Stil* finden Sie zahlreiche Spots, verwenden Sie für dieses Beispiel den Stil *Standard*. Wählen Sie als Lichtart den Eintrag *Spot*. Links in dem Dialogfeld sehen Sie eine Vorschau Ihres Bilds, die die Wirkung der Beleuchtung zeigt. Darüber befindet sich ein Oval mit fünf Stützpunkten – damit regeln Sie den Lichteinfall. Wenn Sie den mittleren Stützpunkt verschieben, ändern Sie die Position des Spots. Mithilfe der anderen vier Stützpunkte regeln Sie die Größe des Spots. Verschieben Sie die Stützpunkte so, dass der Text ausgeleuchtet und somit gut lesbar ist. Bestätigen Sie dann das Dialogfeld.

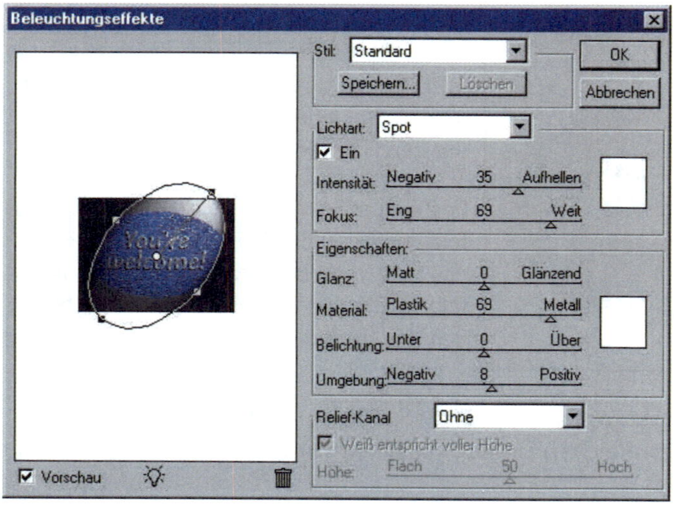

10. Der Rand der Grafik steht jetzt noch im Gegensatz zu Text und Beleuchtung. Durch einen Ebeneneffekt verleihen Sie auch ihm mehr Räumlichkeit. Rufen Sie *Ebene/Ebenenstil/Abgeflachte Kanten und Relief* auf. Verwenden Sie den Stil *Abgeflachte Kante*

innen mit der *Technik Abrunden* und einer Farbtiefe von *100 %*. Die *Größe* beträgt *20* Pixel und die *Weichzeichnung* 2 Pixel. Schließen Sie das Dialogfeld.

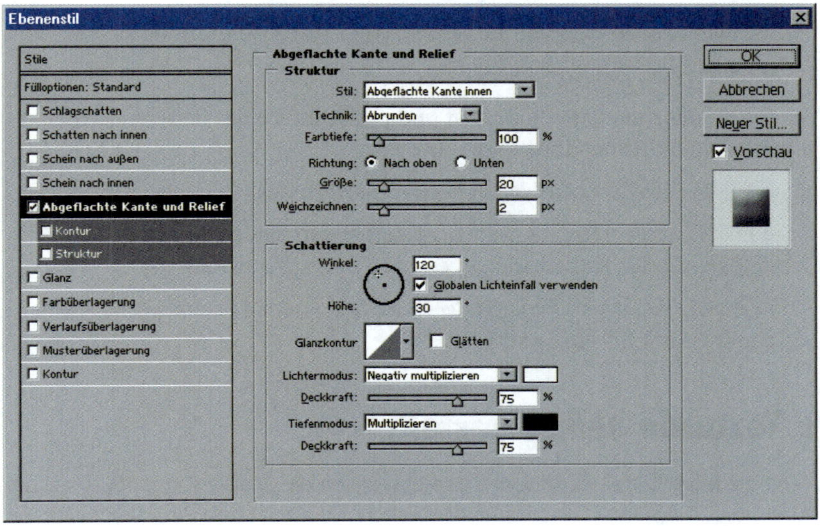

best friend TIPP

Filter erneut anwenden

Photoshop setzt den zuletzt benutzten Filter grundsätzlich als obersten Eintrag im Menü *Filter*. So haben Sie schnellen Zugriff darauf, wenn Sie den gleichen Filter auf ein neues Bild anwenden möchten. Sie lösen ihn auch mit der Tastenkombination [Strg]+[F] aus. Häufig kommt es vor, dass zwar der gleiche Filter, aber mit anderen Einstellungen eingesetzt werden soll. In diesem Fall wählen Sie [Strg]+[Alt]+[F], dadurch öffnet sich das Dialogfeld des Filters und Sie können die Einstellungen an das Bild anpassen.

8.4 Steinige Hintergrundkacheln

Wenn Sie Strukturelemente Ihrer Website mit einem Hintergrund versehen möchten, der die Anmutung einer Steinoberfläche hat, erreichen Sie das mit Photoshop mit wenigen Handgriffen. Der Trick liegt wieder mal in der Kombination zweier Filter.

Quicksteps – Steinoberfläche erstellen

- Erstellen Sie eine leere Datei mit beliebigen Maßen.
- Stellen Sie Schwarz als Vordergrundfarbe und Weiß als Hintergrundfarbe ein.
- Wählen Sie dann *Filter/Renderingfilter/Wolken.*
- Rufen Sie *Filter/Stilisierungsfilter/Relief* auf und gestalten Sie das Relief mit einer Höhe von 5 Pixeln und einer Stärke von 500 %.
- Wählen Sie daher *Filter/Scharfzeichnungsfilter/Scharfzeichnen.*
- Wählen Sie *Bild/Einstellen/Farbton/Sättigung*. Aktivieren Sie das Kontrollkästchen *Färben.* Verändern Sie die Farbeinstellungen nach Ihren Wünschen.
- Wenden Sie jetzt *Filter/Strukturierungsfilter/Risse* mit einem Abstand von 20, einer Tiefe von 6 und einer Helligkeit von 9 an.

Steinige Texturen selbst gestaltet

1. Erstellen Sie eine leere Datei. In diesem Beispiel wurden die Maße 400 × 400 Pixel bei einer Auflösung von 72 dpi im RGB-Modus verwendet. Wählen Sie im Bereich *Inhalt* die Option *Weiß.*

2. Der Effekt *Wolken* erstellt eine Wolkenstruktur aus einer Kombination von Vorder- und Hintergrundfarbe. Stellen Sie Schwarz als Vordergrundfarbe und Weiß als Hintergrundfarbe ein, indem Sie die Taste [D] drücken. Wählen Sie dann *Filter/Renderingfilter/Wolken.*

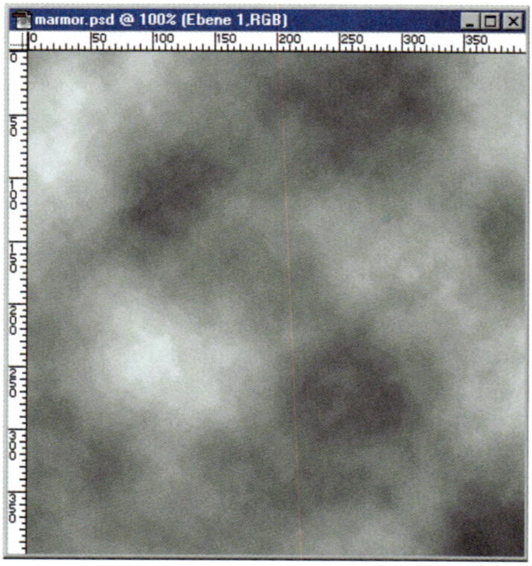

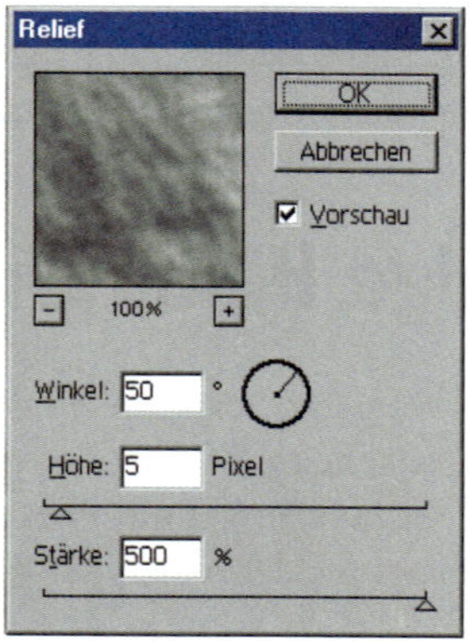

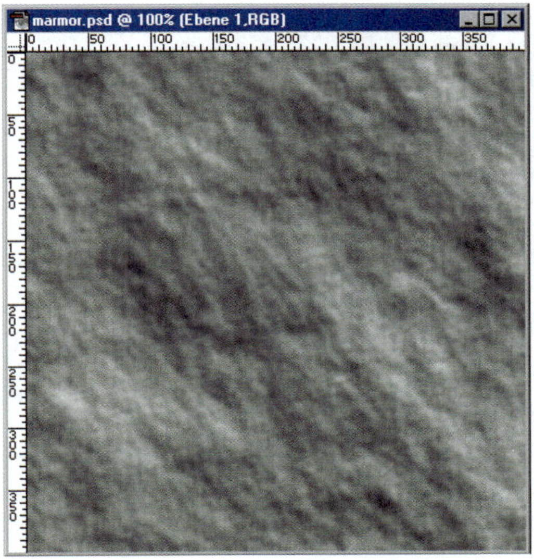

3. Rufen Sie mit *Filter/Stilisierungsfilter/Relief* das zugehörige Dialogfeld auf. Geben Sie hier in das Feld *Höhe* „5" Pixel ein und in das Feld *Stärke* „500" %, belassen Sie den Winkel bei *50°*.

Die Einstellungen des *Relief*-Filters haben starke Auswirkungen auf das Erscheinungsbild der Steinstruktur. Verstärken Sie den Wert *Höhe*, wird das Resultat marmorartig.

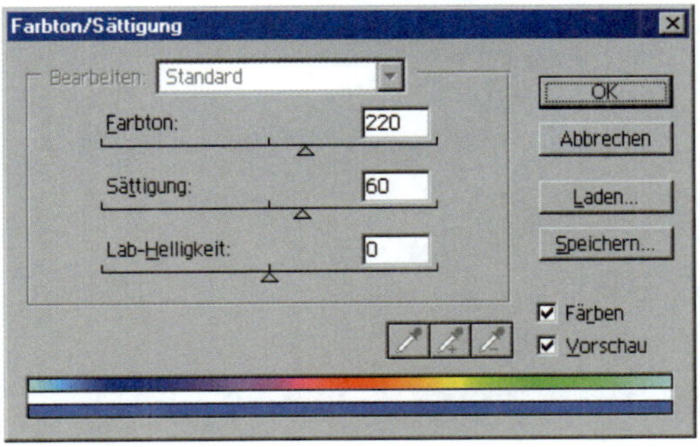

4. Der Struktur fehlt es noch an Schärfe, wählen Sie daher *Filter/Scharfzeichnungsfilter/Scharfzeichnen.*

5. Das Dialogfeld *Farbton/Sättigung* ist ideal, wenn Sie Grafiken gleichmäßig einfärben möchten.

Wählen Sie *Bild/Einstellen/Farbton/Sättigung*. Aktivieren Sie das Kontrollkästchen *Färben.* Um den im Beispiel verwendeten Blauton zu erreichen, verschieben Sie den Regler *Farbton* auf den Wert *220* und den Regler *Sättigung* auf *60*.

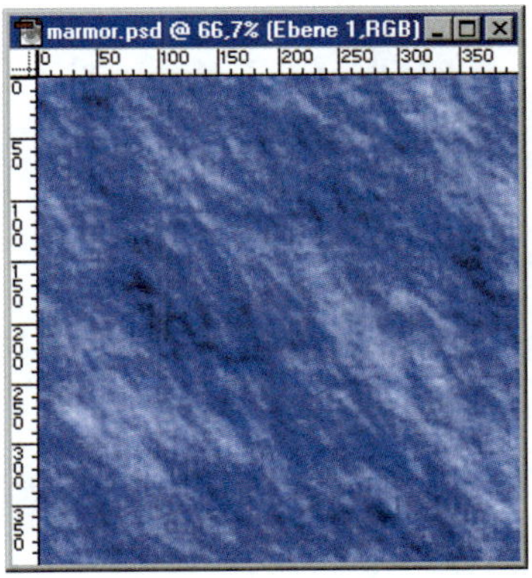

6. Die Struktur wirkt trotz Schärfung noch etwas unscharf, wenden Sie jetzt *Filter/Strukturierungsfilter/Risse* mit einem Abstand von 20, einer Tiefe von 6 und einer Helligkeit von 9 an. Dieser Filter verleiht der Struktur mehr Schärfe.

best friend TIPP

Schärfe durch Struktur

Leider kommt es vor, dass Fotos oder Grafiken so unscharf sind, dass durch die herkömmlichen Schärfefilter keine Verbesserung mehr zu erzielen ist – im Gegenteil, es kommt zu einer Übersättigung und Körnung der Motive. In einem solchen Fall bringen Strukturierungsfilter oft Hilfe. Setzen Sie bei solchen Problemfällen einen der Filter aus dem Menü *Filter/Srukturierungsfilter* ein.

8.5 Chromeffekte einsetzen

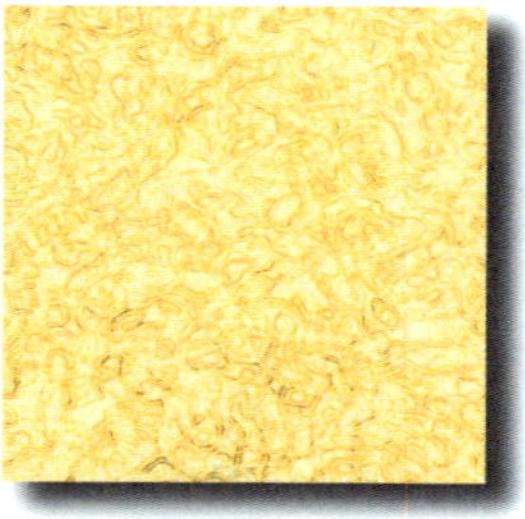

Auch dieses Beispiel lebt von der Kombination verschiedener Filter. Sie setzen hier Störungs- und Chromfilter ein, bearbeiten die Helligkeit mit der Gradationskurve und färben die Fläche mit dem Dialogfeld *Farbton/Sättigung*.

Quicksteps – Chromeffekte einsetzen

- Erstellen Sie eine neue Datei beliebiger Größe.
- Wählen Sie *Filter/Störungsfilter/Störungen hinzufügen.*
- Rufen Sie *Filter/Zeichenfilter/Chrom* auf. Verschieben Sie die Regler *Details* und *Glättung* jeweils auf den Wert 10.
- Wenden Sie *Filter/Stilisierungsfilter/Konturen finden* an.
- Rufen Sie *Bild/Einstellen/Gradationskurven* auf. Fügen Sie per Mausklick zwei Stützpunkte in die Kurve ein und verschieben Sie diese so, dass der Kontrast erhöht wird.
- Zum Einfärben der Struktur verwenden Sie wieder *Bild/Einstellen/Farbton/Sättigung.*

Gestalten Sie Ihren Chromeffekt

1. Erstellen Sie eine neue Datei beliebiger Größe. Hier wurden die Maße 300 × 300 Pixel bei einer Auflösung von 72 dpi und dem Modus *RGB* verwendet. Aktivieren Sie im

Bereich *Inhalt* die Option *Weiß*. Es gibt Filter, die Sie auf eine leere Fläche anwenden können, wie etwa den Filter *Wolken*. Anders ist dies beim Effekt *Chrom*.

Dieser Filter orientiert sich an vorhandenen Bildpixeln, daher müssen Sie zunächst eine Grundstruktur herstellen. Dies erreichen Sie mit *Filter/Störungsfilter/Störungen hinzufügen*. Wählen Sie eine *Stärke* von *100 %* und die Option *Gaußsche Normalverteilung*.

2. Rufen Sie *Filter/Zeichenfilter/Chrom* auf. Verschieben Sie die Regler *Details* und *Glättung* jeweils auf den Wert *10*.

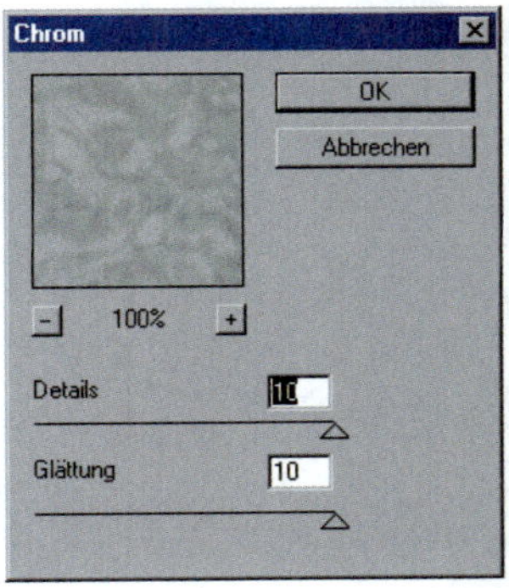

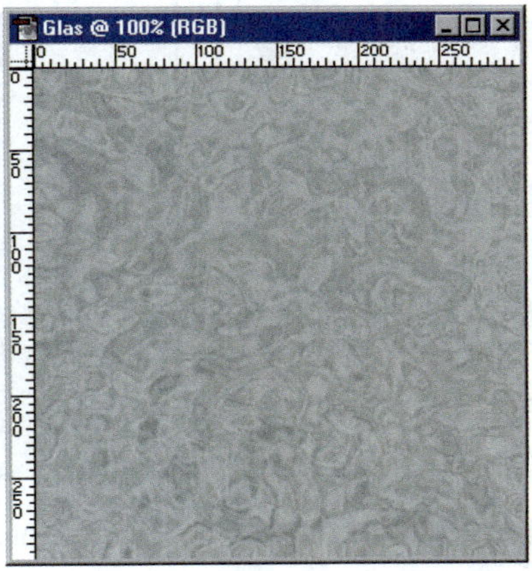

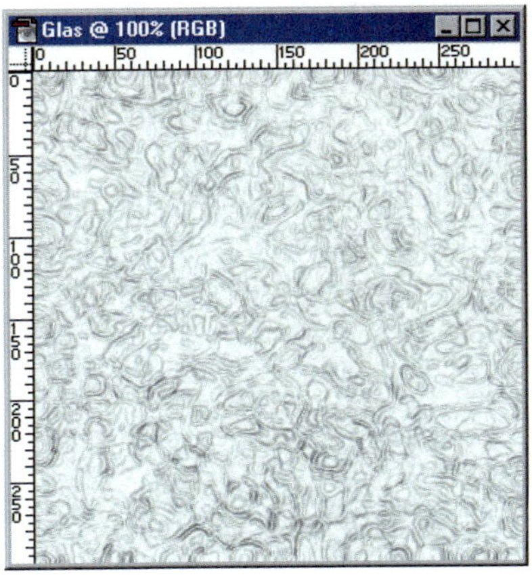

3. Die Chromstruktur ist erstellt, allerdings sollten die Details mehr zum Vorschein kommen.

Wenden Sie deshalb *Filter/Stilisierungsfilter/Konturen finden* an. Dieser Filter bietet keine Einstellungsmöglichkeiten, er sucht automatisch die Bereiche, die Kanten enthalten, und hebt diese hervor.

4. Da die Fläche goldfarben getönt werden soll, sind noch zu wenig dunkle Tonwerte vorhanden, die Fläche würde zu hell wirken. Rufen Sie *Bild/Einstellen/Gradationskurven* auf.

Da eine Abdunklung über sämtliche Kanäle gewünscht ist, belassen Sie im Listenfeld *Kanal* den Eintrag *RGB*. Standardmäßig bewirkt das Herunterziehen der Gradationskurve eine Aufhellung des Bilds. Wir haben diese Grundeinstellung mit einem Klick auf den Doppelpfeil unter der Kurve geändert.

Fügen Sie per Mausklick zwei Stützpunkte in die Kurve ein und verschieben Sie diese so, wie im Bild dargestellt.

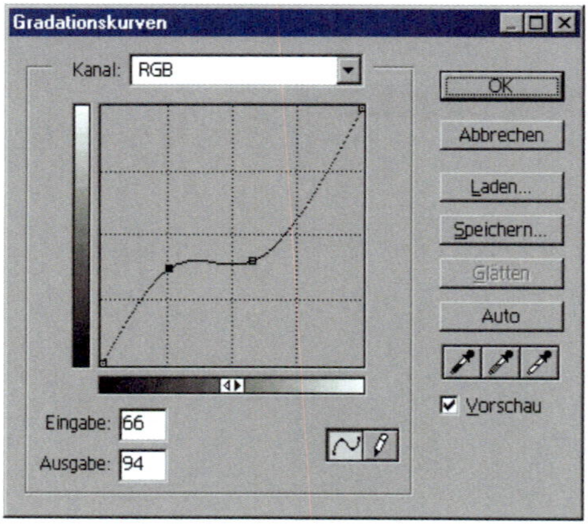

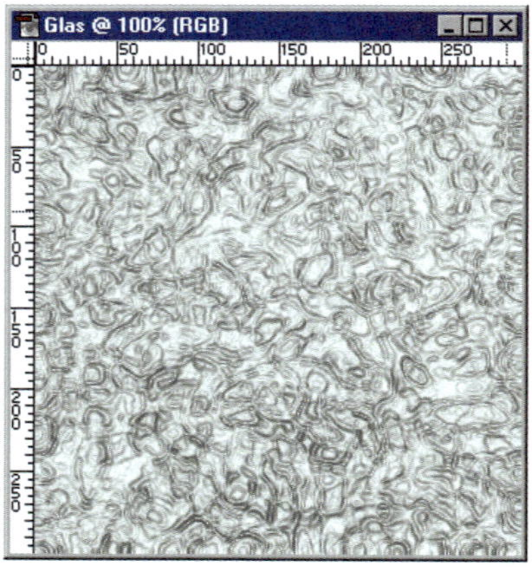

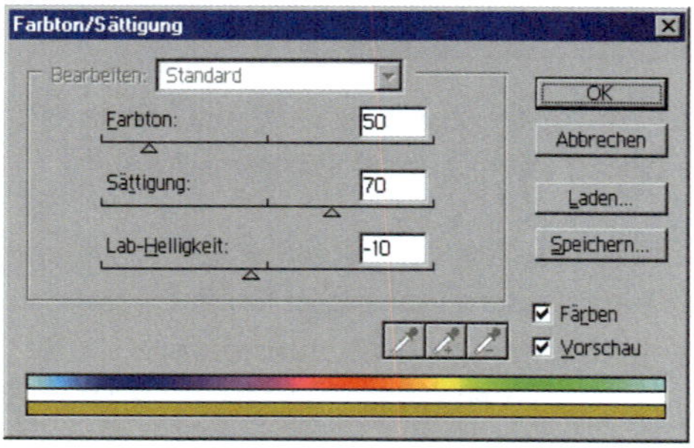

5. Zum Einfärben der Struktur verwenden Sie wieder *Bild/Einstellen/Farbton/Sättigung*. Aktivieren Sie das Kontrollkästchen *Färben* und schieben Sie den Regler *Farbton* auf den Wert *50*, den Regler *Sättigung* auf *70* und die Helligkeit auf *-10*. Sie erhalten eine goldfarbene Textur, die wie flüssiges Metall anmutet. Sie können sie als Hintergrund verwenden, in Collagen einfügen oder als Oberfläche für Schaltflächen einsetzen.

8.6 Leuchtende Effekte durch Tonwertkorrektur

Wie schon gesagt, immer wieder faszinierend sind die Effekte, die entstehen, wenn man Filter zufällig miteinander mischt oder wie hier mit einer Tonwertkorrektur bearbeitet.

Quicksteps – Tonwertkorrektur

- Laden und öffnen Sie *Blume.jpg*.
- Wählen Sie *Filter/Stilisierungsfilter/Solarisation.*
- Rufen Sie *Bild/Einstellen/Auto-Tonwertkorrektur* auf.
- Wählen Sie *Filter/Malfilter/Konturen nachzeichnen.*

Leuchtende Effekte mit wenigen Mausklicks

1. Laden und öffnen Sie *Blume.jpg* in Ihrem Bildbearbeitungsprogramm.

2. Wählen Sie *Filter/Stilisierungsfilter/Solarisation.* Dies ist der Filter, der für die fantastischen Farbkombinationen zuständig ist. In den meisten anderen Programmen finden Sie diesen Filter im Menü *Effekte.*

In Paint Shop Pro befindet sich die Solarisation im Menü *Farben.*

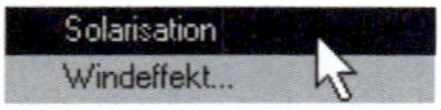

3. Betrachten Sie das Ergebnis, die Farben sind faszinierend, allerdings bedarf es der Tonwertkorrektur, da das Ergebnis deutlich zu dunkel ausfällt.

Rufen Sie *Bild/Einstellen/Tonwertkorrektur* auf. Auch die Tonwertkorrektur ist eine Funktion, die Sie in fast allen Bildbearbeitungsprogrammen finden. In Paint Shop Pro wählen Sie *Farben/Histogrammbefehle/Angleichen.*

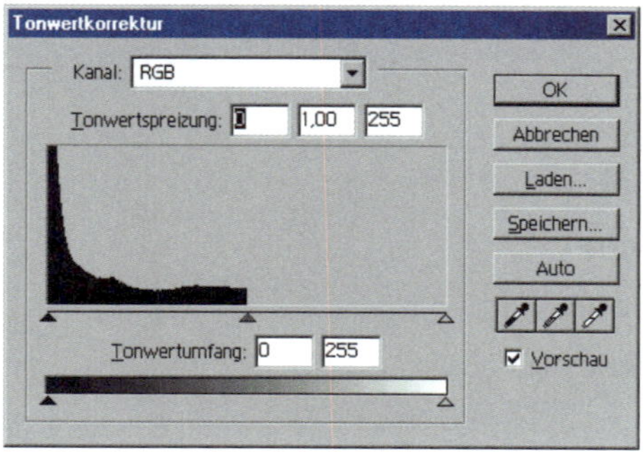

4. Das Histogramm, die Tonkurve, die die Tonwertverteilung im Bild darstellt, zeigt, dass in den hellen Bereichen des Bilds überhaupt keine Bildpixel vorkommen. Dies ändern Sie in den folgenden Schritten.

5. Schieben Sie den oberen rechten Regler, der für den Startpunkt der weißen Bildpixel zuständig ist, bis nach links an den „Fuß des Bergs“. Sie teilen Photoshop

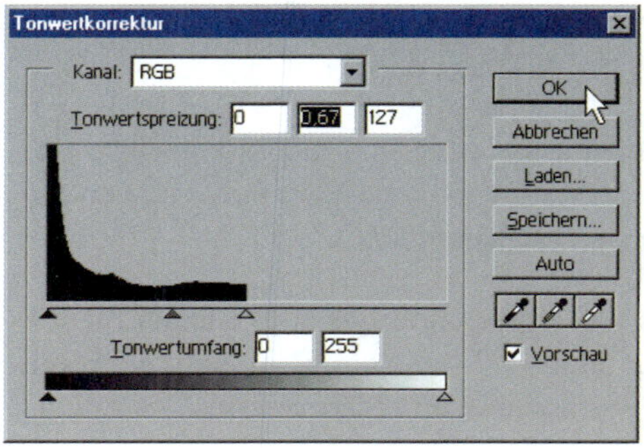

dadurch mit, dass die vorhandenen Bildpixel über das gesamte Farbspektrum von Schwarz bis Weiß bzw. von Volltonfarbe bis Weiß verteilt werden sollen. Schieben Sie zusätzlich den oberen mittleren Regler etwas nach rechts bis auf den Wert *0,67*. Dadurch werden die Mitteltöne etwas verdunkelt. Bestätigen Sie mit *OK*.

6. Rufen Sie *Bild/Einstellen/Tonwertkorrektur* erneut auf. Sie sehen die Auswirkungen Ihrer Bearbeitung. Die Farben sind jetzt über das gesamte Farbspektrum verteilt. Das Histogramm mutet anfangs etwas befremdlich an, je öfter man damit arbeitet, desto einfacher fällt die Beurteilung aus.

7. Das Ergebnis der Tonwertkorrektur ist eine deutliche Aufhellung des Bilds. Der Kontrast wurde durch das so genannte Spreizen der Tonkurve erhöht.

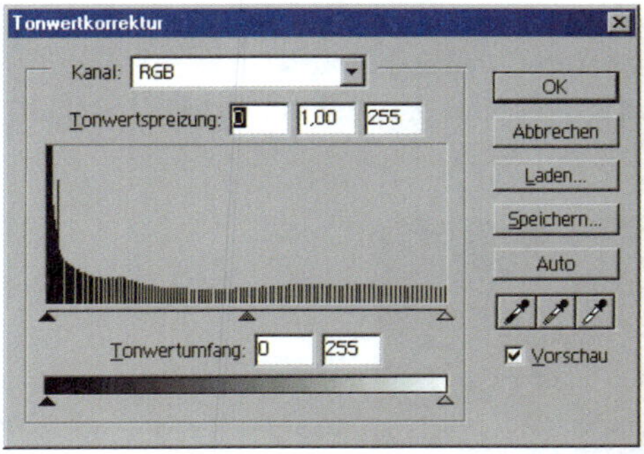

best friend TIPP

Automatische Korrektur-Funktionen

Ich vermeide normalerweise, mit den automatischen Korrektur-Funktionen zu arbeiten, da ich dann keinen direkten Einfluss auf die Bearbeitung habe. Bei diesem Beispiel können Sie allerdings gut den Befehl *Bild/Einstellen/Auto-Tonwertkorrektur* einsetzen. Die Auto-Tonwertkorrektur macht genau das, was hier manuell beschrieben wurde. Sie spreizt die Tonkurve über das gesamte Spektrum und stellt somit den maximalen Kontrast her.

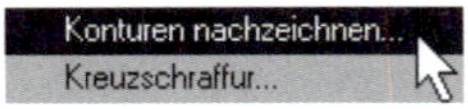

8. Da das Bild die Anmutung eines Gemäldes erhalten soll, wählen Sie *Filter/Malfilter/Konturen nachzeichnen.*

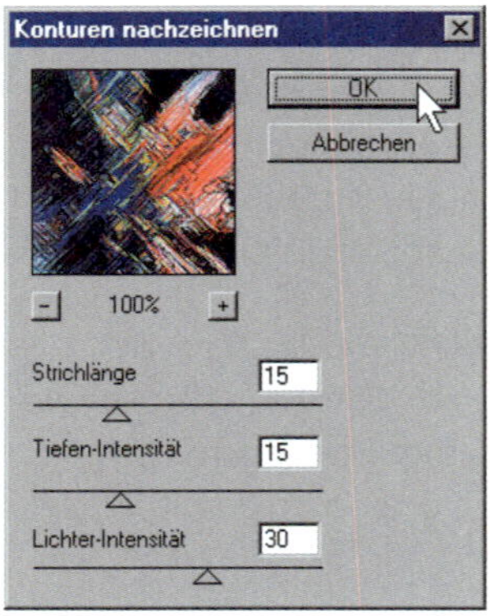

9. Verwenden Sie eine *Strichlänge* von *15*, eine *Tiefen-Intensität* von ebenfalls *15* und eine *Lichter-Intensität* von *30* und bestätigen Sie das Dialogfeld.

Das Ergebnis ist ein ungewöhnlicher Effekt. Experimentieren Sie auch mit anderen Filter-Kombinationen, die Ergebnisse sind oft überraschend und faszinierend.

8.7 Effekte durch Ebenen-Filtermethoden

Dieser Effekt gehört nicht so richtig in dieses Kapitel, weil es hier um Filter und deren Kombination geht. Der Effekt ist allerdings so interessant, dass wir ihn nicht vorenthalten wollten. Man könnte sagen, es ist ein selbst gemachter Filter-Effekt ;-)

Die Ergebnisse dieser Schritte hängen sehr stark vom Motiv ab. Ich habe viele Stunden gesucht, bis ich zwei Motive gefunden habe, die sich gut überblenden lassen. Mithilfe von Ebenen-Füllmethoden wird die Struktur des oberen Bilds auf die des unteren geblendet. Der Effekt wirkt sehr gut, wenn Sie eine karge Landschaft mit knorrigen Bäumen mit der Borke überblenden.

Quicksteps – Effekte mit Ebenen-Filtermethoden

- Verwenden Sie für dieses Projekt beispielsweise die Bilder *Borke.jpg* und *Baum_s.jpg.*
- Aktivieren Sie das Baum-Bild.
- Wählen Sie daher *Bild/Einstellen/Helligkeit/Kontrast.*
- Verschieben Sie den Helligkeits-Regler auf den Wert 10 und den Kontrast-Regler auf 30.
- Kopieren Sie das Bild *Borke.jpg* über *Baum_s.jpg.*
- Stellen Sie in der *Ebenen*-Palette die Füllmethode *Negativ multiplizieren* ein.
- Verschmelzen Sie jetzt beide Ebenen mit *Ebene/Auf Hintergrundebene reduzieren.*
- Nehmen Sie an dem Bild nach Belieben Schärfe-, Farb- und Helligkeitskorrekturen vor.

Die Schritte zum Ziel

1. Für dieses Projekt können Sie die Bilder *Borke.jpg* und *Baum_s.jpg* von der DATA BECKER-Website laden. Öffnen Sie beide Bilder.

2. Aktivieren Sie das Baum-Bild. Klicken Sie dazu in die Titelleiste des Bilds. Für das Ergebnis ist es wichtig, dass das Bild einen hohen Kontrast aufweist. Wählen Sie daher *Bild/Einstellen/Helligkeit/Kontrast.*

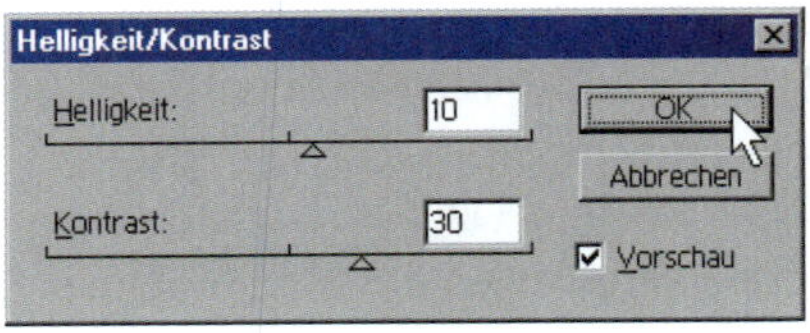

3. Verschieben Sie den *Helligkeit*-Regler auf den Wert *10* und den *Kontrast*-Regler auf *30.* Bestätigen Sie das Dialogfeld.

4. Der Kontrast des Bilds ist deutlich höher. Für einen Ausdruck oder die Veröffentlichung im Internet würde dieses Bild sehr dunkel ausfallen, aber für den hier beschriebenen Effekt ist es ideal.

5. Kopieren Sie das Bild *Borke.jpg* über *Baum_s.jpg*. Aktivieren Sie dazu das Verschieben-Werkzeug, klicken Sie das Borke-Bild an und ziehen Sie es über den Baum. Wenn Sie bei dieser Aktion zusätzlich die Umschalt-Taste gedrückt halten, werden die Bilder direkt deckungsgleich übereinander gefügt. Das Halten der Umschalt-Taste bewirkt, dass das Bild genau in der Mitte eingefügt wird. Da die Beispielbilder exakt gleich groß sind, liegen sie genau übereinander.

6. In der *Ebenen*-Palette sehen Sie die Miniatur-Abbildungen der beiden Ebenen. Achten Sie darauf, dass die obere Ebene aktiv ist. Photoshop zeigt dies durch die schwarze Markierung und das Pinsel-Symbol vor der Ebene an.

Oben links in der Palette finden Sie das Listenfeld *Füllmethode einstellen.* Öffnen Sie es per Mausklick und wählen Sie den Eintrag *Negativ multiplizieren* aus. Das Ergebnis ist eine Überblendung beider Ebenen. Die Farbwerte der oberen Ebene werden mit den Farbwerten der unteren Ebene negativ multipliziert.

7. Verschmelzen Sie jetzt beide Ebenen mit dem Befehl *Ebene/Auf Hintergrundebene reduzieren.*

8. Sie können jetzt noch weitere Korrekturen am Bild vornehmen.

Die einzelnen Ebenen vor der Verschmelzung getrennt voneinander zu bearbeiten ist schwierig, da sich das Ergebnis durch die Füllmethode *Negativ multiplizieren* nicht so einfach einschätzen lässt. Jetzt, da nur noch eine Ebene vorliegt, können Sie die verschiedenen Farbkorrekturen wie z. B. *Farbton/Sättigung* nach Belieben vornehmen.

9. Das Bild wirkt etwas zu weich. Wenden Sie daher *Filter/Scharfzeichnungsfilter/Scharfzeichnen* darauf an.

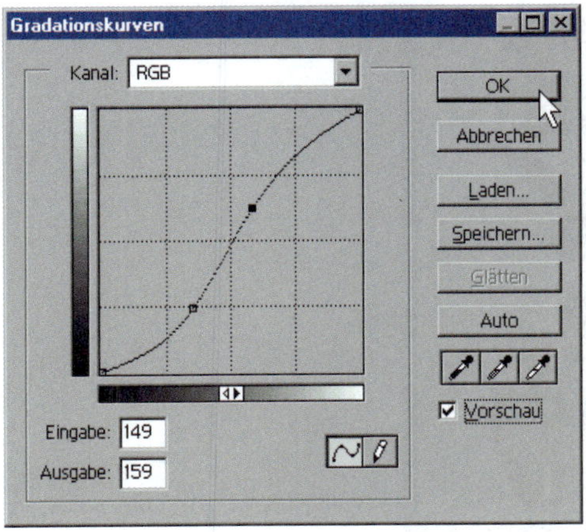

10. Um den Kontrast zu erhöhen, rufen Sie mit *Bild/Einstellen/Gradationskurven* das gleichnamige Dialogfeld auf. Fügen Sie auf der Geraden zwei Punkte per Mausklick ein und verschieben Sie sie so gegeneinander, wie hier abgebildet. Achtung: Wie bereits erwähnt, könnten Ihre Gradationskurven genau spiegelverkehrt eingestellt sein. Ziehen Sie in dem Fall die Punkte genau gegensätzlich, um eine Kontrasterhöhung zu erzielen.

11. Betrachten Sie das Ergebnis. Der Effekt ist schwer zu beschreiben, er wirkt wie eine Mischung aus Gemälde und Fotografie.

8.8 Verbiegen und Verflüssigen

Die Arbeit mit diesem Effekt ist immer wieder ein großer Spaß. Aus Rücksicht haben wir beschlossen, das Beispiel an einem Portrait aus dem Tierreich vorzuführen.

Quicksteps – Verbiegen und Verflüssigen

- Öffnen Sie die Datei *Giraffe.jpg.*
- Drücken Sie dazu auf [D] auf Ihrer Tastatur.
- Rufen Sie den Befehl *Bild/Arbeitsfläche* auf.
- Geben Sie in das Feld *Breite* z. B. „12 cm" und in das Feld *Höhe* etwa „16 cm" ein.
- Rufen Sie jetzt den Befehl *Verflüssigen* auf. Sie finden ihn im Menü *Bild.*
- Aktivieren Sie das Werkzeug *Verkrümmen.*
- Verformen Sie die Giraffe nach Lust und Laune.
- Wechseln Sie jetzt zum Werkzeug *Aufblasen.*
- Klicken Sie z. B. auf ein Auge und halten Sie die Maustaste gedrückt. Verbiegen Sie los ...

1. Öffnen Sie die Datei *Giraffe.jpg.* Dieses freundliche Tier ist der Hauptdarsteller dieses Projekts. Die Arbeitsfläche dieses Bilds ist zu klein, sie lässt nicht genug Freiraum für den Verflüssigen-Effekt. Erweitern Sie sie in den nächsten Schritten.

2. Erweiterungen der Arbeitsfläche erfolgen grundsätzlich in der Hintergrundfarbe. Wichtig ist also, dass Sie Weiß als Hintergrundfarbe wählen. Drücken Sie dazu auf [D] auf Ihrer Tastatur. Dadurch erhalten Sie Schwarz als Vordergrundfarbe und Weiß als Hintergrundfarbe.

3. Rufen Sie den Befehl *Bild/Arbeitsfläche* auf.

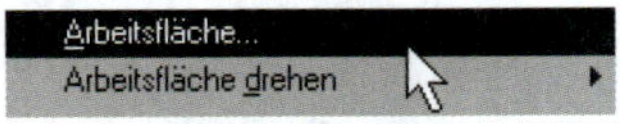

4. In dem Dialogfeld *Arbeitsfläche* ist automatisch der mittlere der neun Stützpunkte aktiviert. Dadurch wird das Bild zu allen Seiten hin gleichmäßig erweitert. Geben Sie in das Feld *Breite* z. B. „12 cm" und in das Feld *Höhe* etwa „16 cm" ein. Durch diese Erweiterung haben Sie genügend Platz zum Verzerren des Bilds.

5. Rufen Sie jetzt den Befehl *Verflüssigen* auf. Sie finden ihn im Menü *Bild.*

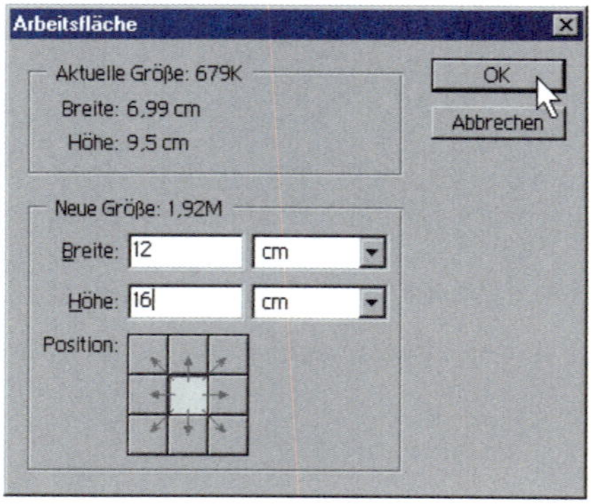

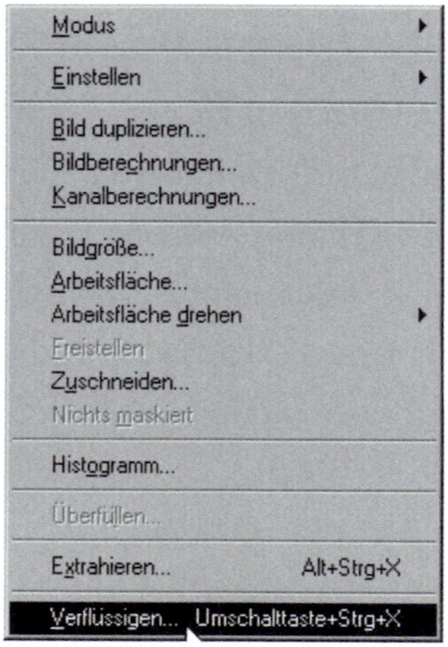

6. Das sehr groß geratene Dialogfeld mutet zunächst eher unübersichtlich an. Bei einer Bildschirmauflösung von 1.024 x 768 sind die Werkzeuge ziemlich klein. Sie verwenden für dieses Beispiel zunächst die beiden Werkzeuge *Verkrümmung* und *Aufblasen*.

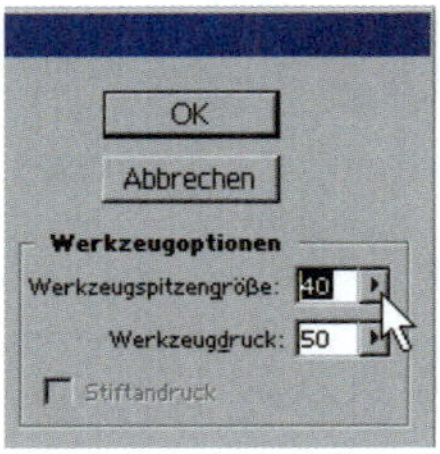

7. Aktivieren Sie das Werkzeug *Verkrümmen.* Es ist das oberste in der Werkzeug-Palette des Dialogfelds *Verflüssigen.*

Im Bereich ganz oben rechts in dem Dialogfeld können Sie die Optionen der Werkzeugspitze einstellen. Wählen Sie eine *Werkzeugspitzengröße* von *40* Pixeln und einen *Werkzeugdruck* von *50.*

8. Klicken Sie in die Hörner der Giraffe, halten Sie die Maustaste gedrückt und „schieben" Sie die Farbe nach oben. Verformen Sie die Giraffe nach Lust und Laune.

9. Mit dem Werkzeug *Verkrümmen* wird die Giraffe zum Elch.

10. Wechseln Sie jetzt zum Werkzeug *Aufblasen.*

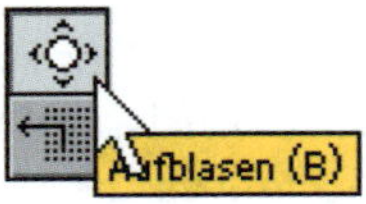

11. Klicken Sie z. B. auf ein Auge und – ungewöhnlich für Photoshop – halten Sie die Maustaste gedrückt. Sie sehen, wie die Giraffe langsam Glubschaugen bekommt.

Wenn Sie die Maus dabei etwas bewegen, fällt der Effekt stärker aus. Das Werkzeug ist so lange aktiv, wie Sie die Maustaste gedrückt halten.

Es ähnelt von seiner Charakteristik her also dem Airbrush, der auch so lange sprüht, wie Sie die Maustaste halten.

12. Größer als in dem Dialogfeld: Hier sehen Sie die einzelnen Werkzeuge und deren Arbeitsweise:

1. *Verkrümmung* schiebt Pixel beim Ziehen vorwärts.
2. *Strudel - Uhrzeigersinn* dreht die Bildpixel im Uhrzeigersinn.
3. *Strudel - gegen Uhrzeigersinn* ist das Gegenstück und verformt Ihr Bild in Richtung entgegen dem Uhrzeigersinn.
4. *Zusammenziehen* verformt Pixel in Richtung Malbereichsmitte, wenn Sie die Maustaste halten.
5. *Aufblasen,* wie eben schon beschrieben, verbeult Ihr Bild von der Malbereichsmitte weg, wenn Sie die Maustaste halten.
6. *Pixel verschieben* schiebt Pixel senkrecht zur Werkzeugrichtung.
7. Mit *Reflexion* werden Pixel in den Malbereich kopiert.
8. Eines der wichtigsten Werkzeuge dieses Dialogfelds befindet sich an achter Stelle: das Werkzeug *Rekonstruktion.* Hiermit kehren Sie zur ursprünglichen Fassung des Bilds zurück.
9. Mit dem Fixierungswerkzeug schützen Sie Bildteile, die Sie nicht verändern möchten, vor der Bearbeitung.
10. Mit dem Werkzeug *Fixierungslöser* nehmen Sie den Schutz wieder zurück.

8.9 Gemälde mit Leinenstruktur

In diesem Projekt gestalten Sie eine Kombination aus Ölbild und Aquarell-Textur auf Leinwand. Was schwierig klingt und eine große Herausforderung an den Maler ist, erstellen Sie mit Ihrem Bildbearbeitungsprogramm wie von Zauberhand.

Quicksteps – Bilder mit Leinenstruktur

- Wählen Sie *Datei/Neu* und geben Sie als Namen „Hintergrund" ein, verwenden Sie eine Breite von 8 cm und eine Höhe von 10 cm. Die Auflösung soll 150 dpi betragen, der Modus ist *RGB-Farbe* und *Inhalt Weiß.*
- Aktivieren Sie das Pinsel-Werkzeug.
- Wählen Sie eine beliebige Pinselspitze.
- Füllen Sie die Fläche mit unterschiedlichen Farbstrichen und -klecksen.
- Rufen Sie *Filter/Weichzeichnungsfilter/Gaußscher Weichzeichner* auf.
- Rufen Sie zur Korrektur der Helligkeit *Bild/Einstellen/Tonwertkorrektur* auf.

- Fingieren Sie die Leinwandstruktur, indem Sie *Filter/Strukturierungsfilter/Mit Struktur versehen* wählen.
- Rufen Sie jetzt die Datei *Adler.jpg* auf.
- Kopieren Sie den Adler und fügen Sie ihn als zweite Ebene über dem Hintergrund ein.
- Wählen Sie die Füllmethode *Hartes Licht* aus.
- Verschmelzen Sie mit *Ebene/Auf Hintergrundebene reduzieren.*
- Rufen Sie *Filter/Kunstfilter/Ölfarbe getupft* auf.
- Verwenden Sie eine Pinselgröße von 2 und eine Scharfzeichnung der Stärke 3. Die Pinselart ist *Einfach.*

Strukturierte Gemälde gestalten

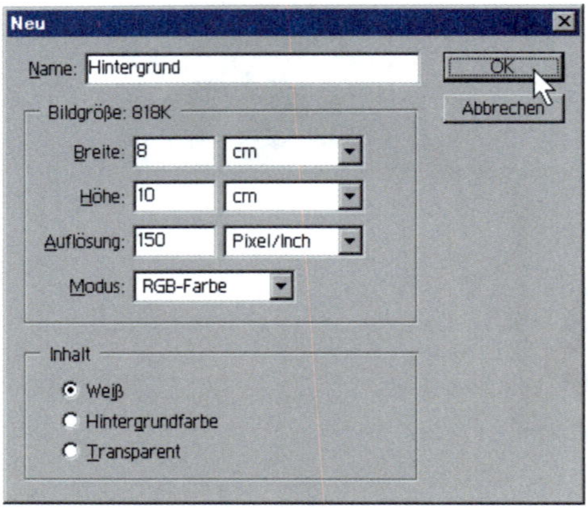

1. Für dieses Projekt benötigen Sie zunächst eine leere Datei, da Sie den Hintergrund manuell kreieren. Wählen Sie *Datei/Neu* und geben Sie als Namen „Hintergrund" ein, verwenden Sie eine *Breite* von *8 cm* und eine *Höhe* von *10 cm.* Die *Auflösung* soll *150* dpi betragen, der *Modus* ist *RGB-Farbe* und der *Inhalt Weiß.*

2. Aktivieren Sie das Pinsel-Werkzeug.

3. Definieren Sie die Werkzeug-Optionen. Wählen Sie eine beliebige Pinselspitze, gestalten Sie den Hintergrund ganz nach Ihren individuellen Anforderungen. Hier wurde eine Pinselspitze mit einem Durchmesser von 100 Pixeln und einer weichen Kante verwendet. Der *Modus* ist *Normal* und die Deckkraft *100 %.*

4. Da der Hintergrund aus mehreren Farben gestaltet werden soll, rufen Sie mit *Fenster/Farbfelder einblenden* die Farbfelder auf.

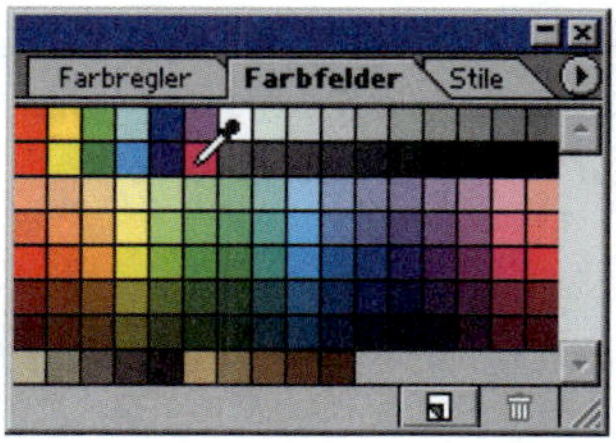

5. Sie ändern mithilfe der Farbfelder die Vordergrund-, also die Malfarbe mit einem einfachen Mausklick in die gewünschte Farbe. Malen Sie anschließend in der Datei eine beliebige Hintergrundtextur. Verwenden Sie eventuell verschieden große Werkzeugspitzen.

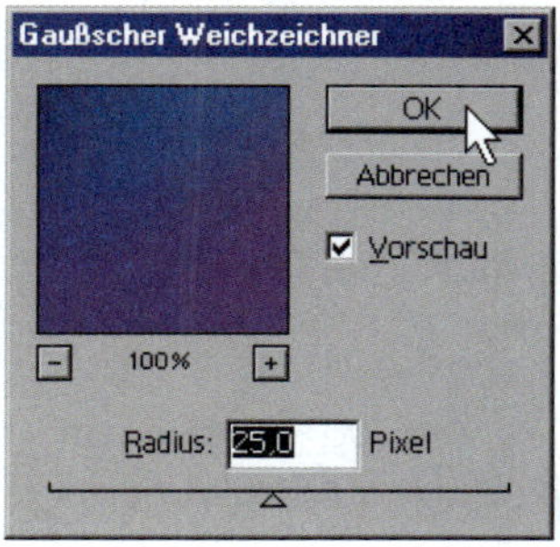

6. Wenn Sie den gesamten Hintergrund mit Farbe gefüllt haben, sollen die einzelnen Striche stark verwischt werden. Rufen Sie mit *Filter/Weichzeichnungsfilter/Gaußscher Weichzeichner* das gleichnamige Dialogfeld auf. Verwenden Sie beispielsweise einen Radius von 25 Pixeln, um die Striche ineinander laufen zu lassen. Bestätigen Sie mit *OK*.

7. Das Ergebnis ist noch deutlich zu dunkel, um als Hintergrund zu fungieren. Rufen Sie zur Korrektur der Helligkeit *Bild/Einstellen/Tonwertkorrektur* auf.

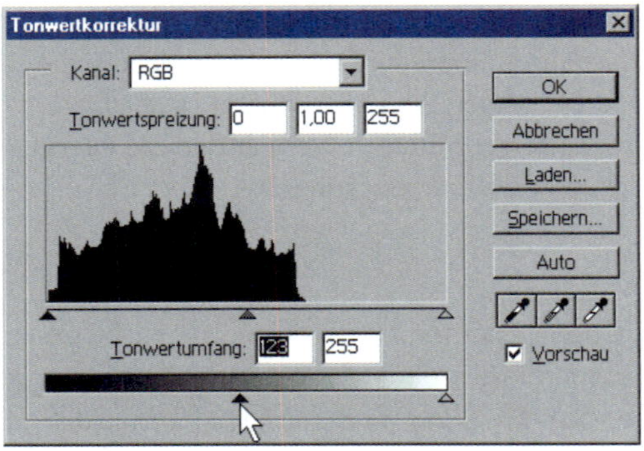

8. Da Sie vielleicht andere Farben eingesetzt haben, müssen Sie die Tonwertkorrektur auf Ihr persönliches Bild abstimmen.

Wir haben den unteren linken Regler nach rechts bis auf den Wert *123* verschoben. Wenn Sie das Bild als hell genug beurteilen, bestätigen Sie mit *OK*.

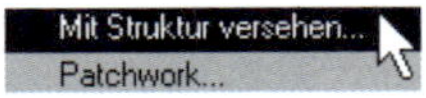

9. Fingieren Sie die Leinwandstruktur, indem Sie *Filter/Strukturierungsfilter/Mit Struktur versehen* wählen.

10. Verwenden Sie die Struktur *Leinwand* mit einer *Skalierung* von *200 %* und einem *Relief* von *6*. Bestätigen Sie mit *OK*. Mit diesen Einstellungen gelingt die Strukturierung relativ grob.

11. Der Hintergrund ist fertig gestellt. Rufen Sie jetzt die Datei *Adler.jpg* auf, die Sie auch wieder von der DATA BECKER-Website laden können.

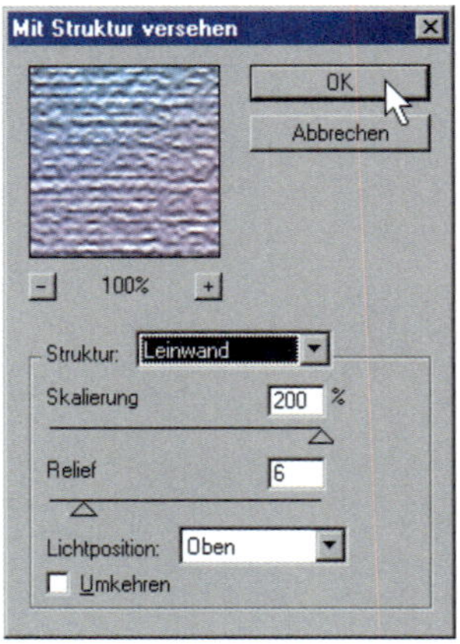

12. Der Hintergrund dieser Fotografie ist grau. Dies hat einen bestimmten Grund. Sie verwenden im Folgenden die Ebenen-Füllmethode *Hartes Licht*. Diese Methode funktioniert nicht bei weißen Flächen. Falls Ihr Bild weiße Flächen beinhaltet, wählen Sie *Bild/Einstellen/Helligkeit und Kontrast* und verringern dann die *Helligkeit* um einige wenige Stufen so weit, dass der Hintergrund nicht mehr weiß erscheint.

13. Aktivieren Sie das Verschieben-Werkzeug und ziehen Sie den Adler auf das Hintergrundbild, sodass Sie es per Drag & Drop in die Hintergrunddatei kopieren. Sie können die Adler-Datei daraufhin schließen.

14. Rufen Sie mit *Fenster/Ebenen einblenden* die *Ebenen*-Palette auf. Achten Sie darauf, dass die obere Ebene aktiv ist, und wählen Sie dann aus dem Listenfeld *Füllmethode einstellen* oben links in der *Ebenen*-Palette die Füllmethode *Hartes Licht* aus.

15. Die Ebenen werden ineinander geblendet. Der Adler wirkt jetzt schon wie gemalt. Dieser Effekt wird noch verstärkt.

16. Verschmelzen Sie mit *Ebene/Auf Hintergrundebene reduzieren* beide Ebenen zu einer, um sie dann gemeinsam bearbeiten zu können.

17. Rufen Sie *Filter/Kunstfilter/Ölfarbe getupft* auf.

18. Verwenden Sie eine *Pinselgröße* von 2 und eine *Scharfzeichnung* der Stärke 3. Die *Pinselart* ist *Einfach*. Bestätigen Sie das Dialogfeld. Mit diesem Dialogfeld können Sie sehr unterschiedlich starke Gemälde-Effekte erzielen. Experimentieren Sie mit den Einstellungen. Für dieses Adler-Beispiel haben wir mit den beschriebenen Einstellungen die besten Ergebnisse erzielt.

19. Auch dieses Gemälde lässt kaum den Ursprung einer digitalen Fotografie erkennen.

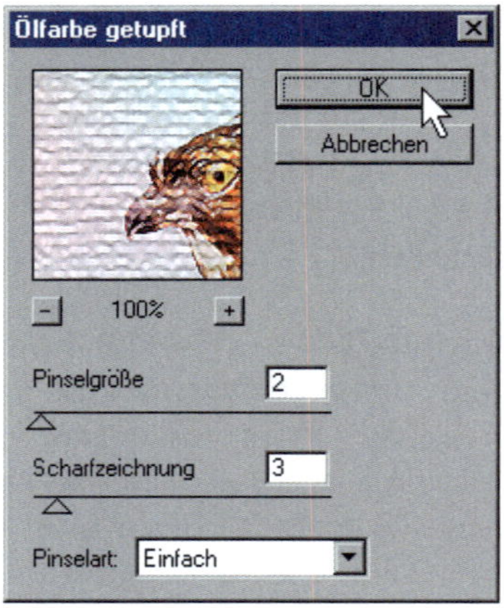

Best friend's Check up!

Hier finden Sie in einer Übersicht die wichtigsten Begriffe aus diesem Kapitel.

Funktionen/ Befehle/Begriffe	Bedeutung
Textur	Der Ausdruck „Textur" beschreibt die Beschaffenheit einer Fläche, z. B. die Struktur eines Steins.
Strichzeichnung	Strichzeichnungen nennt man Bilder, die lediglich aus Schwarz und Weiß bestehen, so als wären sie mit schwarzer Tinte gezeichnet.

9 Rahmen für das Foto erstellen

Attraktive Bilderrahmen machen aus Ihren Digitalfotografien wahre Kunstwerke. Ihr Bildbearbeitungsprogramm liefert Ihnen viele unterschiedliche Möglichkeiten, um die Rahmen zu gestalten. Vom Radieren mit verschiedenen Werkzeugspitzen über Ebenenstile bis hin zu Verzerrungsfiltern – in diesem Kapitel lernen Sie einige Wege kennen.

9.1 Die schnellste Methode: Bilderrahmen radieren

Die Effekte in diesem Projekt leben von der Arbeit mit verschiedenen Werkzeugspitzen und dem Ebenenstil *Abgeflachte Kante und Relief*.

Nebenbei lernen Sie hier die Arbeit mit dem Protokoll-Pinsel kennen. Mit dem Protokoll-Pinsel können Sie versehentlich wegradierte Bildpixel wiederherstellen.

Quicksteps – Rahmen radieren

- Öffnen Sie die Datei *Ballon.jpg* oder ein Bild aus Ihrer Sammlung.
- Wandeln Sie die Hintergrundebene durch einen Doppelklick in der *Ebenen*-Palette in eine freie Ebene um.
- Wählen Sie *Bild/Arbeitsfläche.* Erweitern Sie die Datei um einige Millimeter.
- Verleihen Sie Ihrem Bild einen 3-D-Effekt, indem Sie *Ebene/Ebenenstil/Abgeflachte Kante und Relief* wählen.
- Aktivieren Sie den gewöhnlichen Radiergummi.
- Rufen Sie die Werkzeug-Optionen mit *Fenster/Optionen einblenden* auf und wählen Sie aus dem Listenfeld *Modus* den Eintrag *Pinsel.*
- Wählen Sie eine beliebige Werkzeugspitze aus.

- Rufen Sie zunächst den Befehl *Fenster/Protokoll einblenden* auf.
- Öffnen Sie das Paletten-Menü der *Protokoll*-Palette und wählen Sie den Eintrag *Neuer Schnappschuss.*
- Radieren Sie mit dem Radiergummi entlang der Kanten des Bilds.
- Aktivieren Sie das Protokoll-Pinsel-Werkzeug.
- Scrollen Sie Ihre Protokoll-Liste bis ganz nach oben. Aktivieren Sie den neu erstellten Schnappschuss.
- Übermalen Sie die Bildteile mit dem Protokoll-Pinsel, die wiederhergestellt werden sollen.

Individuelle, unregelmäßige Bilderrahmen

1. Öffnen Sie die Datei *Ballon.jpg* oder ein Bild aus Ihrer Sammlung. Dieses Projekt ist nicht abhängig vom Motiv, es ist auf jedes beliebige Bild gut anwendbar.

2. Zurzeit befindet sich das Bild noch auf der Hintergrundebene. Da Sie auf die Hintergrundebene keine Ebenenstile anwenden können, müssen Sie die Hintergrundebene zunächst in eine freie Ebene umwandeln. Rufen Sie mit *Fenster/Ebenen einblenden* die *Ebenen*-Palette auf und klicken Sie dann doppelt in den Eintrag *Hintergrund.*

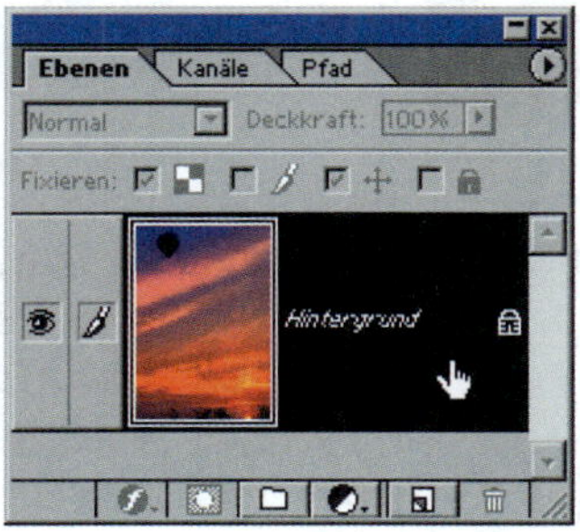

Freie Ebenen sind nicht als JPG oder TIFF speicherbar

Die Dateiformate JPG und TIFF sind nicht in der Lage, freie Ebenen zu speichern. Sie haben hier zwei Möglichkeiten: Sie speichern Ihre Arbeitsdatei als PSD-Datei, dann können Sie die freie Ebene erhalten und später auch weiter bearbeiten. Wenn Sie JPG- oder TIFF-Dateien benötigen, müssen Sie Ihr Bild mit *Ebene/Auf Hintergrundebene reduzieren* verschmelzen.

3. Sie erhalten ein Dialogfeld, in dem Sie einen Namen für die neue Ebene eingeben können. Wir haben hier die Bezeichnung *Sonne* verwendet. Bestätigen Sie mit *OK*.

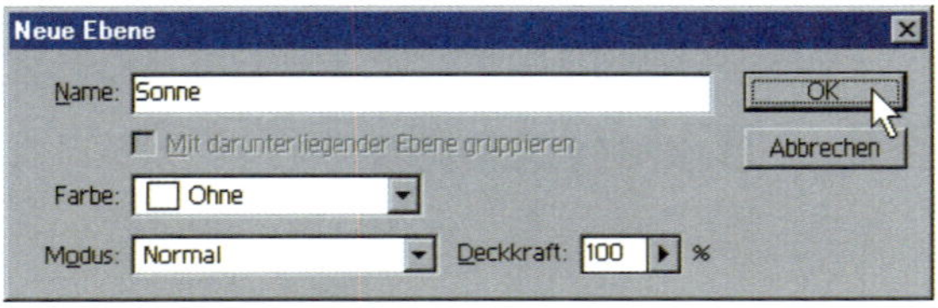

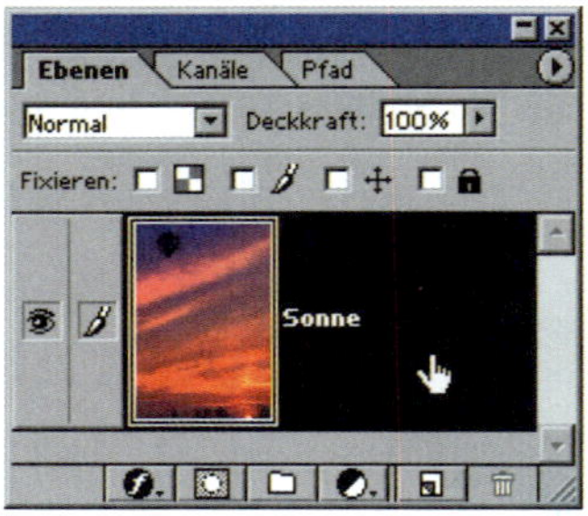

4. Betrachten Sie die *Ebenen*-Palette, die Ebene trägt jetzt den Namen, den Sie vergeben haben, und sämtliche Optionen in der *Ebenen*-Palette stehen zur Verfügung.

Einige davon waren vorher grau dargestellt – also nicht verwendbar.

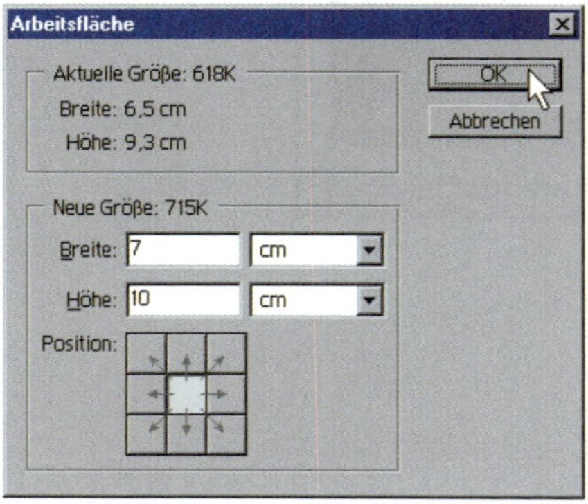

5. Damit Sie Platz für die Bearbeitung des Rahmens haben, soll die Arbeitsfläche erweitert werden. Wählen Sie *Bild/Arbeitsfläche*. Sie sehen zunächst die aktuellen Maße des Bilds. Wählen Sie aus den beiden Listenfeldern die Maßeinheit *cm* aus. Geben Sie anschließend (für dieses Beispiel) die neuen Maße *Breite* „7 cm" und *Höhe* „10 cm" ein. Im Bereich *Position* klicken Sie das mittlere der neun Quadrate an, daraufhin wird die Datei nach allen Seiten hin gleichmäßig erweitert. Bestätigen Sie mit *OK*.

6. Sie sehen, dass rund um das Ursprungsbild die Datei erweitert wurde. Die Erweiterung ist transparent. Diese Transparenz stellt Photoshop mit einem Schachbrettmuster dar.

Dieses Muster stört mitunter bei der Beurteilung der Bildränder. Aus diesem Grund blenden Sie es in den folgenden Schritten aus.

7. Wählen Sie *Bearbeiten/Voreinstellungen/Transparenz & Farbumfang-Warnung*.

In der Version 5 von Photoshop befand sich dieser Befehl übrigens im Menü *Datei*.

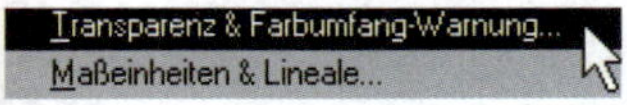

8. In dem Dialogfeld finden Sie das Listenfeld *Hintergrundmuster*. Wählen Sie aus diesem Listenfeld den Eintrag *Ohne*. Schließen Sie das Dialogfeld.

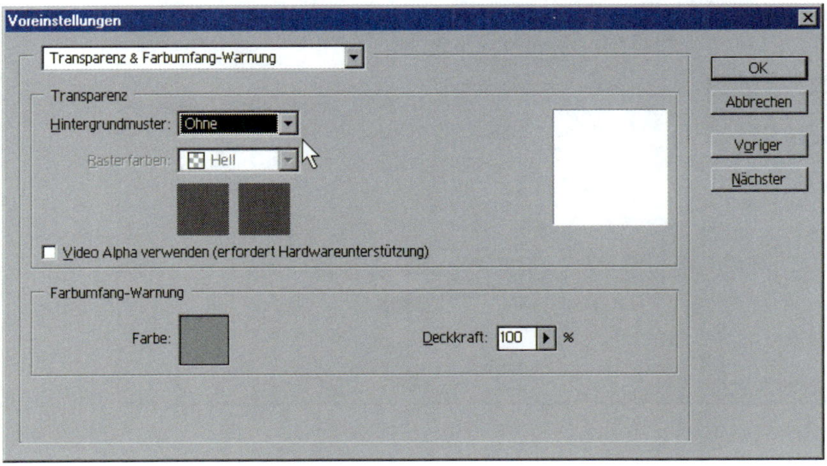

9. Schon besser – bei manchen Bearbeitungsschritten kann die Transparenz-Anzeige sehr wichtig sein, hier störte sie eher die Wirkung des Bilds.

10. Verleihen Sie Ihrem Bild einen 3-D-Effekt, indem Sie *Ebene/Ebenenstil/Abgeflachte Kante und Relief* wählen.

11. Sie können hier die Standard-Einstellungen bestätigen oder die gleichen Werte verwenden, wie in der Abbildung dargestellt: Stil: *Abgeflachte Kante innen, Technik: Abrunden, Farbtiefe 400 %, Richtung: Nach oben, Größe 10* Pixel, *Weichzeichnen 4* Pixel. Im Bereich *Schattierung* haben wir einen Winkel von *130°* verwendet und die Deckkraft der Lichter und der Tiefen auf *80* verschoben. Schließen Sie das Dialogfeld.

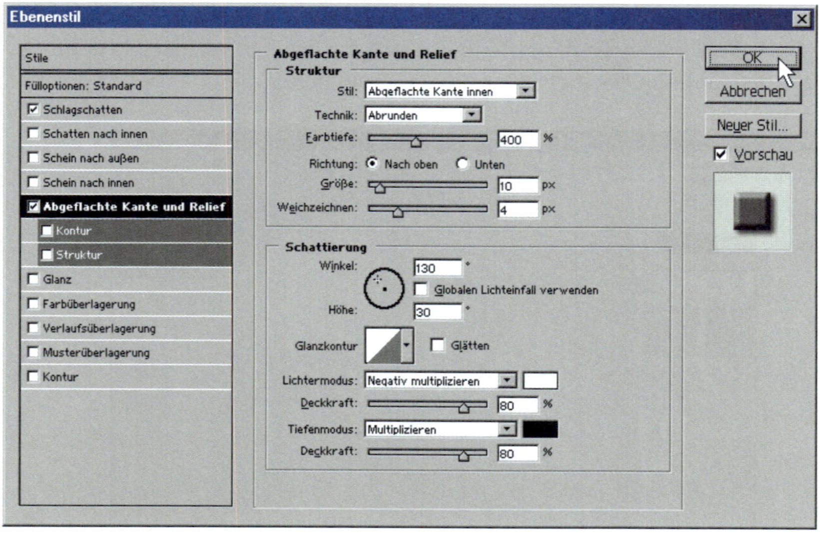

12. Auch dieser Bilderrahmen kann sich sehen lassen. Rechteckige Bilder wirken plastischer, wenn Sie *Abgeflachte Kante und Relief* darauf anwenden.

In diesem Fall geben wir uns mit dem Ergebnis noch nicht zufrieden und gestalten im Folgenden unregelmäßige Bildumrisse.

13. Aktivieren Sie den gewöhnlichen Radiergummi.

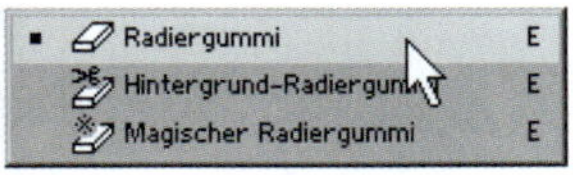

14. Rufen Sie die Werkzeug-Optionen mit *Fenster/Optionen einblenden* auf und wählen Sie aus dem Listenfeld *Modus* den Eintrag *Pinsel*. Standardmäßig steht der Radiergummi im Modus *Quadrat*.

Klicken Sie dann auf den Pfeil des Listenfelds *Pinsel*, um die Pinselauswahl zu öffnen.

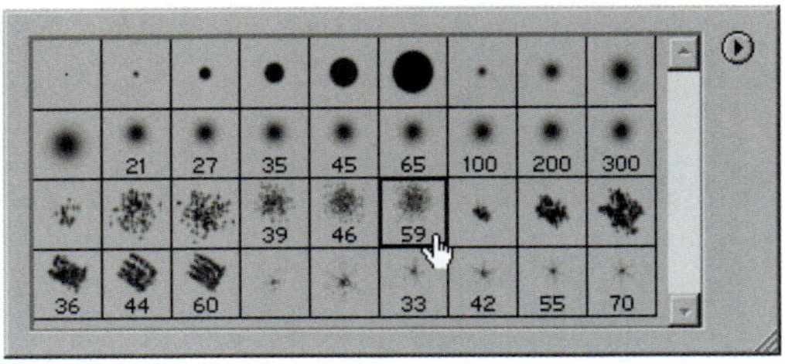

15. Photoshop und andere Bildbearbeitungsprogramme stellen Ihnen verschiedene Werkzeugspitzen standardmäßig zur Verfügung. Wählen Sie eine beliebige Werkzeugspitze aus.

16. Falls auf Ihrem System lediglich die Standard-Werkzeugspitzen ausgewählt sind und Sie weitere Spitzen verwenden möchten, öffnen Sie das *Pinsel*-Listenfeld und klicken dann auf den kleinen schwarzen Pfeil oben rechts in der Palette. Es öffnet sich das Paletten-Menü. Wählen Sie hier den Menüpunkt *Werkzeugspitzen laden*.

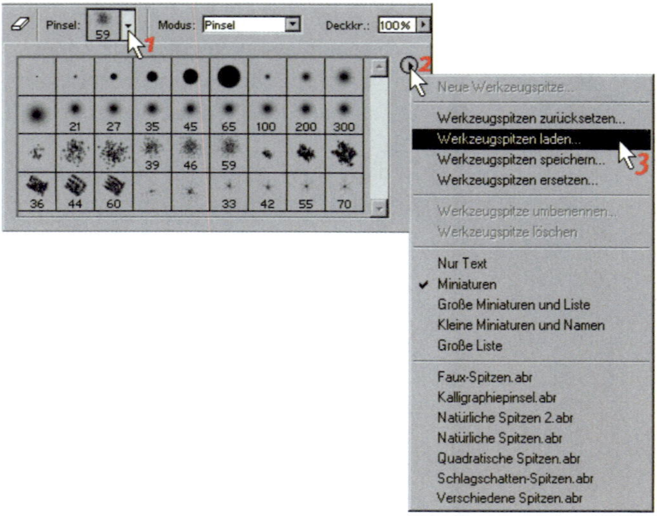

17. Sie landen automatisch im richtigen Verzeichnis und können die Werkzeugspitzen laden. Markieren Sie per Mausklick z. B. die Datei *Verschiedene Spitzen.abr* und klicken Sie dann auf die Schaltfläche *Laden.*

18. Photoshop fügt die neuen Spitzen hinter den Standardspitzen an. Mit dieser Vielzahl unterschiedlicher Pinsel-Arten können Sie individuelle Bildrahmen gestalten.

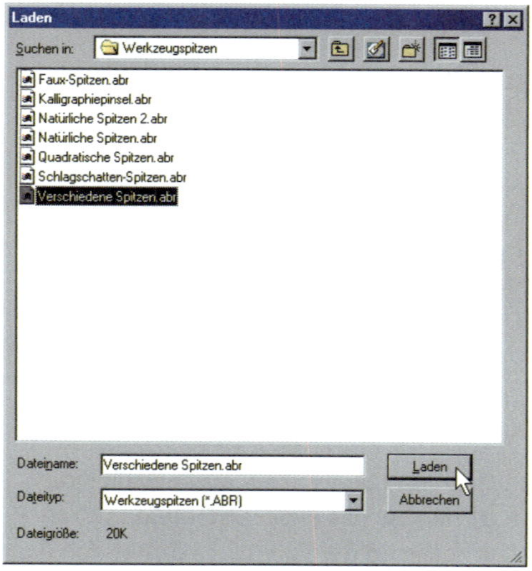

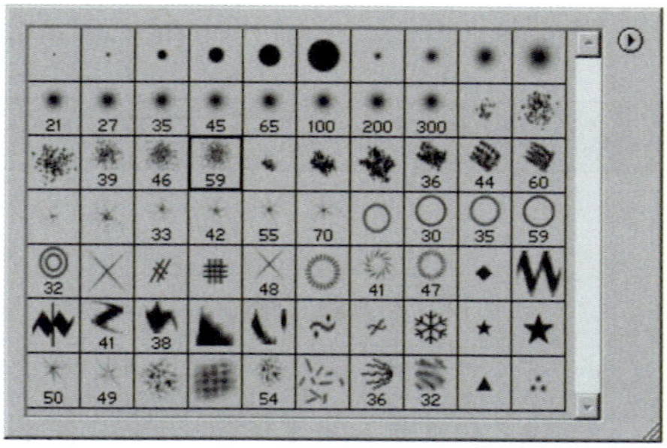

19. An dieser Stelle folgt ein wichtiger Schritt. Falls Sie bei der Arbeit mit dem Radiergummi versehentlich zu große Bereiche des Bilds wegradieren, ist es wichtig, diese wieder herausarbeiten zu können. Rufen Sie zunächst den Befehl *Fenster/Protokoll einblenden* auf.

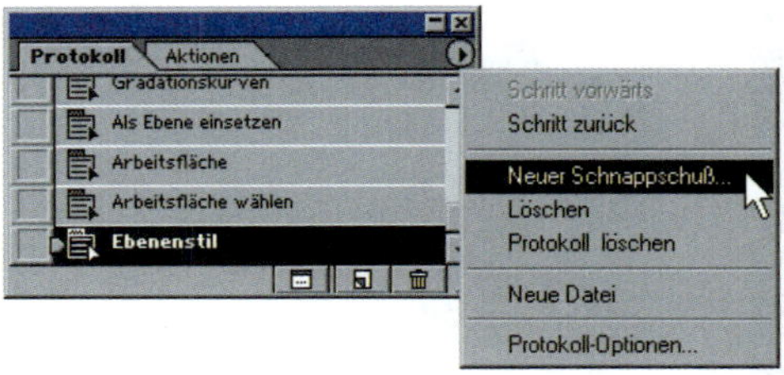

20. Es erscheint die *Protokoll*-Palette. Öffnen Sie das Paletten-Menü und wählen Sie den Eintrag *Neuer Schnappschuss.* Sie erstellen jetzt einen Schnappschuss des Bilds mit dem aktuellen Bearbeitungsstand. Zu diesem Schnappschuss können Sie später jederzeit mit dem Protokoll-Pinsel zurückkehren.

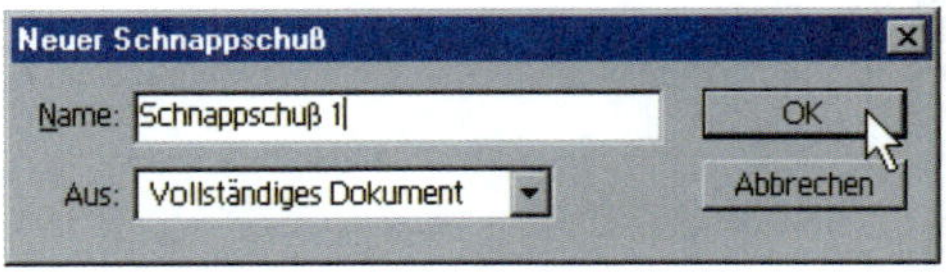

21. Vergeben Sie einen Namen für den neuen Schnappschuss und bestätigen Sie mit *OK.*

22. Beginnen Sie jetzt mit der Arbeit an den Kanten des Bilds. Radieren Sie mit dem Radiergummi. Probieren Sie hierbei verschiedene Techniken aus, klicken oder ziehen Sie entlang der Bildkanten. Verwenden Sie nach Belieben auch verschiedene Werkzeugspitzen.

23. In unserem Beispiel wurde von der oberen rechten Ecke des Bilds etwas zu viel entfernt. Diese Ecke soll jetzt mit dem Protokoll-Pinsel wiederhergestellt werden.

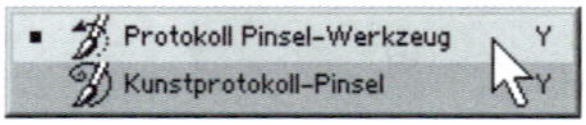

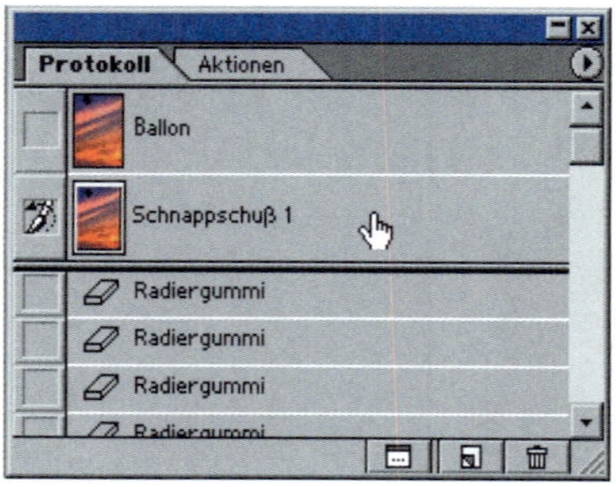

24. Aktivieren Sie das Protokoll-Pinsel-Werkzeug (nicht zu verwechseln mit dem Kunstprotokoll-Pinsel).

25. Scrollen Sie Ihre Protokoll-Liste bis ganz nach oben, sodass Sie die Schnappschüsse sehen können. Der erste obere Schnappschuss ist grundsätzlich die Original-Fassung des Bilds. Aktivieren Sie die untere, neu erstellte Version mit einem Mausklick darauf.

26. Übermalen Sie die Bildteile mit dem Protokoll-Pinsel, die wiederhergestellt werden sollen.

27. Bearbeiten Sie das Bild mit Protokoll-Pinsel und Radiergummi, bis Sie mit dem neuen Bilderrahmen zufrieden sind.

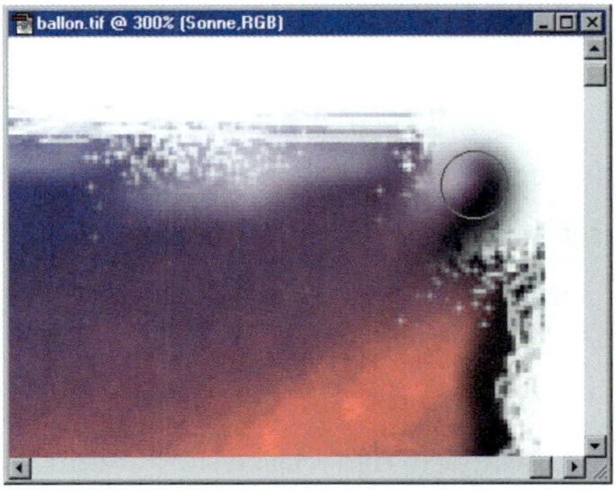

9.2 Bildkanten verzerren

Möchten Sie Ihren Bildern besondere Rahmen verleihen? Photoshop bietet mit dem Filter *Schwingungen* zahlreiche Möglichkeiten, individuelle Rahmen zu gestalten.

Quicksteps – Kanten verzerren

- Laden und öffnen Sie die Beispieldatei *Sonne.jpg* von der DATA BECKER-Website.
- Auch hier müssen Sie wieder die Hintergrundeben in eine freie Ebene wandeln.
- Wählen Sie *Auswahl/Alles auswählen,* um das gesamte Bild zu markieren.
- Da für die Erstellung des Bilderrahmens lediglich eine Umrandung ausgewählt sein soll, rufen Sie den Befehl *Auswahl/Auswahl verändern/Umrandung* auf.
- Geben Sie in dem Dialogfeld die Breite „60 Pixel" ein und bestätigen Sie mit *OK*.
- Wechseln Sie durch Drücken von [Q] auf Ihrer Tastatur in den Maskierungsmodus.
- Wählen Sie *Bild/Einstellen/Schwellenwert.*
- Belassen Sie die Einstellung in dem Dialogfeld auf dem Wert 128 und bestätigen Sie mit *OK*.
- Rufen Sie den Befehl *Schwingungen* aus dem Menü *Filter/Verzerrungsfilter* auf.
- Verwenden Sie beliebige Einstellungen.
- Wechseln Sie jetzt durch erneutes Drücken von [Q] zurück in den Normalmodus.
- Wählen Sie *Bearbeiten/Löschen.*
- Um auch dieses Bild plastischer wirken zu lassen, wählen Sie *Ebene/Stil/Abgeflachte Kante und Relief* und bestätigen die Standardeinstellungen.

1. Laden Sie die Beispieldatei *Sonne.jpg* von der DATA BECKER-Website. Auch hier müssen Sie wieder die Hintergrundeben in eine freie Ebene verwandeln.

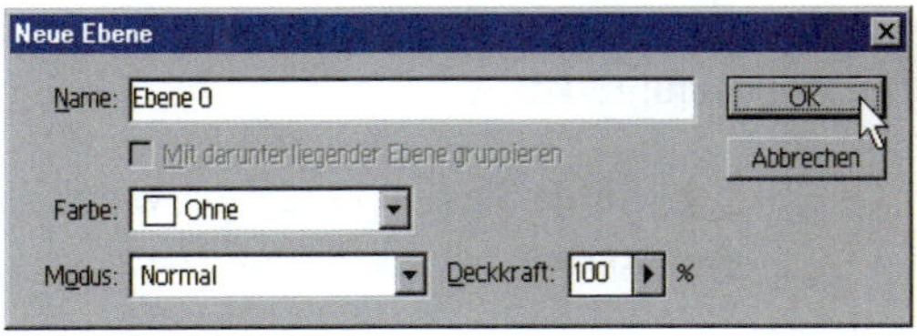

2. Wählen Sie diesmal den Befehl *Ebene/Neu/Ebene aus Hintergrund.*

3. Bestätigen Sie das Dialogfeld *Neue Ebene.*

4. Wählen Sie *Auswahl/Alles auswählen,* um das gesamte Bild zu markieren.

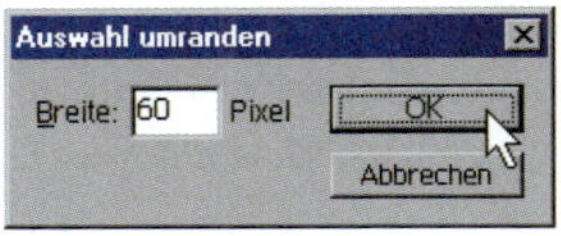

5. Da für die Erstellung des Bilderrahmens lediglich eine Umrandung ausgewählt sein soll, rufen Sie den Befehl *Auswahl/Auswahl verändern/Umrandung* auf.

6. Geben Sie in dem Dialogfeld die *Breite* „60 Pixel" ein und bestätigen Sie mit *OK.*

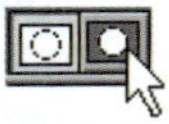

7. Bei Anwendung dieses Befehls erstellt Photoshop standardmäßig eine weiche Auswahlkante. Da dies für das Beispiel nicht gewünscht ist, wechseln Sie durch Drücken von [Q] auf Ihrer Tastatur in den Maskierungsmodus oder klicken auf das Symbol *Maskierungsmodus* in der Werkzeug-Palette.

8. Hier sehen Sie den weichen Rand der Auswahlmaske.

9. Wählen Sie *Bild/Einstellen/Schwellenwert.*

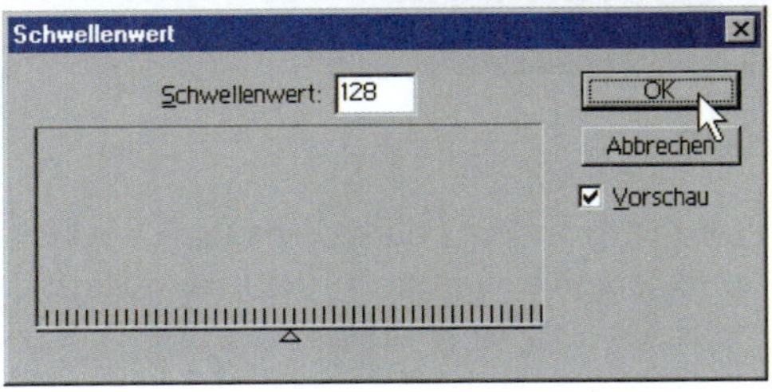

10. Mit diesem Befehl wird der Randverlauf wieder zurückgenommen. Belassen Sie die Einstellung in dem Dialogfeld auf dem Wert *128* und bestätigen Sie mit *OK.*

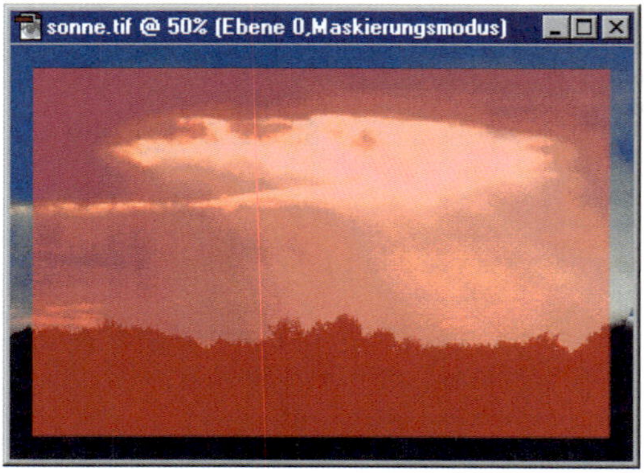

11. Das Ergebnis ist eine harte Auswahlmaske.

12. Rufen Sie den Befehl *Schwingungen* aus dem Menü *Filter/Verzerrungsfilter* auf.

13. Dieses Dialogfeld bietet detaillierte Einstellungsmöglichkeiten. Sie haben die Wahl zwischen drei Schwingungstypen: *Sinus, Dreieck* und *Quadrat*.

Aktivieren Sie die Option *Quadrat.* Mithilfe der sieben Schieberegler definieren Sie die Art der Schwingungen. Hier wurde die Anzahl der Generatoren auf den Wert *5* verschoben. Die *Wellenlänge* liegt zwischen *Min. 10* und *Max. 40.* Die *Amplitude* erhält jeweils den Wert *10* und die *Skalierung* beträgt *Horiz.* sowie *Vert. 80 %.*

In der Vorschau sehen Sie die Auswirkungen des Filters. Es lohnt sich, hier verschiedene Einstellungen auszuprobieren, da dabei mitunter überraschende Effekte entstehen. Bestätigen Sie das Dialogfeld.

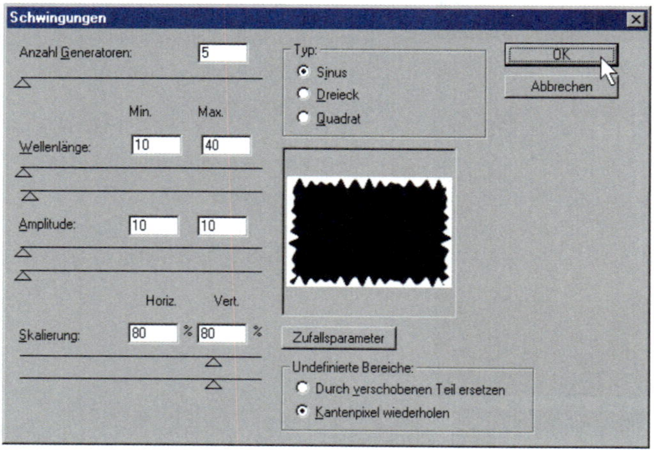

14. Die Kanten der Auswahlmaske wurden verzerrt.

15. Die Auswahlmaske ist perfekt, wechseln Sie jetzt durch erneutes Drücken von [Q] oder durch Klicken auf das Symbol *Standardmodus* zurück in den Standardmodus.

16. Hier sehen Sie die Auswirkungen anhand der gestrichelten Auswahllinie.

17. Drücken Sie die [Entf]-Taste auf Ihrer Tastatur oder wählen Sie *Bearbeiten/Löschen* – der Fransenrahmen ist erstellt.

18. Um auch dieses Bild plastischer wirken zu lassen, wählen Sie *Ebene/Stil/Abgeflachte Kante und Relief* und bestätigen die Standardeinstellungen. Schließen Sie das Dialogfeld.

9.3 Plastische Bildrahmen

Auch dieser Rahmeneffekt ist mit wenigen Mausklicks gestaltet. Sie erstellen eine beliebige Auswahl, löschen den umliegenden Bereich und wenden dann Ebenenstile darauf an. Probieren Sie diesen Effekt auch mit rechteckigen und unregelmäßigen Auswahlen aus.

Quicksteps – Plastische Rahmen

- Öffnen Sie eine beliebige Datei.
- Wählen Sie *Ebene/Neu/Ebene aus Hintergrund.*
- Erstellen Sie eine beliebige Auswahlmarkierung.
- Invertieren Sie die Auswahl, indem Sie *Auswahl/Auswahl umkehren* wählen.
- Drücken Sie die Entf-Taste, sodass die Bereiche außerhalb des Kreises gelöscht werden.
- Heben Sie danach die Auswahl auf.
- Wählen Sie *Ebene/Ebenenstil/Abgeflachte Kante und Relief.*
- Klicken Sie anschließend in dem gleichen Dialogfeld in der Liste links den Eintrag *Kontur* an.
- Öffnen Sie im Bereich *Elemente* das Listenfeld mit einem Klick auf den Listenpfeil. Wählen Sie die Kontur *Doppelter Ring* aus.
- Verschieben Sie anschließend den Schieberegler *Bereich* auf den Wert 100 %.

Den Rahmen gestalten

1. Diese herbstlichen Bäume sollen von einem besonderen Rahmen eingefasst werden. Laden Sie die Datei *Blatt.jpg* von der DATA BECKER-Website und öffnen Sie sie in Ihrem Bildbearbeitungsprogramm.

Auch dieses Projekt gehört zu den motivunabhängigen. Sie können genauso gut ein Bild aus Ihrem Fundus einsetzen.

2. Wählen Sie *Ebene/Neu/Ebene aus Hintergrund*. Geben Sie in dem darauf folgenden Dialogfeld einen Namen für die neue Ebene ein und bestätigen Sie mit *OK*.

3. Aktivieren Sie das Werkzeug *Auswahlellipse*. Es versteckt sich gemeinsam mit dem Werkzeug *Auswahlrechteck* an erster Stelle von oben links in der Werkzeug-Palette.

Klicken Sie in der Mitte der Datei, drücken Sie dann zusätzlich die [Alt]-Taste und ziehen Sie dann eine Ellipse auf. Das Halten der [Alt]-Taste bewirkt, dass die Ausdehnung von der Mitte her erfolgt.

4. Wenn Sie die Auswahl erstellt haben, können Sie die exakte Positionierung noch mithilfe der Cursortasten vornehmen, dies bewirkt ein Verschieben der Auswahl, nicht des Inhalts.

5. Invertieren Sie die Auswahl, indem Sie *Auswahl/Auswahl umkehren* wählen.

6. Drücken Sie die Entf-Taste, sodass die Bereiche außerhalb des Kreises gelöscht werden.

Heben Sie danach mit Strg+D oder dem Befehl *Auswahl/Auswahl aufheben* die Auswahl auf.

7. Sorgen Sie jetzt für den dreidimensionalen Button-Effekt, indem Sie *Ebene/Ebenenstil/Abgeflachte Kante und Relief* wählen.

Geben Sie im Bereich *Struktur* den Stil *Abgeflachte Kante innen* an, die Technik soll *Hart meißeln* sein, wählen Sie eine *Farbtiefe* von *150 %*, eine *Größe* von *15* Pixeln und eine Weichzeichnung von 6 Pixeln.

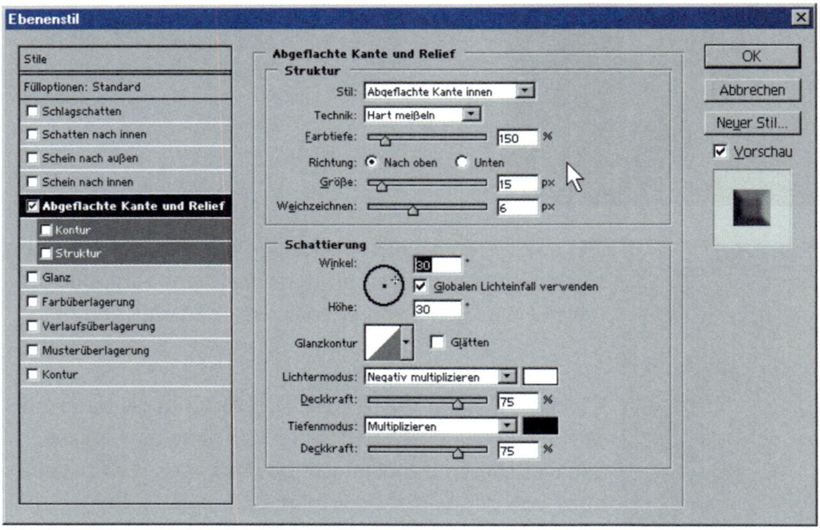

8. Klicken Sie anschließend in dem gleichen Dialogfeld in der Liste links den Eintrag *Kontur* an, dadurch wechseln Sie zum nächsten Register. Es ist wichtig, dass Sie tatsächlich das Wort *Kontur* anklicken. Das Aktivieren des Kontrollkästchens wechselt nicht zum Register *Kontur*, sondern aktiviert lediglich die Standardeinstellungen.

9. Öffnen Sie im Bereich *Elemente* das Listenfeld mit einem Klick auf den Listenpfeil. Wählen Sie die Kontur *Doppelter Ring* aus.

10. Verschieben Sie anschließend den Schieberegler *Bereich* auf den Wert *100 %* und schließen Sie das Dialogfeld mit *OK*. Die Arbeit an dieser Ebene ist somit abgeschlossen.

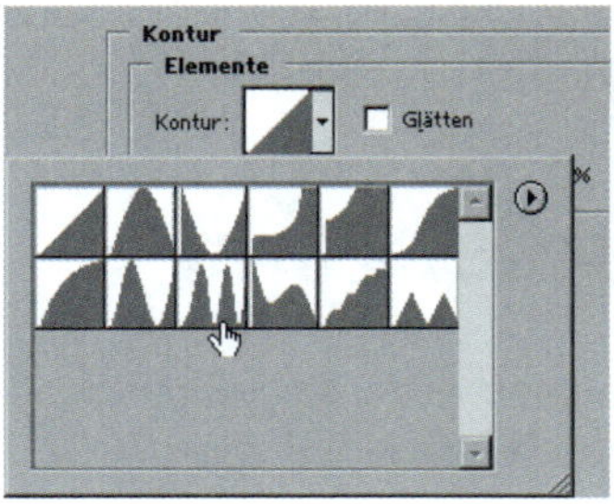

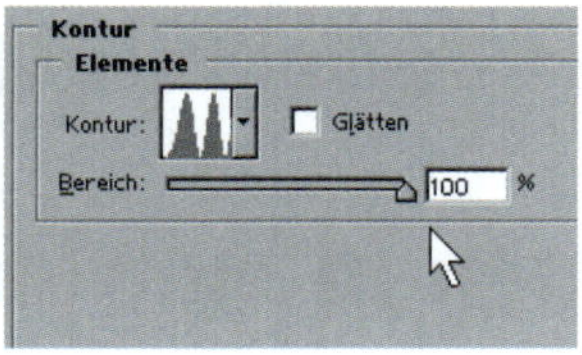

11. Dies ist einer von unzähligen Bilderrahmen, die Sie mit dem Ebenenstil *Abgeflachte Kante und Relief* unter Verwendung der Zusatzoption *Kontur* zaubern können.

best friend TIPP

Konturen selbst entwerfen

Wenn Sie in dem Ebenenstil-Dialogfeld *Kontur* statt auf den Listenpfeil direkt auf das Kontur-Symbol klicken, öffnet sich der Kontur-Editor. Sie sehen hier eine Kurve ähnlich den Gradationskruven. Mithilfe dieser Kurve entwerfen Sie Ihre individuelle Kontur. Setzen Sie per Mausklick Punkte auf die Linie und verschieben Sie diese Punkte. Die Vorschau zeigt Ihnen die Auswirkungen auf

Ihr Bild, sodass Sie es direkt beurteilen können. Um die Auswirkungen sehen zu können, ist es wichtig, dass Sie eine ausreichende Randgröße von 10 bis 20 Pixeln wählen. Die Kurve des Kontur-Editors können Sie genauso bearbeiten, wie Sie es von den Gradationskurven her kennen.

9.4 Bilderrahmen in individueller Form

Sie können Bilderrahmen auch aus beliebigen Vektordateien erstellen, die Sie in Programmen wie z. B. CorelDRAW erzeugt und als EPS exportiert haben. Auf diese Weise erstellen Sie aus allen möglichen Formen Bilderrahmen.

Quicksteps – Rahmen aus Vektordateien erstellen

- Öffnen Sie die Dateien *Winter.jpg* und *Flocke.jpg*.
- Kopieren Sie die Schneeflocke in das Bild *Winter.jpg*.
- Aktivieren Sie das Werkzeug *Zauberstab*. Klicken Sie in die Mitte der Schneeflocke.
- Löschen Sie die Ebene *Schneeflocke*.
- Wählen Sie *Ebene/Neu/Ebene aus Hintergrund*.
- Wählen Sie *Ebene/Ebenenmaske hinzufügen/Außerhalb der Auswahl maskieren*.
- Wählen Sie *Ebene/Ebenenstil/Abgeflachte Kante* und Relief.

Schneeflocken als Ebenenmaske

1. Öffnen Sie die Dateien *Winter.jpg* und *Flocke.jpg*. Sie können sie wie immer von der DATA BECKER-Website laden.

2. Aktivieren Sie das Verschieben-Werkzeug, klicken Sie in das Bild *Flocke.jpg*, halten Sie die Maustaste gedrückt und ziehen Sie, bis der Mauscursor sich über dem Bild *Winter.jpg* befindet. Wenn Sie die Maustaste loslassen, wird die Flocke kopiert. Rufen Sie *Fenster/Ebenen einblenden* auf. Sie sehen, dass die Schneeflocke als *Ebene 1* über der Hintergrundebene eingefügt wurde.

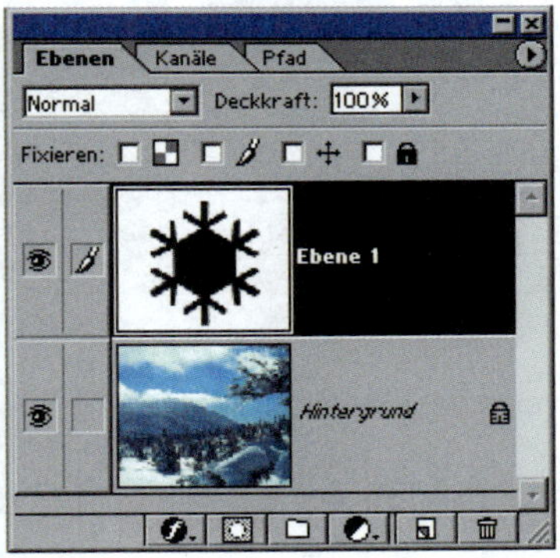

3. Aktivieren Sie das Werkzeug *Zauberstab*; Sie erhalten den Zauberstab auch, wenn Sie den Buchstaben [W] auf Ihrer Tastatur drücken. Klicken Sie damit in die Mitte der Schneeflocke.

4. Richten Sie Ihre Aufmerksamkeit wieder auf die *Ebenen*-Palette. Die Flocken-Ebene diente lediglich zum Erstellen der Auswahl, Sie können diese jetzt löschen. Klicken Sie *Ebene 1* an, halten Sie die Maustaste gedrückt und ziehen Sie sie in den kleinen Papierkorb unten an der *Ebenen*-Palette. Die Ebene wird gelöscht, aber die Auswahl bleibt erhalten.

5. Hier sehen Sie das Ergebnis, die Auswahlmarkierung über dem Bild. Das Bild besteht zurzeit noch aus einer Hintergrundebene. Erst wenn das Bild auf einer freien Ebene liegt, können Sie eine Ebenenmaske erstellen. Wählen Sie *Ebene/Neu/Ebene aus Hintergrund*.

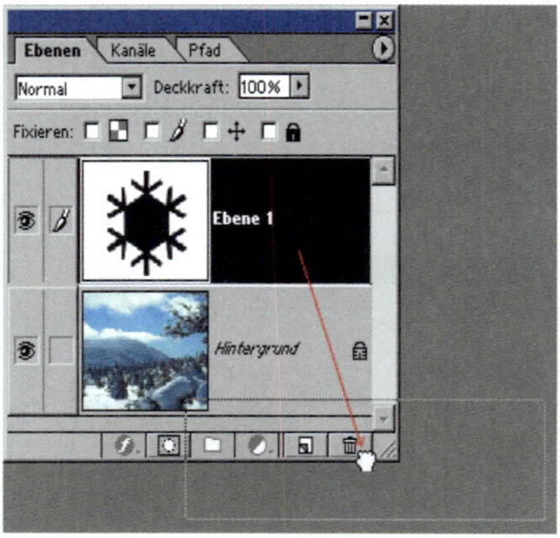

6. Vergeben Sie einen Namen für die neue Ebene und bestätigen Sie mit *OK*.

7. Jetzt kommt der entscheidende Befehl: *Ebene/Ebenenmaske hinzufügen/Außerhalb der Auswahl maskieren*.

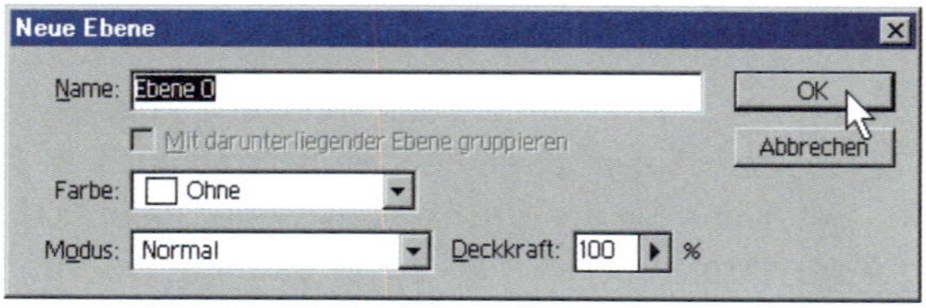

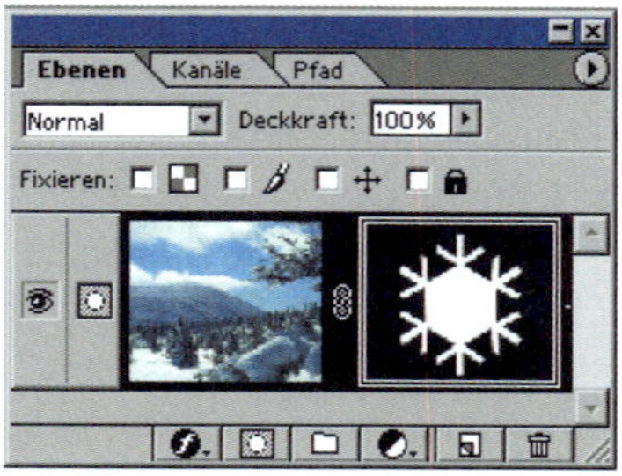

8. Betrachten Sie die *Ebenen*-Palette. Rechts neben der Bildminiatur wird die Miniatur der Ebenenmaske dargestellt. Alles, was in der Ebenenmaske schwarz markiert ist, wird im Bild ausgeblendet.

9. Vielleicht ahnen Sie es schon, auch dieses Bild soll mit dem Effekt *Ebene/Ebenenstil/Abgeflachte Kante und Relief* verziert werden. Verwenden Sie die Standardeinstellungen und bestätigen Sie mit *OK*.

10. Stimmungsvoll – mit dieser Technik können Sie alle möglichen Bildrahmen-Formen erstellen. Beispielsweise können Sie auch Symbole aus Symbolschriftarten als Auswahlebene verwenden und damit Bilder maskieren.

Best friend's Check up!

Hier finden Sie in einer Übersicht die wichtigsten Begriffe aus diesem Kapitel.

Funktionen/	**Bedeutung** **Befehle/Begriffe**
Protokoll-Pinsel	Der Protokoll-Pinsel ist ein komfortables Werkzeug, mit dem Sie Teile eines Bilds zur alten Fassung oder zu einem zwischendurch gespeicherten Schnappschuss zurückbringen können.
Radiergummi	Mit dem Radiergummi können Sie Bereiche aus dem Bild löschen. Standardmäßig hat das Werkzeug eine quadratische Form, Sie können allerdings in den Werkzeug-Optionen auch verschiedene Pinselspitzen auswählen.

10 Bildoptimierung für das Internet

Das Internet nimmt stetig an Bedeutung zu. Immer mehr private Internetnutzer pflegen auch ihre eigene Homepage. In diesem Kapitel gestalten Sie zunächst Hintergrundkacheln. Da im Internet der wichtigste Faktor geringer Speicherbedarf und somit schnelle Ladezeiten ist, werden Hintergründe nicht als eine große Bilddatei gespeichert, sondern man erstellt kleine Kacheln, die der Browser dann als Endlosmuster wiederholt.

Im zweiten Teil dieses Kapitels erfahren Sie etwas über Farbtiefen, Auflösung und optimierte Dateiformate. In diesem Teil ist das Ziel, möglichst hochwertige Bilder und Grafiken mit möglichst geringem Speicherbedarf zu erstellen.

Im dritten Teil erstellen Sie Ihre persönlichen „Trickfilme" – Animationen, die Sie einsetzen können, um Betrachter Ihrer Website neugierig zu machen.

10.1 Hintergrundkacheln schnell gestaltet

Sie haben ein attraktives Foto geschossen, das Sie gern als Hintergrund für Ihre Website anlegen würden? Wichtig ist, dass bei der Kachelung keine Schnittkanten zu erkennen sind. Wie Sie dies erreichen, erfahren Sie jetzt.

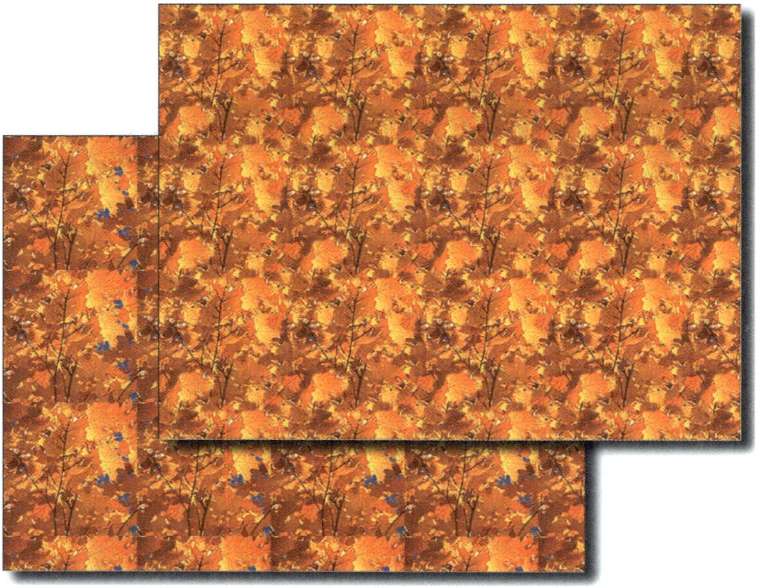

Quicksteps – Hintergrundkacheln erstellen

- Öffnen Sie ein beliebiges Bild.
- Legen Sie mit dem Freistellungswerkzeug den gewünschten Ausschnitt fest.
- Rufen Sie den Befehl *Bild/Bildgröße* auf.
- Kontrollieren Sie die Größe in Pixeln.
- Wählen Sie *Filter/Sonstige Filter/Verschiebungseffekt.*
- Geben Sie in die Eingabefelder *Horizontal* und *Vertikal* jeweils die Hälfte der zuvor kontrollierten Pixelwerte ein, klicken Sie die Option *Durch verschobenen Teil ersetzen* an.
- Aktivieren Sie den Kopierstempel.
- Halten Sie die [Alt]-Taste gedrückt und klicken Sie an der Stelle im Bild, die Sie über die Kanten kopieren möchten.
- Überpinseln Sie dann die Schnittkanten.
- Wählen Sie den Befehl *Auswahl/Alles auswählen.*
- Legen Sie mit *Bearbeiten/Muster festlegen* die Auswahl als Muster fest.
- Füllen Sie eine beliebige Fläche mit dem Muster.

Kacheln aus digitalen Fotografien

1. Öffnen Sie die Datei *Ahorn.jpg* von der DATA BECKER-Website oder jede beliebige Fotografie, die Sie als Hintergrundmuster einsetzen möchten.

2. Aktivieren Sie das Freistellungswerkzeug.

3. Markieren Sie mit Klicken und Ziehen den Bereich, den Sie als Kachel verwenden möchten. Wenn Sie dabei die [Umschalt]-Taste halten, wird der Ausschnitt quadratisch erstellt.

4. Klicken Sie doppelt in die Mitte des Markierungsrahmens, um den Freistellungsvorgang auszulösen.

5. Rufen Sie den Befehl *Bild/Bildgröße* auf.

6. Kontrollieren Sie die Größe in Pixeln. Diese Angaben finden Sie links oben in dem Dialogfeld. Merken Sie sich die Anzahl.

7. Wählen Sie *Filter/Sonstige Filter/Verschiebungseffekt.*

8. Mit dem Filter *Verschiebungseffekt* können Sie die Außenkanten eines Bilds nach innen verschieben. Geben Sie in die Eingabefelder *Horizontal* und *Vertikal* jeweils die Hälfte der zuvor kontrollierten Pixelwerte ein, klicken Sie die Option *Durch verschobenen Teil ersetzen* an und bestätigen Sie mit *OK.*

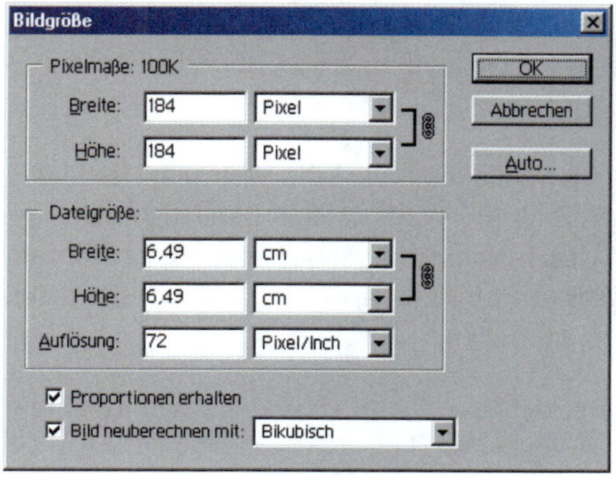

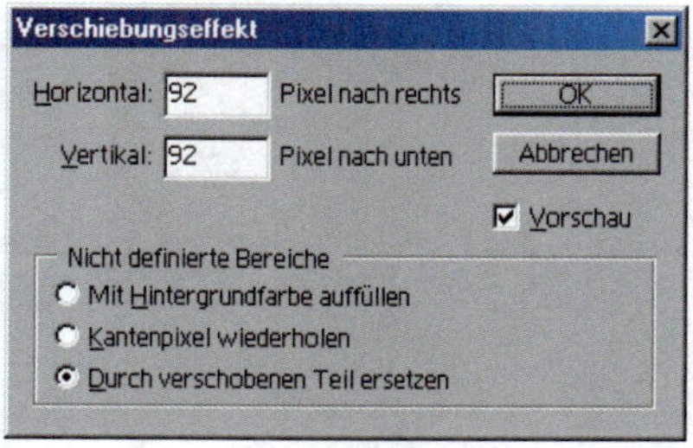

9. Sie sehen den Effekt: Die Außenkanten des Bilds wurden nach innen verschoben, sodass Sie sie retuschieren können.

10. Aktivieren Sie den Kopierstempel.

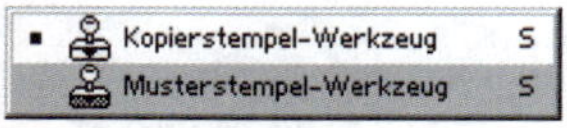

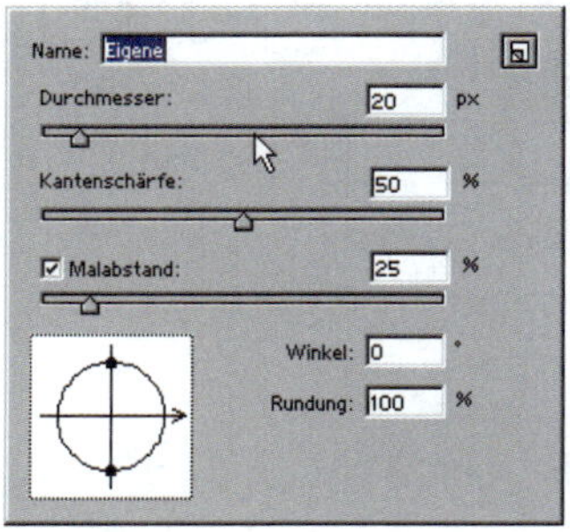

11. Wählen Sie eine geeignete Werkzeugspitze aus der Palette *Werkzeug-Optionen.* Wir haben eine Werkzeugspitze mit einem *Durchmesser* von 20 Pixeln und einer *Kantenschärfe* von *50 %* verwendet.

12. Halten Sie die [Alt]-Taste gedrückt und klicken Sie an der Stelle im Bild, die Sie über die Kanten kopieren möchten.

Überpinseln Sie dann die Schnittkanten. Das Pluszeichen zeigt Ihnen an, welcher Bereich gerade kopiert wird. Es ist wichtig, dass Sie die Außenkanten des Bilds nicht berühren, da sonst wieder sichtbare Kanten entstehen.

13. Retuschieren Sie so, dass keine Schnittkanten mehr zu erkennen sind.

14. Wählen Sie den Befehl *Auswahl/Alles auswählen.*

15. Legen Sie mit *Bearbeiten/Muster festlegen* die Auswahl als Muster fest.

16. In dem darauf folgenden Dialogfeld vergeben Sie einen beliebigen Namen und bestätigen mit *OK.*

17. Zum Testen des Musters wählen Sie *Datei/Neu* und erstellen eine Datei, die deutlich größer ist als die Muster-Datei – z. B. 800 x 600 Pixel bei 72 dpi.

18. Wählen Sie *Bearbeiten/Fläche füllen*

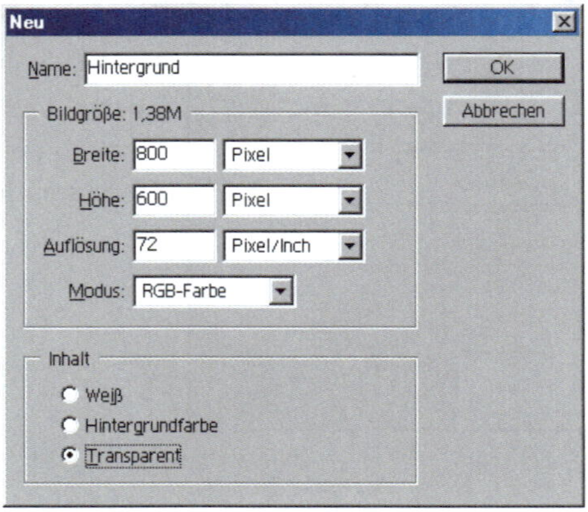

19. Wählen Sie aus dem Listenfeld *Füllen mit* den Eintrag *Muster* und öffnen Sie dann das Listenfeld *Eigenes Muster.*

20. In der Liste finden Sie auch das von Ihnen festgelegte Muster, es wird hinter den mitgelieferten Mustern eingefügt. Klicken Sie Ihr Muster an und bestätigen Sie das Dialogfeld mit *OK.*

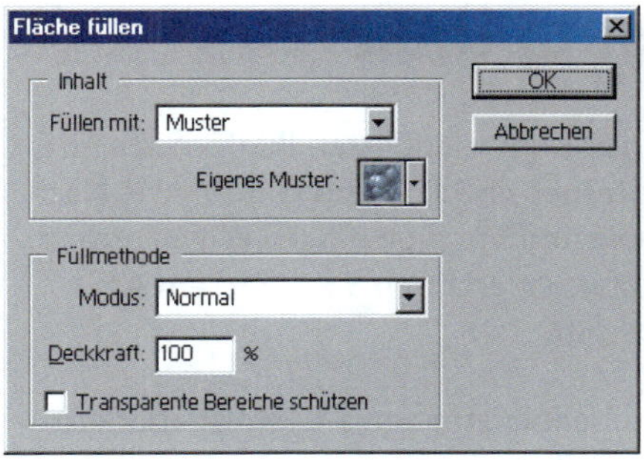

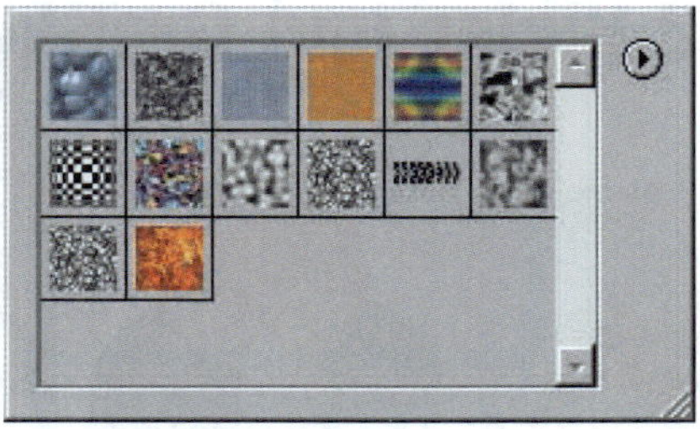

21. Die Fläche wird gefüllt. Es ist zwar eine motivabhängige Wiederholung, aber keine Schnittkanten sind zu erkennen. Wenn Sie Bilder verwenden, die eine gleichmäßige Färbung aufweisen, entfällt auch das Wiederholungsproblem und es kommt zu einer lückenlosen Musterfüllung. Setzen Sie solche Musterkacheln als Hintergrund für Ihre Website ein.

best friend TIPP

Muster verwenden

In Kapitel 6 arbeiten Sie mit einer vordefinierten Musterfüllung. Das eben erstellte Muster können Sie auch in dem Dialogfeld *Ebenenstil* auswählen oder mit dem Musterstempel auftragen.

10.2 Bilder und Grafiken optimieren

Die bisher wichtigsten Bildformate im Internet sind JPG und GIF. Welche Nachteile und Vorzüge das jeweilige Format aufweist, erfahren Sie in diesem Abschnitt.

Nebenbei erhalten Sie Informationen über Begriffe wie Farbtiefe, Farb-Paletten, Komprimierung und Auflösung. Zur Ablösung dieser beiden Formate wurde das PNG-Format entwickelt. Leider hat es sich bisher noch nicht so richtig durchgesetzt. Es bleibt abzuwarten, welche Dateiformate in Zukunft im Internet dominieren.

Quicksteps – Bilder für das Web optimieren

- Öffnen Sie eine beliebige Datei.
- Wählen Sie den Befehl *Datei/Für Web speichern.*
- Klicken Sie das Register *4fach* an. Im ersten Vorschaubild sehen Sie das unkomprimierte Original, die anderen drei Bilder können Sie anklicken und dann im Bereich rechts mit verschiedenen Verfahren optimieren.
- Entscheiden Sie sich für das beste Vorschaubild und markieren Sie dieses per Mausklick. Klicken Sie anschließend auf die Schaltfläche *OK.*
- In dem Dialogfeld *Optimiert-Version speichern unter* vergeben Sie einen Namen für die Datei und klicken dann auf *Speichern.*

Fotos optimieren

1. Laden und öffnen Sie die Datei *Teich.tif* von der DATA BECKER-Website. Dieses Bild weist eine hohe Anzahl Farben auf und enthält, abgesehen vom Himmel, keine größeren Flächen.

Diese Indizien lassen darauf schließen, dass bei einer Komprimierung als JPG bessere Ergebnisse erzielt werden als bei einem GIF.

2. Wählen Sie den Befehl *Datei/Für Web speichern.* Leider steht dieser Befehl erst in den neueren Versionen von Photoshop zur Verfügung. Sollte Ihr Programm diesen Befehl nicht beinhalten, wählen Sie *Datei/Speichern unter* und speichern die Datei direkt als JPG. Hierbei stehen Ihnen leider nicht so detaillierte Optionen zur Verfügung.

3. Sie befinden sich jetzt in dem Dialogfeld *Für Web speichern.* Im oberen Bereich finden Sie vier Register. Klicken Sie das Register *4fach* an, daraufhin zeigt Ihnen Photoshop vier Vorschauabbildungen des Bilds. Im ersten Vorschaubild sehen Sie das unkomprimierte Original, die anderen drei Bilder können Sie anklicken und dann im Bereich rechts mit verschiedenen Verfahren optimieren. Klicken Sie das Bild oben rechts an und wählen Sie dann die Optionen *JPEG* und *Niedrig*. Betrachten Sie die Vorschauabbildung.

Direkt darunter wird Ihnen jetzt die durch die Komprimierung erzielte Dateigröße angezeigt. Je geringer die Dateigröße, desto schneller lädt sich Ihr Bild auf der Website. Versuchen Sie, den idealen Kompromiss zwischen Qualität und Ladezeit zu finden. Als Faustregel gilt, dass Bilder auf Websites nicht größer als etwa 20 KByte sein sollten.

best friend TIPP

Mehrere Durchgänge

Die Option *Mehrere Durchgänge* entspricht dem Interlaced-Modus beim Speichern von GIFs. Auch hierbei wird das Bild sukzessive aufgebaut, um dem Betrachter schnell eine Vorschau zu liefern.

best friend TIPP

Hintergrund

JPEG-Bilder können keine Transparenz speichern. Die Option *Hintergrund* ist eine Lösung, mit der Sie Transparenz simulieren können. Stellen Sie ein Bild frei, wie in Kapitel 7 beschrieben. Anschließend geben Sie in dem Dialogfeld *Für Web speichern* als Hintergrundfarbe die Farbe Ihrer Website an.

4. Klicken Sie das nächste Vorschaubild an und optimieren Sie es auf ganz andere Weise. Verwenden Sie z. B. die Einstellungen *JPEG, Hoch*. Vergleichen Sie Dateigröße und Qualität. Wir haben das vierte Vorschaubild versuchsweise als GIF optimiert. Die Darstellung zeigt, dass bei größerer Datenmenge eine geringere Qualität erzielt wird.

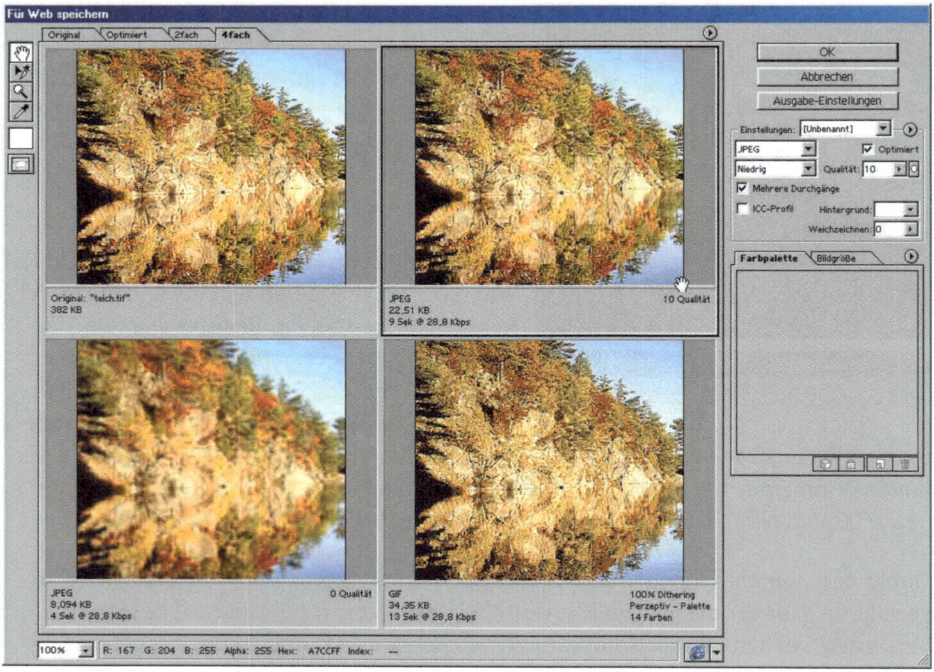

best friend TIPP

Das PNG-Format

PNG hat sich bisher noch nicht gut durchsetzen können, wie gesagt sind ältere Browser nicht in der Lage, es darzustellen. Testen Sie dennoch, Ihre Grafiken als PNG zu optimieren. Manchmal werden dabei sehr gute Ergebnisse erzielt und womöglich schafft PNG das Rennen gegen GIF und JPEG noch.

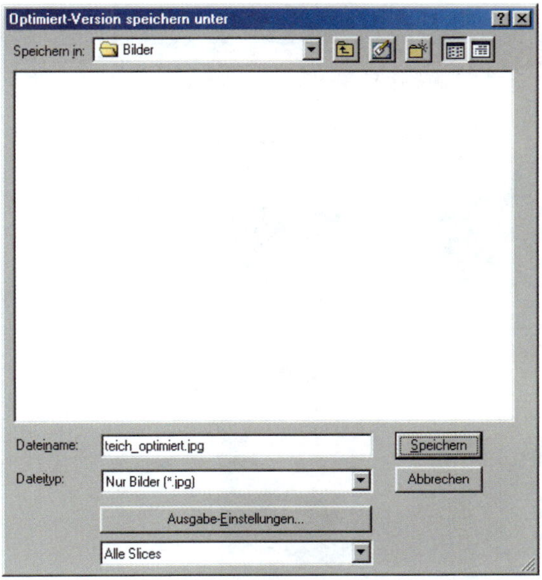

5. Entscheiden Sie sich für das beste Vorschaubild und markieren Sie dieses per Mausklick. Klicken Sie anschließend auf die Schaltfläche *OK*.

Sie landen in dem Dialogfeld *Optimiert-Version speichern unter*. Vergeben Sie einen Namen für die Datei und klicken Sie dann auf *Speichern*. Das Original Ihres Bilds bleibt hierbei übrigens erhalten.

best friend TIPP

Weichzeichnen

Die Option *Weichzeichnen* bringt zwar deutlich kleinere Datenmengen, aber der Qualitätsverlust ist in der Regel erheblich.

Grafiken optimieren

1. Öffnen Sie für dieses Projekt die Datei *Kreise.tif*. Diese Grafik ist gegensätzlich zu dem eben gespeicherten Bild. Große Flächen und wenige Farben charakterisieren das Bild.

2. Wählen Sie auch hier den Befehl *Datei/Für Web speichern*. Verwenden Sie auch hier drei verschiedene Komprimierungsarten und vergleichen Sie Dateigröße und Qualität. Wir haben uns hier für eine Komprimierung als *GIF, Lossy 0*, der Farb-Palette *Perzeptiv* und *10 Farben* entschieden. Wenn Sie mit der Komprimierung einverstanden sind, gehen Sie genauso vor wie bei der JPEG-Speicherung, klicken Sie also zuerst das gewünschte Bild an und dann auf *OK*.

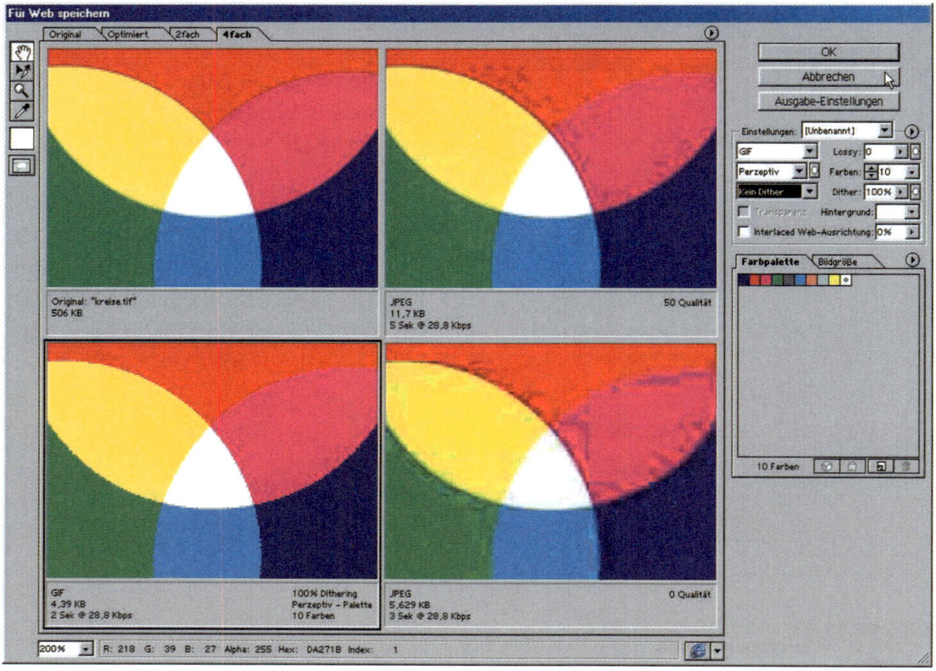

Die verschiedenen Farb-Paletten

Die adaptive Konvertierung erstellt eine Palette, deren Farbauswahl sich nach den Farbtönen des Originalbilds richtet. Enthält das Original z. B. überwiegend die Farben Rot und Blau, wird bei der Konvertierung das Gewicht auf diese Farben gelegt.

Bei der Methode der perzeptiven Konvertierung erstellt Photoshop eine Palette, die Farben enthält, die das menschliche Auge am besten wahrnimmt. Die selektive Konvertierung arbeitet mit einer Palette, die ähnlich der Option *Perzeptiv* arbeitet.

Zusätzlich werden hierbei jedoch große Farbbereiche berücksichtigt und in die Palette aufgenommen, außerdem wird dem Erhalt von Webfarben der Vorzug gegeben.

Des Weiteren stehen Ihnen folgende Paletten zu Verfügung: System (Windows), System (Mac OS) und Web. Diese Paletten begrenzen sich auf fest definierte Farben für das jeweilige Medium. Sie erhalten damit die Möglichkeit einer exakten Farbdarstellung bei Usern, die mit der 8-Bit-Farbdarstellung arbeiten. Diese Paletten liefern allerdings meist nicht so gute Ergebnisse.

Bei der Option *Exakte Palette* handelt es sich nicht um eine Farbkonvertierung. Diese Palette steht nur dann zur Verfügung, wenn das Bild im Original nicht mehr als 256 Farben besitzt. Sie erhalten bei dieser Option die gesamte Farb-Palette des Originalbilds. Mit der Option *Eigene Palette* können Sie eine eigene Palette erstellen.

Zu der zweiten Art gehören Systemfarben-Paletten für Windows bzw. Mac OS und die Farb-Palette Web. In den System-Paletten sind die einzelnen Farben fest vorgegeben und auf das gesamte Farbspektrum verteilt. Sie sind auf das jeweilige Computersystem abgestimmt. Da sich beide Systeme bei der Bildschirmausgabe der Farben unterscheiden, werden Bilder, die aus Systemfarben aufgebaut sind, auf dem anderen System leider verfälscht dargestellt.

Um diese Differenzen auszuschalten, wird auf die Web-Palette zurückgegriffen. Sie verwaltet 216 Farben. Die Farben dieser Palette werden von allen Webbrowsern unabhängig von der Systemplattform korrekt dargestellt.

Mit dieser Farbanzahl stehen Sie immer auf der sicheren Seite, da ihre Bilder auf jedem Bildschirm gleich dargestellt werden. Da das Farbspektrum stark begrenzt ist und die Farben fest vorgeschrieben sind, sind die Ergebnisse bei Fotografien leider meist nicht zufrieden stellend.

Dithering (Rasterung) simuliert Farbübergänge

Um weitere Verbesserungen bei der GIF-Komprimierung zu erzielen, können Sie die Option *Dithering* einsetzen. Dabei wird das Bild mit einem Raster versehen. Kommt ein Bild nicht mit 256 Farben aus, ermöglicht es das Rastern, Farbübergänge zu simulieren. Feine Details, die bei der Farbreduzierung verloren gehen und zu Flächen zusammengefasst werden, werden so wieder darstellbar.

In diesen Flächen werden aus der vorhandenen Farbtabelle ähnliche Farben hinzugerechnet, um eine Art Körnung zu erzeugen. Dithering erhöht den Speicherbedarf etwas, da durch das Reduzieren gleichmäßiger Farbmuster die LZW-Komprimierung nicht mehr zum Einsatz kommen kann.

Sie können zwischen den Dither-Arten *Diffusion*, *Muster* und *Störungsfilter* wählen. Welche Methode das beste Ergebnis bringt, hängt von der Bildvorlage ab. In den meisten Fällen bringt die Option *Diffusion* optimale Erfolge. Des Weiteren können Sie die Stärke des Dithermusters einstellen. Der Wert bewegt sich zwischen 0 und 100 %.

10.3 Mehr Bewegung: Animierte GIFs erstellen

Der große Vorteil des Internets gegenüber den gedruckten Medien ist der, bewegte Bilder einzusetzen. Bewegung macht neugierig, funktioniert als Blickfang. Photoshop liefert seit der Version 5.5 ein attraktives Zusatzprogramm für die Arbeit mit Animationen: das Programm ImageReady.

Falls Sie mit Programmen wie z. B. Picture Publisher arbeiten, müssen Sie auf Animationen nicht verzichten. Die meisten Programme verfügen über die Möglichkeit der GIF-Animation.

Quicksteps – GIF-Animationen erstellen

- Die hier verwendeten Bilder stehen Ihnen auf der DATA BECKER-Website unter den Bezeichnungen *Ani01.tif* bis *Ani04.tif zur Verfügung.* Starten Sie ImageReady und öffnen Sie alle vier Bilder.
- Kopieren Sie alle vier Bilder in eine Datei.
- Fügen Sie eine weiß gefüllte Ebene ein und legen Sie darüber eine Textebene mit den Worten „click here".
- Rastern Sie die Textebene und verschmelzen Sie sie mit der darunter liegenden weißen Fläche.
- Rufen Sie mit *Fenster/Animation einblenden* die dazugehörige Palette auf.
- Öffnen Sie das Paletten-Menü der Palette *Animation.* Wählen Sie *Frames aus Ebenen erstellen.*
- Zum Einstellen der Verzögerungszeit öffnen Sie wieder das Paletten-Menü und wählen diesmal *Alle Frames auswählen.*
- Unterhalb der Vorschaubilder der einzelnen Frames können Sie die Zeitangabe erkennen. Klicken Sie eine der Zeitangaben an. Wählen Sie aus dem Kontextmenü den Eintrag *0,5* Sekunden aus.
- Weisen Sie der Animation noch einen Hyperlink zu. Rufen Sie die Palette *Slice* auf, indem Sie das Register *Slice* anklicken.
- Geben Sie in der *Slice*-Palette die Optionen *URL-Adresse* und *Zielframe* ein.

- Rufen Sie *Fenster/Optimieren einblenden* auf.
- Wählen Sie den Eintrag *GIF 64 Dithering* aus dem obersten Listenfeld.
- Klicken Sie auf das Symbol *Vorschau in Browser.*
- Kontrollieren Sie die Animation im Browser-Fenster.
- Wechseln Sie zurück zu ImageReady.
- Zum Sichern der Animation wählen Sie *Datei/Optimiert-Version speichern unter.*

Bildübersichten abspielen

Das Projekt dieses Abschnitts können Sie gut für die Einstiegsseite Ihrer Website verwenden. Vier verschiedene Fotos werden nacheinander abgespielt und anschließend erscheint der Hinweis *click here*, der den Betrachter veranlasst, mit einem Mausklick in Ihre Internetpräsenz einzutreten.

1. Die hier verwendeten Bilder stehen Ihnen auf der DATA BECKER-Website unter den Bezeichnungen *Ani01.tif* bis *Ani04.tif zur Verfügung.* Starten Sie ImageReady und öffnen Sie alle vier Bilder oder öffnen Sie vier Bilder aus Ihrer Sammlung.

2. Die erste der vier Dateien soll die anderen drei aufnehmen. Öffnen Sie mit *Fenster/ Ebenen einblenden* die *Ebenen*-Palette.

3. Aktivieren Sie die zweite Datei. Klicken Sie in der *Ebenen*-Palette mit gehaltener [Umschalt]-Taste die *Ebene* an und ziehen Sie sie auf die erste Datei. Durch das Halten der [Umschalt]-Taste wird die neue Ebene exakt in der Mitte eingefügt. Gehen Sie mit der Datei 3 und 4 in gleicher Weise vor. Ziehen Sie auch hier die Ebenen auf die erste Datei,

sodass die Animationsdatei dann insgesamt vier Ebenen enthält. Schließen Sie die anderen drei Dateien, da sie nicht mehr benötigt werden.

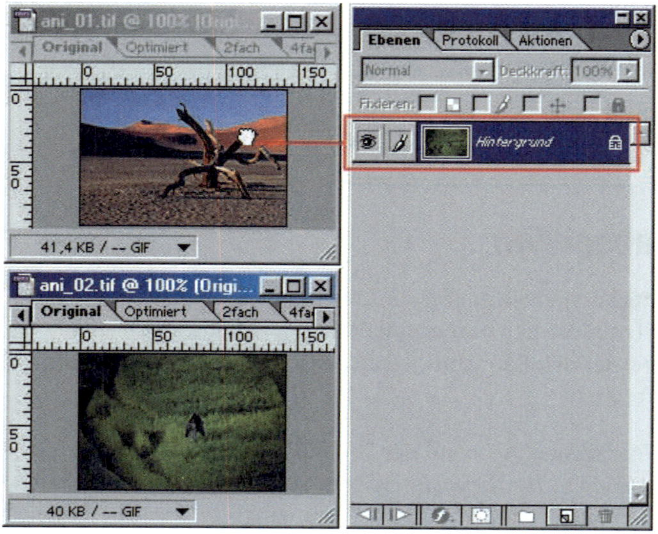

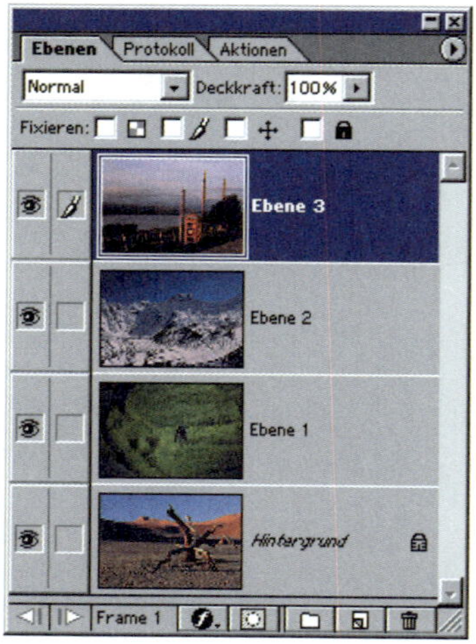

4. Damit der Betrachter Ihrer Website weiß, dass er die Animation anklicken muss, soll ein Text erstellt werden, der nach Ablauf der Bilder erscheint. Fügen Sie eine neue Ebene ein, indem Sie aus dem Menü der Palette *Ebenen* den Eintrag *Neue Ebene* wählen. Bestätigen Sie das darauf folgende Dialogfeld mit *OK*.

5. Achten Sie darauf, dass Sie Schwarz als Vordergrundfarbe und Weiß als Hintergrundfarbe aktiviert haben. Sie erreichen dies am schnellsten durch Drücken von [D] auf Ihrer Tastatur.

6. Um jetzt die neue Ebene weiß zu füllen, wählen Sie die Tastenkombination [Strg]+[Rück]. Dieser Befehl füllt jede beliebige Fläche mit der aktuellen Hintergrundfarbe.

7. Aktivieren Sie das Textwerkzeug – symbolisiert durch den Buchstaben *T* in der Werkzeug-Palette. Rufen Sie mit *Fenster/Optionen einblenden* die Werkzeug-Optionen auf und definieren Sie die Schrifteinstellungen wie hier: *Arial Black, Regular,* Schriftgröße *22 Px.*

8. Klicken Sie in Ihrem Bild inmitten der weißen Fläche. ImageReady fügt eine weitere Ebene ein – die Textebene. Die Schriftart ist schon richtig formatiert, erfassen Sie den Text *click here*. Sie müssen den Text noch an die richtige Position bringen. Aktivieren Sie das Verschieben-Werkzeug und ziehen Sie den Text an eine beliebige Stelle.

9. Der Text soll mit der darunter liegenden weißen Fläche verschmolzen werden, dazu müssen Sie ihn zunächst rastern. Wählen Sie *Ebene/Rastern/Text*.

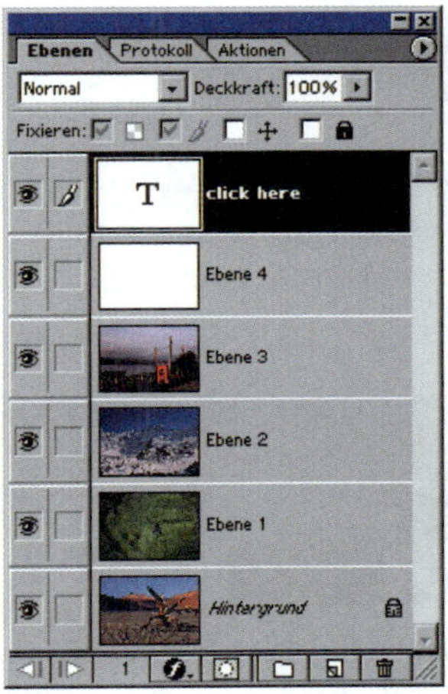

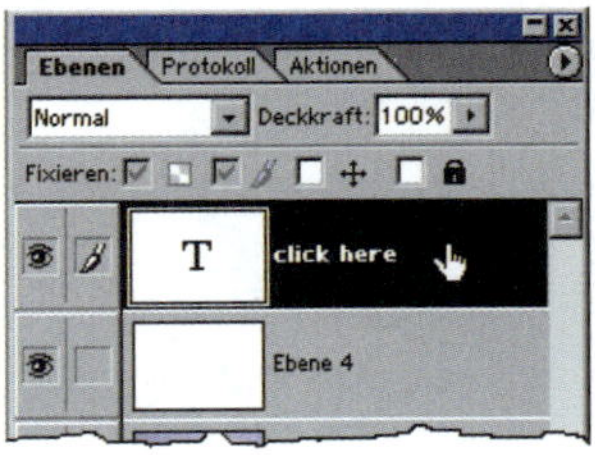

10. Markieren Sie die Textebene mit einem Mausklick, achten Sie darauf, dass die darunter liegende Fläche sichtbar ist – das Augensymbol vor der Ebene muss aktiv sein.

Wählen Sie dann den Befehl Ebene/Mit darunter liegender auf eine Ebene reduzieren oder die Tastenkombination [Strg]+[E].

11. Rufen Sie mit *Fenster/Animation einblenden* die dazugehörige Palette auf. In *Frame 1* wird die Textebene angezeigt.

12. Öffnen Sie das Paletten-Menü der Palette *Animation*. Hier finden Sie den Eintrag *Frames aus Ebenen erstellen*. Wählen Sie den Befehl aus. Daraufhin verteilt ImageReady sämtliche Ebenen auf jeweilige Frames.

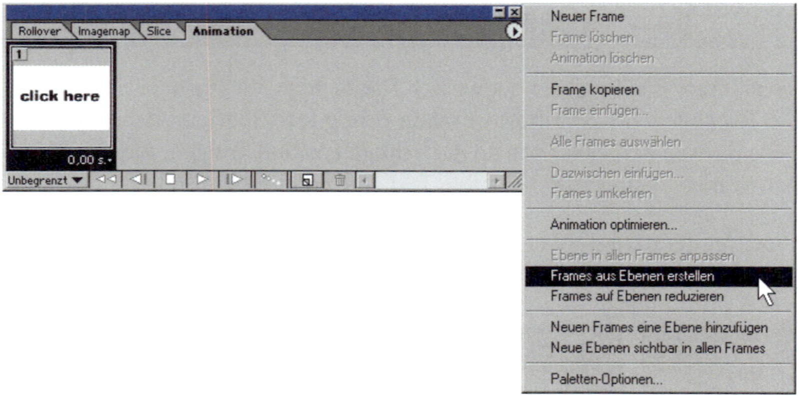

13. Als Nächstes stellen Sie die Verzögerungszeit ein, mit der Ihr Trickfilm ablaufen soll. Öffnen Sie wieder das Paletten-Menü und wählen Sie diesmal *Alle Frames auswählen*. ImageReady markiert sämtliche Frames. Sie können mehrere Frames aber auch durch Anklicken bei gehaltener [Umschalt]-Taste markieren.

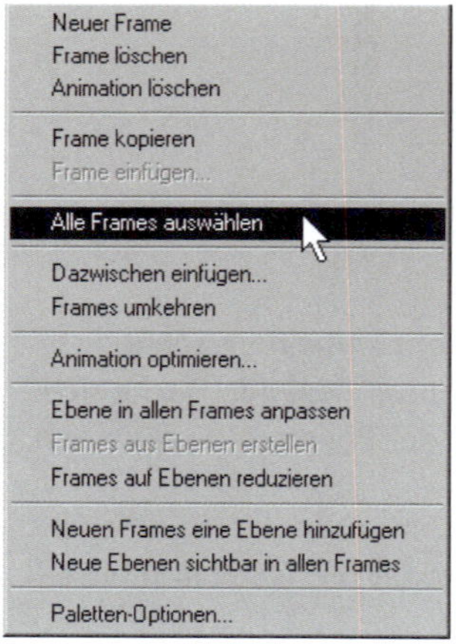

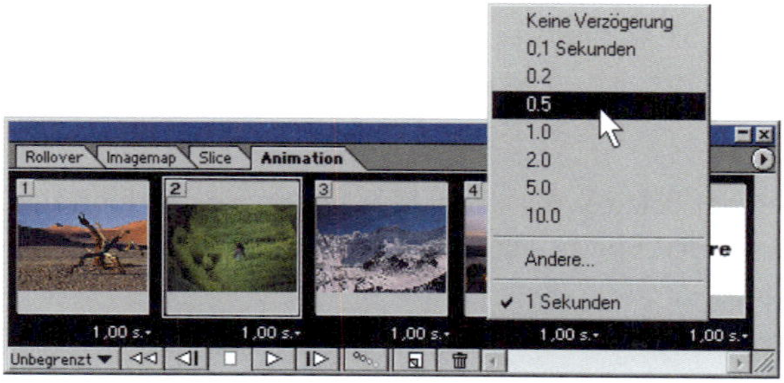

14. Unterhalb der Vorschaubilder der einzelnen Frames können Sie eine Zeitangabe erkennen. Hier ist die Angabe *1,00 s*. Klicken Sie eine der Zeitangaben an. Es öffnet sich ein Kontextmenü. Hier wählen Sie den Eintrag *0,5* für 0,5 Sekunden aus.

15. Sie können aber auch jedem Frame eine andere Verzögerungszeit zuweisen. Wenn Sie beispielsweise möchten, dass der Text länger eingeblendet bleibt, dann klicken Sie den Text-Frame an und wählen z. B. *2.0* aus.

16. Am unteren Rand der *Animation*-Palette finden Sie die Steuerleiste für Ihre Animation. Klicken Sie den Start-Button an. Er wird symbolisiert durch einen rechtsgerichteten Pfeil. Sie erhalten jetzt eine Vorschau Ihres Animationsablaufs in ImageReady.

17. Damit der Betrachter Ihrer Seite bei einem Klick auf die Animation auch weitergeleitet wird, müssen Sie der Animation noch einen Hyperlink zuweisen. Jede Photoshop- oder ImageReady-Datei verfügt über mindestens ein Slice. Slices teilen Bilder in rechteckige Bereiche ein, denen Funktionen – wie eben Hyperlinks – zugewiesen werden können. Rufen Sie die Palette *Slice* auf, indem Sie das Register *Slice* anklicken.

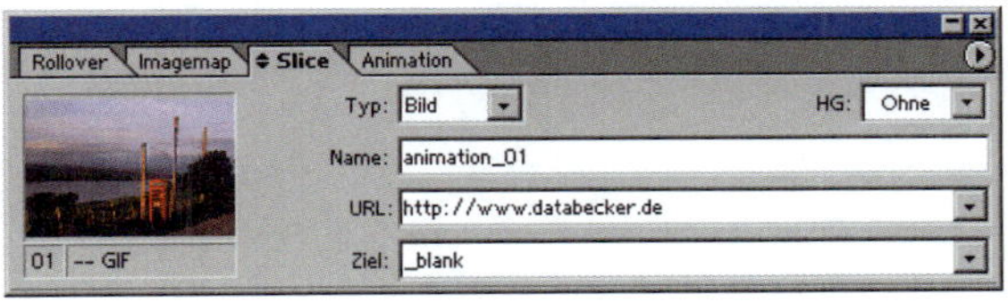

18. Im Feld *Typ* wählen Sie den Eintrag *Bild* aus. Der Name der Datei ist automatisch eingetragen. Geben Sie in das Feld *URL* die gewünschte Internetadresse ein.

In diesem Beispiel lautet die Adresse *http://www.databecker.de*. Die Adresse muss vollständig sein und den Teil *http://* beinhalten. Der gewünschte Ziel-Frame, wie z. B. *_blank*, wird im Listenfeld *Ziel* angegeben, sodass die verknüpfte Datei in einem neuen Fenster angezeigt wird. Sie können den Ziel-Frame aber auch Ihren individuellen Wünschen anpassen.

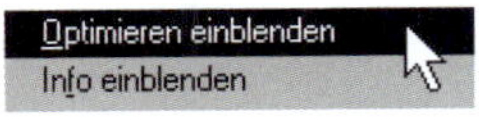

19. Genau wie einzelne Bilder für das Internet müssen Animationen optimiert werden, um möglichst geringe Ladezeiten zu erzielen. Rufen Sie *Fenster/Optimieren einblenden* auf.

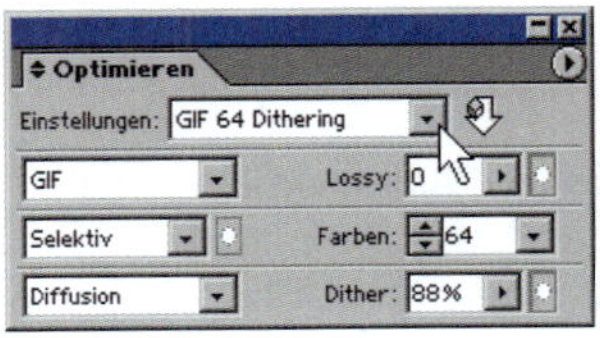

20. Im oberen Listenfeld der Palette finden Sie verschiedene Optimierungs-Voreinstellungen. Öffnen Sie das Listenfeld und wählen Sie den Eintrag *GIF 64 Dithering*. Mit dieser Einstellung erhalten Sie gute Ergebnisse, was die Farbwiedergabe angeht, dennoch ist die Dateigröße mit 23 KByte akzeptabel. Bilder und Animationen sollten eine Größe von ca. 20 KByte nicht weit überschreiten.

21. Möchten Sie die Animation und den Hyperlink testen, können Sie dies in Ihrem Browser tun. Im unteren Bereich der Werkzeug-Palette finden Sie das Symbol *Vorschau in Browser* – hier der Internet Explorer. Klicken Sie darauf, um die Animation in Ihrem Browser kontrollieren zu können.

22. Betrachten Sie die Animation in der Browser-Vorschau und klicken Sie darauf, um den Hyperlink zu testen. Unter der Animation wird der Quellcode angezeigt. Sie können diesen Quellcode verwenden, um ihn in Ihren HTML-Editor zu kopieren. Sind Sie mit der Animation zufrieden, wechseln Sie zurück zu ImageReady.

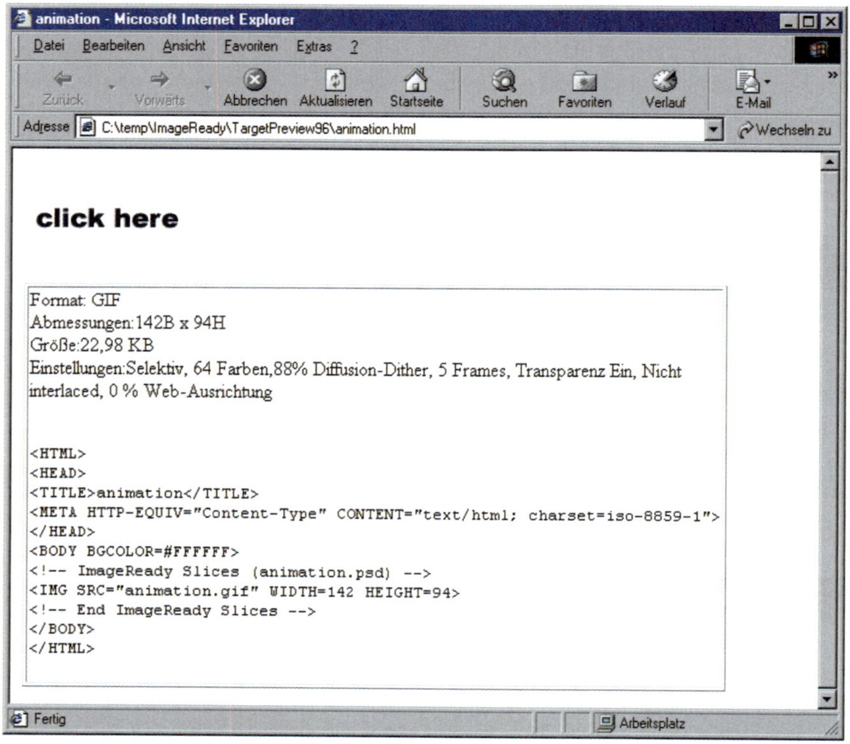

23. Zum Sichern der Animation wählen Sie *Datei/Optimiert-Version speichern unter.*

10.4 Best friend's Check up!

Hier finden Sie in einer Übersicht die wichtigsten Begriffe aus diesem Kapitel.

Funktionen/ Befehle/Begriffe	Bedeutung
JPG-Komprimierung	Die JPEG-Kompression ist am besten für detailreiche Bilder geeignet und funktioniert durch eine Trennung von Helligkeitsinformation und Farbinformation. Der Kompressions-Algorithmus wird auf eine Pixelgruppe von 8 × 8 Pixeln angewendet. Innerhalb dieser Gruppe werden Helligkeit und Farben je nach Kompressionsfaktor angeglichen. Das Verfahren eignet sich also nur begrenzt für Kanten und Schrift. Diese Verringerung der Dateigröße wird als Lossy-Komprimierung bezeichnet – sie ist nicht verlustfrei. Setzen Sie JPG besonders für die Komprimierung von Fotos ein.
GIF-Komprimierung	GIF arbeitet mit zwei Arten der Kompression: Zum einen beschränkt es das Farbspektrum des Bilds auf maximal 256 Farben, zum anderen kommt die so genannte LZW-Komprimierung zum Einsatz. Es eignet sich am besten für glatte Flächen und wenige Farben. GIF ist in der Lage, sowohl Transparenz als auch Bildfolgen zu speichern, und eignet sich somit hervorragend für das Speichern von Animationen.
PNG-Komprimierung	PNG wurde entwickelt, um JPEG und GIF abzulösen. Es soll bei minimaler Dateigröße maximale Qualität bieten. Bisher hat sich PNG allerdings noch nicht so richtig durchgesetzt. Einige ältere Browser können PNG nicht darstellen. Wir müssen also die Entwicklung abwarten, womöglich wird PNG das Format der Zukunft.
Farb-Paletten	Da Sie bei der Arbeit mit GIF nur 256 Farben einsetzen können, müssen Sie entscheiden, welche Farben das Bild beinhalten soll. Dies entscheiden Sie anhand verschiedener Farb-Paletten.
Perzeptiv	Die adaptive Konvertierung erstellt eine Palette, deren Farbauswahl sich nach den Farbtönen des Originalbilds richtet. Enthält das Original z. B. überwiegend die Farben Rot und Blau, wird bei der Konvertierung das Gewicht auf diese Farben gelegt.
Adaptiv	Bei der perzeptiven Konvertierung erstellt Photoshop eine Palette, die Farben enthält, die das menschliche Auge am besten wahrnimmt.
Selektiv	Die selektive Konvertierung arbeitet mit einer Palette ähnlich der Option Perzeptiv. Zusätzlich werden hierbei jedoch große Farbbereiche berücksichtigt und in die Palette aufgenommen, außerdem wird dem Erhalt von Webfarben der Vorzug gegeben.
Frames	Frame ist die englische Bezeichnung für Rahmen. Als Frames werden in Photoshop und ImageReady die einzelnen Bilder einer Animation bezeichnet. Eine Internetseite kann in mehrere sichtbare oder unsichtbare Frames unterteilt sein.
Slices	Slices sind grundsätzlich rechteckige, funktionale Bereiche von Bildern. Jedes Bild hat zunächst ein Slice, Sie können es aber in weitere Slices aufteilen. Jedem Slice können Sie einen Hyperlink zuweisen und Sie können die verschiedenen Slices eines Bilds unterschiedlich optimieren.
Hyperlinks	Hyperlinks sind Maus-sensitive Bereiche auf Websites, die Sie nach einem Klick darauf auf eine andere Internetseite weiterleiten oder auch Aktionen wie den Start einer Animation auslösen.
Dithering	Die Option Dithering (Rasterung) bringt bei manchen GIF-Dateien deutlich höhere Qualität. Kommt ein Bild nicht mit 256 Farben aus, ermöglicht das Rastern, Farbübergänge zu simulieren. Feine Details, die bei der Farbreduzierung verloren gehen und zu Flächen zusammengefasst werden, werden so wieder darstellbar.

11 Besserer Überblick: Bilder verwalten

Die meisten Bildbearbeitungsprogramme wie auch Photoshop bieten Ihnen Funktionen wie Kontaktabzüge oder Webbildergalerien. Wenn Sie viele Bilder verwalten möchten, ist ein Zusatzprogramm wie ThumbsPlus 2000 eine elegante Hilfe, um den Überblick zu behalten. Im ersten Teil dieses Kapitels erfahren Sie, wie Sie ThumbsPlus aus dem Internet laden können. Im zweiten Teil erstellen Sie Kontaktabzüge mit Photoshop.

- Bildkataloge S. 277
- Kontaktabzüge S. 282

11.1 Bildkataloge für den besseren Überblick

Im Internet finden Sie verschiedene Bildkataloge zum kostenlosen Download. Wir haben uns entschieden, Ihnen die Vorgehensweise am Programm ThumbsPlus 2000 darzustellen. Mit ThumbsPlus verwalten Sie auf komfortable Weise Bilder, Cliparts, Schriften und Animationen.

Sie können die Version zum Testen kostenlos herunterladen, erst wenn Sie mit der Software zufrieden sind und sich entschließen, das Programm regelmäßig zu nutzen, wird eine Gebühr fällig.

Kostenlose Bildkataloge

Im Internet finden Sie zahlreiche Bildkataloge. Geben Sie in Ihre Suchmaschine z. B. die Begriffe „Bildkatalog" oder „Bildbetrachter" und „kostenloser Download" ein. Sie werden unzählige Treffer landen. Übrigens verwenden viele Anbieter den Begriff „Bildbetrachter" statt „Bildkatalog", Sie finden mit diesem Begriff womöglich mehr Einträge.

Quicksteps – Bildkataloge mit ThumbsPlus2000

- Geben Sie in die Adresszeile Ihres Browsers die Adresse „*www.kellymedia.de*".
- Unter *Highlights* befindet sich der Hyperlink *ThumbsPlus 2000*. Klicken Sie den Hyperlink an.
- Scrollen Sie bis zum unteren Rand der Seite. Hier finden Sie die Download-Hyperlinks.
- Laden Sie das Programm auf Ihre Festplatte und installieren Sie es.
- Wenn Sie eine Internetbildergalerie erstellen möchten, wählen Sie *Bild/Web-Assistent.*
- Der Web-Assistent führt Sie ganz automatisch zum fertigen Webbildkatalog.
- Betrachten Sie das Ergebnis. ThumbsPlus fügt auch Buttons ein, mit denen Sie vor, zurück und zur Homepage navigieren können.

Den Katalog herunterladen und einsetzen

1. Geben Sie in die Adresszeile Ihres Browsers die Adresse „*www.kellymedia.de*" ein.

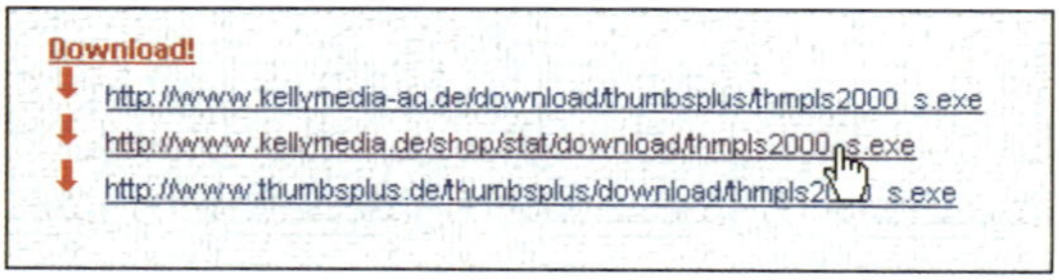

2. Auf der Seite von Kellymedia.de angekommen, finden Sie im linken Bereich des Seite eine Navigationsleiste. Unter *Highlights* befindet sich der Hyperlink *ThumbsPlus 2000*. Klicken Sie den Hyperlink an.

3. Sie landen auf einer Seite mit Detailinformationen zu ThumbsPlus. Scrollen Sie bis zum unteren Rand der Seite. Hier finden Sie die Download-Hyperlinks. Klicken Sie einen der verschiedenen Hyperlinks an. Sie erhalten ein Dialogfeld, in dem Sie entscheiden, ob Sie das Programm herunterladen möchten. Aktivieren Sie die Option *Das Programm speichern* und klicken Sie auf *OK*.

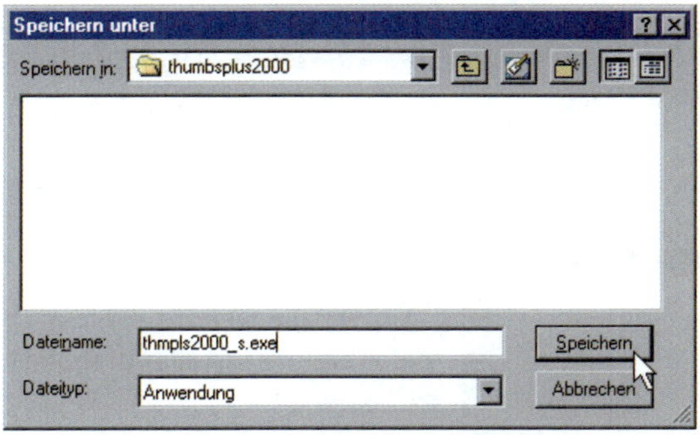

4. In dem nächsten Dialogfeld wählen Sie den Speicherort für die Datei.

Legen Sie eventuell auf Ihrer Festplatte einen speziellen Ordner an, den Sie dann über das Listenfeld *Speichern in* ansteuern. Klicken Sie auf *Speichern*.

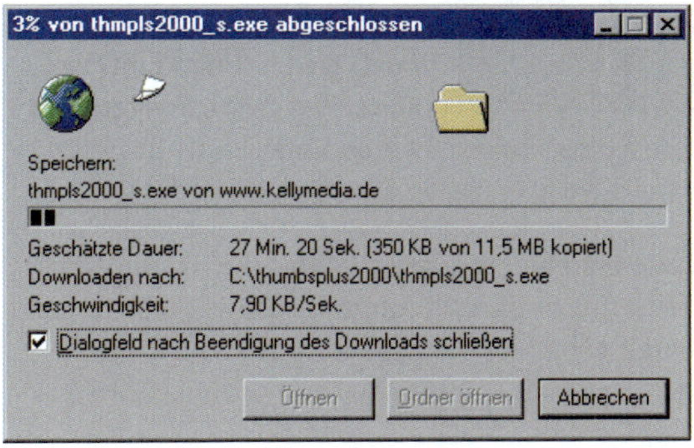

5. Der Download startet. Die Datei ist etwa 11,5 MByte groß. Das Dialogfeld zeigt Ihnen an, wie lange der Download insgesamt dauert.

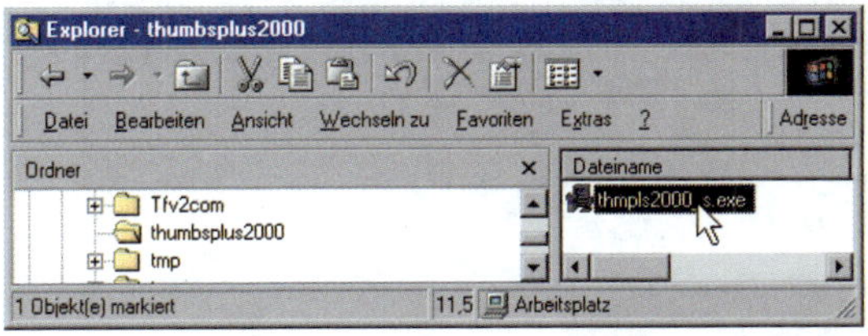

6. Wenn der Download beendet ist, finden Sie in dem vorher ausgewählten Verzeichnis die Datei *Thmpls2000_s.exe*. Starten Sie den Windows-Explorer, wechseln Sie in den entsprechenden Ordner und starten Sie die Installation von ThumbsPlus mit einem Doppelklick auf die Datei.

7. Sie erhalten diese Warnmeldung. Wir haben ThumbsPlus 2000 ohne die hier angesprochene Microsoft-Installation installiert und das Programm läuft bisher ohne Probleme. Bestätigen Sie dieses Dialogfeld mit *OK*.

8. Wie bei jeder Installation folgen unzählige Dialogfelder, die Sie mit *Weiter* bestätigen müssen. In dem abgebildeten Dialogfeld haben wir das Kontrollkästchen *Microsoft ODBC Version 3.51* deaktiviert. Bestätigen Sie alle weiteren Dialogfelder, bis die Installation abgeschlossen ist.

9. Im Menü *Start/Programme* finden Sie jetzt den Eintrag *ThumbsPlus 2000*. Starten Sie das Programm. Im linken Bereich des Bildschirms sehen Sie den Verzeichnis-Browser, hier können Sie das Verzeichnis wählen, das Sie als Katalog ausdrucken möchten.

10. Wenn Sie eine Internetbilder-Galerie erstellen möchten, ist das mit ThumbsPlus 2000 auf komfortable Weise möglich. Thumbs optimiert automatisch die Bilder, erstellt die Vorschaubilder – die Thumbnails – und generiert die zugehörige HTML-Datei. Wählen Sie *Bild/Web-Assistent*.

11. Der Web-Assistent führt Sie ganz automatisch zum fertigen Webbildkatalog. Beantworten Sie die Fragen der einzelnen Dialogfelder in Bezug auf Spaltenanzahl und Größe der Thumbnails. Klicken Sie jeweils auf *Weiter* und in dem letzten Dialogfeld auf *Fertig stellen.* Ihr HTML-Dokument wird inklusive der optimierten Bilder in dem von Ihnen gewählten Verzeichnis gespeichert. Sie müssen die Dateien danach noch auf Ihren Server laden.

12. Betrachten Sie das Ergebnis. ThumbsPlus fügt auch Buttons ein, mit denen Sie vor, zurück und zur Homepage navigieren können. Das Layout dieser Buttons wählen Sie auch im Web-Assistenten. Ob Dateinamen und -größen eingefügt werden, bestimmen Sie ebenfalls selbst.

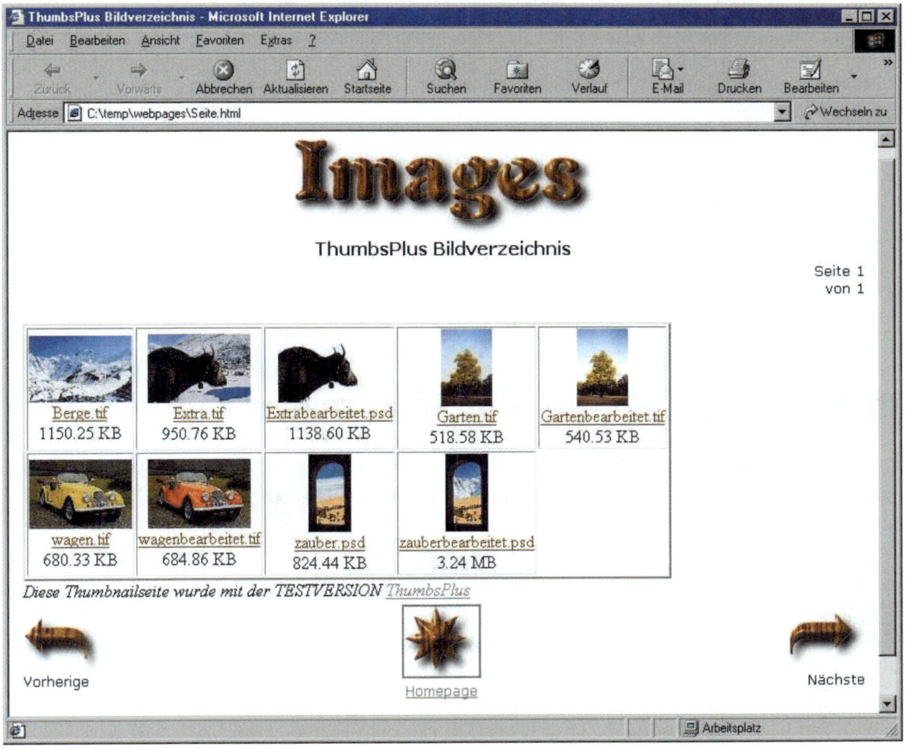

best friend TIPP

ThumbsPlus 2000

Dieses Programm bietet so viele Funktionen zur Bildarchivierung, dass die Beschreibung ein weiteres Buch füllen würde, aus diesem Grund gehen wir hier so kurz darauf ein. Das Programm ist sehr gut intuitiv zu bedienen.

11.2 Kontaktabzüge erstellen

Photoshop hält für Sie eine Miniatur-Ausführung eines Bildkatalogs bereit: die Funktion Kontaktabzüge. Mit den automatischen Kontaktabzügen drucken Sie ebenfalls so genannte Thumbnails, kleine Vorschaubilder Ihrer Fotos, auf einer Seite. Die Thumbnails sind mit den Dateinamen versehen, sodass Sie das gewünschte Foto schnell finden.

Quicksteps – Kontaktabzüge

- Starten Sie Photoshop.
- Wählen Sie den Befehl *Datei/Automatisieren/Kontaktabzug.*
- Klicken Sie im Bereich oben links die Schaltfläche *Wählen.*
- Navigieren Sie zum gewünschten Ordner.
- Definieren Sie Maße und Auflösung für die Kontaktabzüge.
- Wählen Sie den gewünschten Farbmodus.
- Im Bereich *Miniaturen* bestimmen Sie, wie viele Spalten und Zeilen auf dem Bogen verteilt werden.
- Im Bereich unten in dem Dialogfeld entscheiden Sie, ob die Miniaturen auch mit dem Dateinamen versehen werden.

Automatisieren Sie die Kontaktabzugserstellung

1. Starten Sie Photoshop. Für die folgende Aktion benötigen Sie keine geöffneten Bilddateien, auf Ihrer Festplatte muss lediglich ein Bilder-Ordner angelegt sein.

TIPP

Alle Unterverzeichnisse einschließen

Um Kontaktabzüge von Ihren Bildern zu erstellen, müssen nicht alle Bilder in einem Ordner liegen. Sie können auch verschiedene Ordner in einem übergeordneten anlegen und beim Erstellen der Kontaktabzüge das Kontrollkästchen *Alle Unterverzeichnisse einschließen* aktivieren.

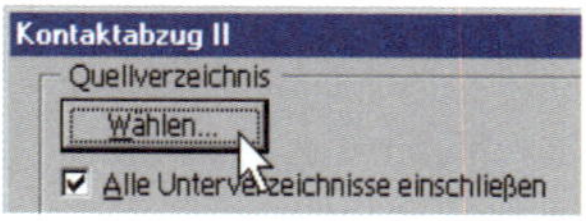

2. Wählen Sie den Befehl *Datei/Automatisieren/Kontaktabzug.* In dem Dialogfeld müssen Sie zunächst den Startordner festlegen. Klicken Sie im Bereich oben links auf die Schaltfläche *Wählen.*

3. Navigieren Sie zum gewünschten Ordner und klicken Sie dann auf *OK*.

4. Wenn der Quellordner festgelegt ist, definieren Sie Maße und Auflösung für die Kontaktabzüge. Wir haben für das Dokument die von Photoshop vorgeschlagenen Maße 20,32 cm und 25,4 cm verwendet. Bei dieser Größe ist der Druckerrand mit eingeplant und es kommt nicht zum Beschneiden der Bilder beim Ausdruck auf einem Tintenstrahldrucker. Die Auflösung ist in diesem Beispiel 72 dpi – für den Bilderdruck deutlich zu wenig, aber für den Druck von Kontaktabzügen, die lediglich der Übersicht dienen, akzeptabel. Sie können hier auch eine höhere Auflösung eingeben, wenn Sie eine höhere Druckqualität erzielen möchten. Der Modus ist hier RGB-Farbe. Der Epson Stylus zum Beispiel ist in der Lage, RGB-Bilder automatisch für den Druck in das CMYK-Schema umzuwandeln. Falls Ihr Drucker nur CMYK-Bilder drucken kann, wählen Sie diesen Eintrag aus dem Listenfeld *Modus*.

5. Im Bereich *Miniaturen* bestimmen Sie, wie viele Spalten und Zeilen auf dem Bogen verteilt werden. Je mehr Spalten und Zeilen Sie eingeben, desto kleiner müssen die Bilder werden. Die Bildgröße wird Ihnen rechts angegeben.

6. Im Bereich unten in dem Dialogfeld entscheiden Sie, ob die Miniaturen auch mit dem Dateinamen versehen werden. Wenn Sie das Kontrollkästchen aktivieren, wählen Sie die gewünschte Schriftart und -größe aus. Bestätigen Sie dann mit *OK*.

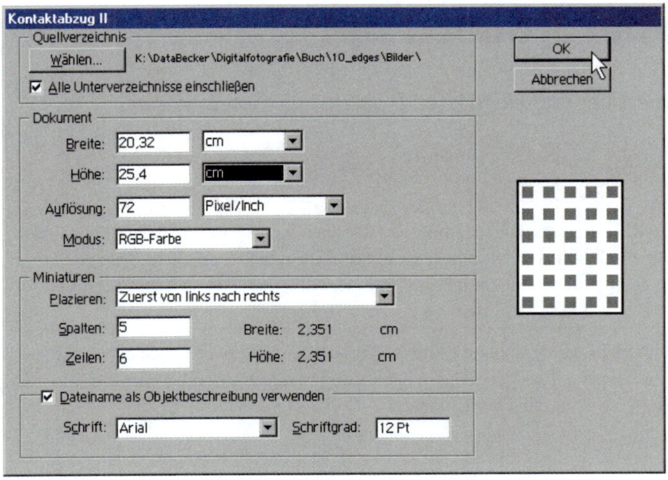

7. Was jetzt folgt, ist ein lustiges Schauspiel. Photoshop öffnet ein Bild nach dem anderen, verkleinert es, setzt es zunächst in die Mitte des Kontaktbogens, um es dann an seinen Platz zu schieben. Dieser Vorgang kann – je nach Bildmenge – einige Minuten dauern. Das Ergebnis sind fertige Kontaktabzüge, je nachdem, wie viele Bilder Sie angegeben haben. Sie müssen sie nur noch drucken und/oder speichern.

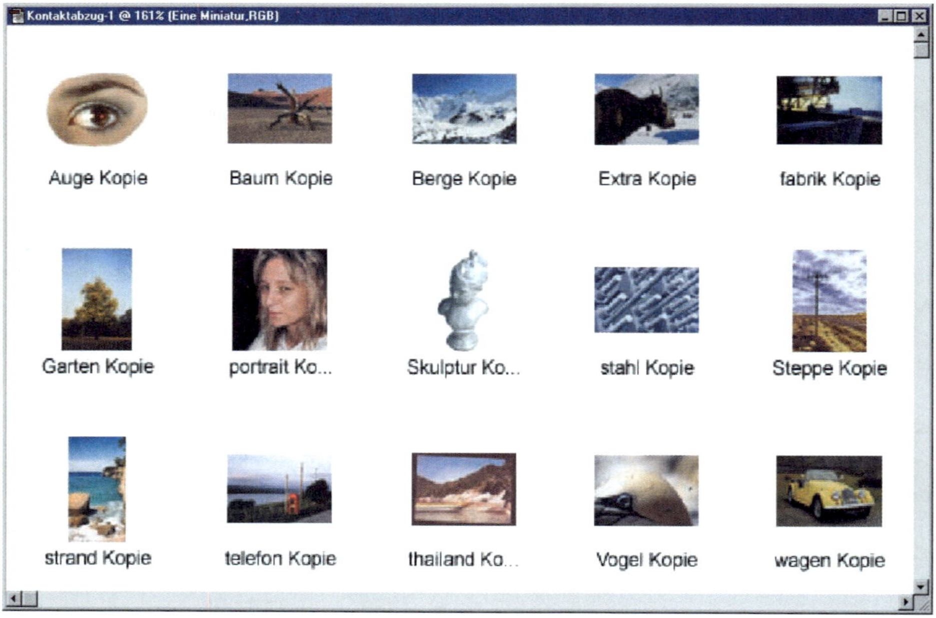

11.3 Best friend's Check up!

Hier finden Sie in einer Übersicht die wichtigsten Begriffe aus diesem Kapitel.

Funktionen/ Befehle/Begriffe	Bedeutung
Kontaktabzüge	Der Begriff „Kontaktabzug" stammt aus der klassischen Fotografie. Hierbei wurden Negative direkt auf das Fotopapier gelegt und dann belichtet. Diese Kontaktabzüge dienten auch in der klassischen Fotografie der besseren Übersicht und auch der Möglichkeit, die Bilder vor dem Vergrößern zu Beurteilen.
Thumbnails	Als Thumbnails werden kleine Miniatur-Vorschau-Abbildungen bezeichnet. Sie finden Thumbnails auf Webseiten, die Bildkataloge beinhalten, oder auch als Miniaturabbildungen z. B. in der Ebenen-Palette.

12 Bilder publizieren und drucken

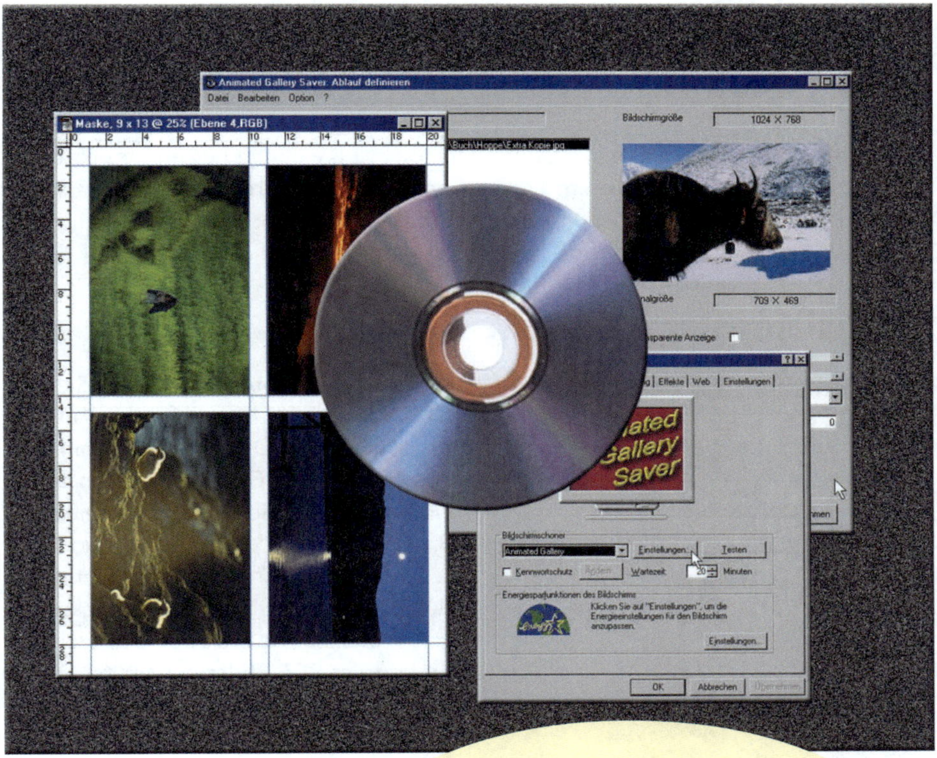

Nachdem Sie Ihre Bilder bearbeitet, gefiltert und archiviert haben, publizieren Sie diese Kunstwerke, indem Sie sie direkt auf Ihrem Drucker ausdrucken, zu einem Fotoservice geben und Abzüge erstellen lassen, oder generieren Sie Ihre eigene Diashow auf CD.

12.1 Fotos im bestimmten Format drucken

Möchten Sie Ihre Bilder in einem bestimmten Format für ein ganz bestimmtes Fotoalbum ausdrucken? Es gibt zu diesem Thema verschiedene Hilfsprogramme. Sie können aber auch in Photoshop oder jedem anderen Bildbearbeitungsprogramm Masken anlegen. Diese erstellen Sie in Form von Hilfslinien.

Hilfslinienraster erstellen

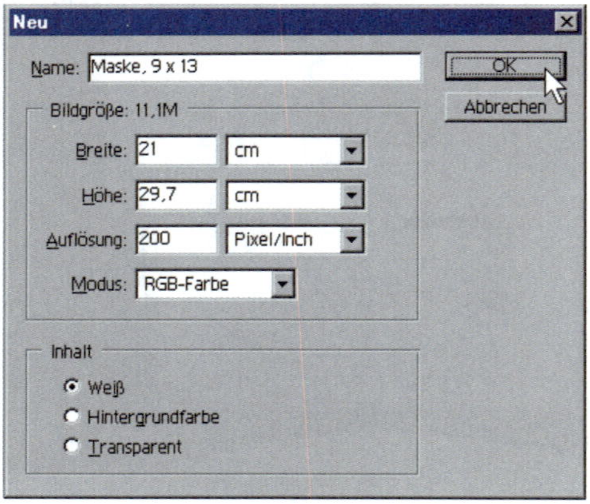

1. Starten Sie Photoshop. Wählen Sie *Datei/Neu.* Diese Maske soll für den Ausdruck auf einem DIN-A4-Tintenstrahldrucker für Bilder im Format 9 × 13 cm entworfen werden. Geben Sie daher eine *Breite* von „21 cm" und eine *Höhe* von „29,7 cm" ein. Wir empfehlen Ihnen für den Ausdruck auf Tintenstrahldruckern eine *Auflösung* von etwa *200* dpi. Wenn Ihr Drucker RGB-Bilder in CMYK-Bilder umsetzen kann, darf der *Modus RGB-Farbe* sein. Bestätigen Sie mit *OK.*

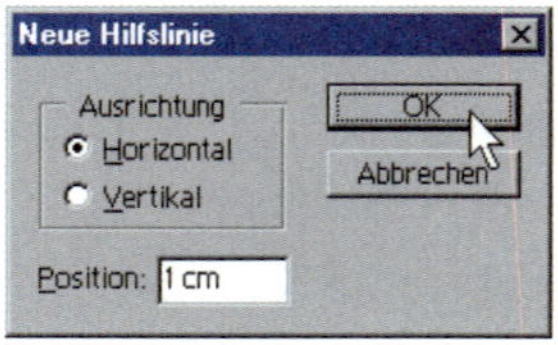

2. Wichtig ist an dieser Stelle, für den besseren Überblick die Lineale einzublenden. Wählen Sie *Ansicht/Lineale einblenden.* Sie können die Hilfslinie manuell setzen, indem Sie in ein Lineal klicken, die Maustaste festhalten und in die Datei an die gewünschte Position ziehen. Komfortabler ist das automatische, numerische Setzen von Hilfslinien.

3. Auf dem Format DIN A4 können Sie vier Bilder im Format 9 × 13 platzieren. Wir berücksichtigen hier einen Druckerrand von 1cm, allerdings benötigen die meisten Drucker sogar weniger Rand. Wählen Sie *Ansicht/Neue Hilfslinie.* Setzen Sie zunächst alle horizontalen Hilfslinien. Geben Sie „1cm" in das Dialogfeld ein und bestätigen Sie mit *OK.* Rufen Sie das Dialogfeld erneut auf und setzen Sie weitere horizontale Hilfslinien an den Stellen 14 cm, 15 cm und 28 cm.

4. Setzen Sie anschließend die vertikalen Hilfslinien an die Positionen 1 cm, 10 cm, 11 cm und 20 cm. Das Hilfslinienraster ist fertig gestellt. Speichern Sie die Datei auf Ihrer Festplatte.

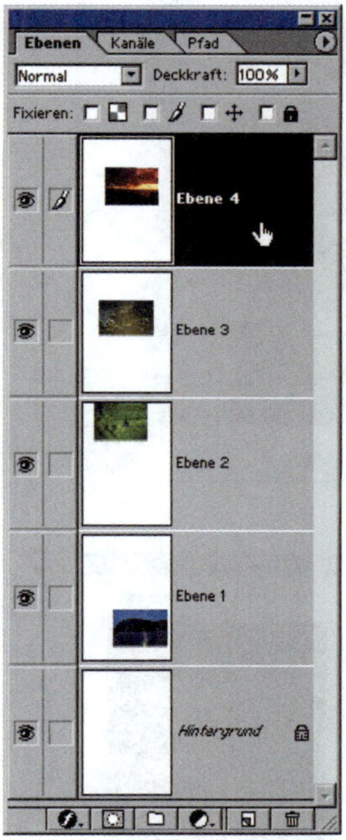

5. Öffnen Sie vier beliebige Bilder. Klicken Sie diese Bilder mit dem Verschieben-Werkzeug an und ziehen Sie sie in die Masken-Datei.

Rufen Sie mit *Fenster/Ebenen einblenden* die *Ebenen*-Palette auf. Sie sehen, dass für jedes einzelne Bild eine eigene Ebene angelegt wurde. Klicken Sie die Ebene an, deren Bild Sie als Erstes an das Hilfslinienraster anpassen möchten.

6. Wählen Sie den Befehl *Bearbeiten/Frei transformieren.* Sie erhalten die aus vielen Projekten schon bekannten Markierungsknoten, mit denen Sie die Bilder skalieren, also vergrößern und verkleinern, und drehen können. Halten Sie die [Umschalt]-Taste gedrückt und ziehen Sie an einem der Eckpunkte, dadurch wird das Bild proportional skaliert. Zum Drehen des Bilds halten Sie den Mauszeiger in der Nähe eines Eckpunkts, bis ein Drehpfeil erscheint, halten auch hier die [Umschalt]-Taste gedrückt und drehen das Bild. Das Halten der [Umschalt]-Taste bewirkt hier die Einschränkung auf 15°-Winkel-Schritte. Lösen Sie den Transformierungsvorgang mit einem Doppelklick innerhalb des Rahmens aus.

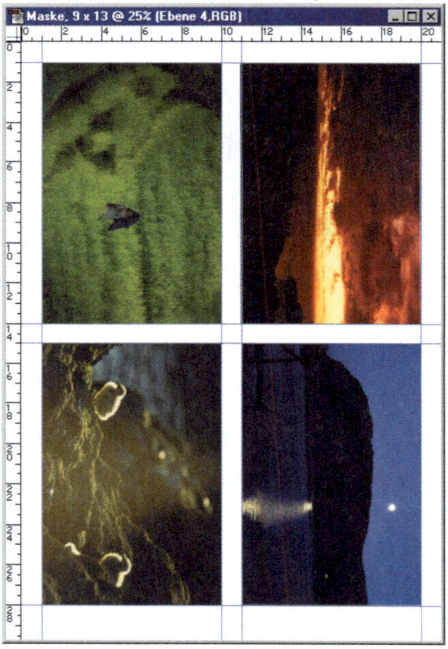

7. Positionieren Sie so alle Bilder innerhalb des Hilfslinienrasters. Klicken Sie eine Ebene nach der anderen an und transformieren Sie die Fotos. Falls Bilder so wie hier überlappen, markieren Sie den Bereich und wählen *Bearbeiten/Löschen.* Achten Sie dabei darauf, auf welcher Ebene Sie sich befinden, falls das Löschen nicht funktioniert.

8. Wenn alle Bilder richtig positioniert sind, wählen Sie *Datei/Drucken.* Je nach Druckertreiber erhalten Sie eine Fehlermeldung, dass das Bild größer ist als der Druckbereich. Das liegt in diesem Fall daran, dass die Datei genau auf DIN A4 angelegt ist und der Treiber den Druckrand erkennt und so eine Warnmeldung abgibt. Da der Druckerrand aber in der Datei berücksichtigt ist, stellt dies kein Problem dar. Klicken Sie auf *Fortfahren.*

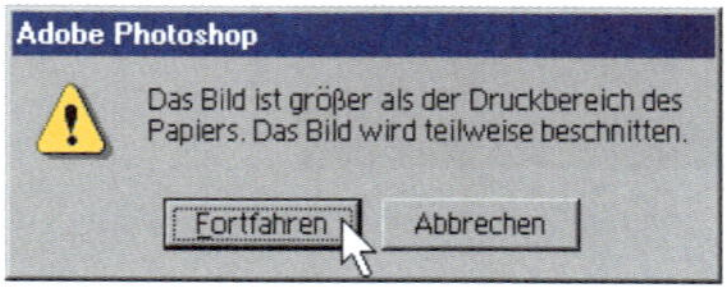

9. Je nach installiertem Druckertreiber sieht das Drucken-Dialogfeld anders aus. Wichtig ist, dass Sie das richtige Format – DIN A4 – und die Ausrichtung *Hochformat* gewählt haben. Falls Ihr Treiber in der Lage ist, die Seite zu zentrieren, aktivieren Sie diese Option.

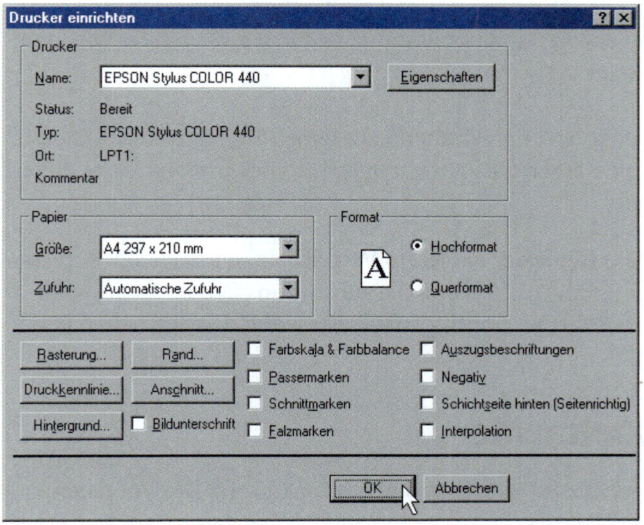

12.2 Ihre persönliche Diashow auf CD

Möchten Sie die digitalen Bilder Ihres Abenteuerurlaubs auf CD bannen und bei Freunden abspielen? Dazu müssen Sie nur eine Autorun-CD erstellen. Wie Sie hierbei vorgehen, erfahren Sie jetzt.

Die Bilder in einem Ordner speichern

Es ist komfortabel, wenn Sie alle Bilder, die Sie in der Diashow abspielen möchten, in einem separaten Ordner speichern. Legen Sie in den folgenden Schritten den Ordner an und kopieren Sie die Dateien in den Ordner.

1. Wählen *Start/Programme/Windows-Explorer.*

2. Klicken Sie im linken Bereich des Explorer-Fensters den Eintrag *Desktop* an, er befindet sich ganz oben in der Liste. Wählen Sie aus dem Menü *Datei* den Eintrag *Neu/Ordner.*

3. Der neue Ordner wird angelegt, er befindet sich noch im Überschreibmodus. Geben Sie den Namen „Diashow“ für den Ordner ein und bestätigen Sie mit Enter.

TIPP

Überschreibmodus

Falls Sie den Namen des Ordners erneut überschreiben möchten, markieren Sie ihn und drücken auf F2 auf Ihrer Tastatur, dadurch gelangen Sie wieder in den Überschreibmodus.

4. Wechseln Sie zu dem Ordner bzw. den Ordnern, aus denen Sie Bilder in das neue Verzeichnis kopieren möchten. Klicken Sie im rechten Bereich des Explorer eines dieser Bilder an, um es zu markieren.

Drücken Sie dann Strg+A, um alle Bilder in diesem Verzeichnis zu markieren. Kopieren Sie die Bilder mit dem Befehl Strg+C. Wechseln Sie zurück zum Ordner *Diashow,* klicken Sie den Ordner an und wählen Sie Strg+V, die Bilder werden in den neuen Ordner eingefügt.

IrfanView als Bildbetrachter

1. Es gibt viele Programme, die Sie für eine Diashow nutzen können. Das Vorgehen wird hier anhand des weit verbreiteten Bildbetrachters IrfanView dargestellt. Das Programm ist eine so genannte Freeware, darf also kostenlos genutzt werden. Sie können das Programm von der Internetseite *www.irfanview.com* herunterladen.

2. Geben Sie in die Adresszeile Ihres Browsers die Adresse „*www.irfanview.com*“ ein. Bestätigen Sie mit *OK*. Klicken Sie auf *Deutsche Version*. Klicken Sie in der linken Navigationsleiste auf den Eintrag *Download*. Klicken Sie dann auf den Hyperlink *Download der aktuellen Version von IrfanView German*.

Es erscheint das Dialogfenster *Dateidownload*. Bestätigen Sie dieses Dialogfeld. In dem nächsten Dialogfeld fragt IrfanView, wo Sie das Programm speichern möchten. Achten Sie darauf, in welchem Ordner Sie das Programm speichern. Bestätigen Sie die weiteren Dialogfelder.

3. Zum Installieren des Bildbetrachters navigieren Sie im Windows-Explorer zu der gespeicherten Datei und klicken *Iview336g.exe* doppelt an. Die Installation startet daraufhin. Bestätigen Sie die Dialogfelder mit *Weiter* bzw. *Fertig*.

4. Nach der Installation kopieren Sie die Programmdateien aus dem Verzeichnis *C:\Programme\IrfanView* ebenfalls in den neu angelegten Ordner für Ihre Diashow.

Diashow zusammenstellen

Nachdem Sie alle nötigen Installationen und Dateien zusammengestellt haben, können Sie Ihre Diashow gestalten.

1. Starten Sie aus dem Ordner *Urlaubsbilder* die Programmdatei *I_view32.exe* durch Doppelklick. Klicken Sie in der Symbolleiste auf das zweite Symbol *Slideshow.* Das Dialogfeld *Slideshow* wird geöffnet.

Hier können Sie die Bildvorführung zusammenstellen. Klicken Sie auf den Pfeil am rechten Rand des Listenfelds *Suchen in*, um dieses zu öffnen. Wählen Sie aus dem Listenfeld den Ordner *Diashow* aus.

2. Ziehen Sie die gewünschten Bilder aus dem Dateifenster in die linke, noch leere Liste oder klicken Sie auf die Schaltfläche *Alle hinzufügen*, um alle Fotos aus dem Ordner *Diashow* in die Slideshow einzufügen.

3. Speichern Sie die Einstellungen mit einem Klick auf die Schaltfläche *Speichern als TXT-Datei*. Wählen Sie im geöffneten Dialog unter *Speichern in* den Ordner *Diashow* aus.

4. Geben Sie in das Feld *Dateiname* den Namen „Fotos.txt" ein. Über diesen Namen können Sie später auf die gesamte Slideshow zugreifen.

5. Passen Sie im Feld *Nächste Datei anzeigen/Automatisch nach X Sekunden* nun die Anzeigedauer pro Foto an. Die Voreinstellung liegt bei fünf Sekunden. Geben Sie in das Feld einen gewünschten Wert ein. Klicken Sie nun auf die Schaltfläche *Optionen für Fortgeschrittene.*

6. Aktivieren Sie die Option *Slideshow stoppen und IrfanView beenden nach dem letzten Bild*, indem Sie ein Häkchen in das Kästchen davor setzen. Schließen Sie das Fenster mit einem Klick auf die Schaltfläche *OK.*

7. Testen Sie die Vorführung nun mit einem Klick auf die Schaltfläche *Start.*

8. Die Show startet. Damit das Abspielfenster bei der Vorführung nicht stört, verkleinern Sie es mit einem Klick auf die Schaltfläche *Minimieren* rechts oben.

9. Während die Wiedergabe weiterläuft, werden nun im Vier-Sekunden-Takt nacheinander alle Bilder des Ordners *Diashow* angezeigt. Sobald die Slideshow abgelaufen ist, beendet sich das Programm gemäß Ihrer Einstellung automatisch.

Erstellen Sie eine automatisch startende CD

1. Vielleicht kennen Sie von verschiedenen Programmen die Autorun-Routine: Sie legen eine CD ein und diese wird automatisch gestartet. Dies soll auch bei Ihrer Diashow-CD der Fall sein. Dazu muss im obersten Verzeichnis der CD eine Textdatei namens *Autorun.inf* vorhanden sein, die Anweisungen enthält, welches Programm nach dem Einlegen der CD sofort aufgerufen werden soll.

2. Rufen Sie den Windows-Explorer über *Start/Programme/Windows-Explorer* auf. Wechseln Sie in das Verzeichnis *Diashow* und klicken Sie im rechten Bereich eine freie Stelle mit der rechten Maustaste an. Wählen Sie aus dem erscheinenden Kontextmenü den Befehl *Neu/Textdatei*. Geben Sie als Dateiname „Autorun.inf" ein, und bestätigen Sie mit [Enter].

3. Klicken Sie die neue Datei doppelt an, um sie zu öffnen. Der Editor wird gestartet und zeigt das noch leere Dokument *Autorun.inf*. Geben Sie folgende Zeilen in den Editor ein, achten Sie hierbei darauf, dass die Syntax, also die Schreibweise, ganz exakt übereinstimmt.

```
[autorun]
open="i_viw32.exe /slideshow=bilder.txt /fs /closeslideshow"
```

4. Schließen Sie den Editor, indem Sie in der rechten oberen Ecke des Programmfensters auf *x* klicken. Der Editor fragt nach, ob Sie die Datei speichern wollen. Klicken Sie auf die Schaltfläche *Ja*.

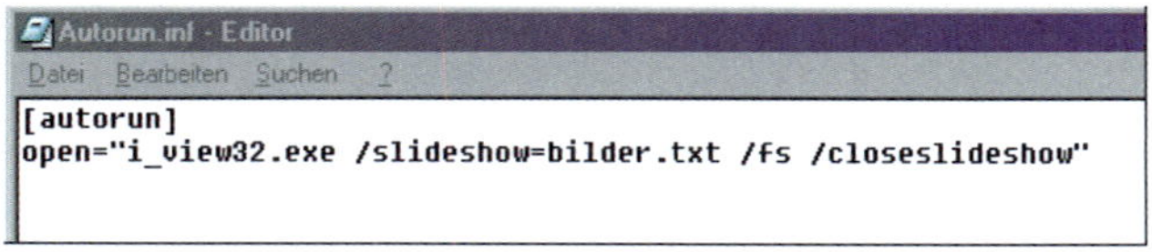

5. IrfanView bietet zwar die praktische Möglichkeit, alle Dateien zu einer fertigen Slideshow zusammenzustellen. Problematisch dabei ist jedoch, dass das Programm alle zu ladenden Bilder in der Datei *Bilder.txt* mit komplettem Pfad notiert hat.

In der Datei steht also nicht beispielsweise *Steppe.jpg*, sondern *C:\Windows\Desktop\Diashow\ Steppe.jpg* – eine so genannte absolute Verknüpfung. Das führt zu einem Fehler, wenn Sie die Bilder von der CD aus abspielen möchten. Um das Problem zu lösen, müssen Sie die Datei *Bilder.txt* anpassen.

6. Rufen Sie dazu das Startmenü auf und bewegen Sie die Maus über den Eintrag *Programme*. Warten Sie, bis das Untermenü aufklappt, und wählen Sie hier *Zubehör/*

Wordpad. Das mit Windows ausgelieferte Textverarbeitungsprogramm WordPad wird daraufhin gestartet. Klicken Sie auf das Symbol *Öffnen*.

7. Wählen Sie im Dialog *Öffnen* aus dem Listenfeld *Dateityp* den Eintrag *Textdokumente (*.txt)*. Wechseln Sie in den Ordner *Diashow* und wählen Sie die Datei *Bilder.txt* aus. Klicken Sie dann auf die Schaltfläche *Öffnen*, um die Slideshow-Liste in WordPad zu laden.

8. Rufen Sie aus dem Menü *Bearbeiten* den Befehl *Ersetzen* auf. Geben Sie im Feld *Suchen nach* die Bezeichnung des Pfads *C:\WINDOWS\Desktop\Diashow* ein und achten Sie auch an dieser Stelle auf die exakte Schreibweise. Das Feld *Ersetzen durch* lassen Sie frei und klicken auf die Schaltfläche *Alle ersetzen*.

9. Damit wird die Pfadangabe vor jeder Datei gelöscht, sodass lediglich der reine Dateiname verbleibt. Hat WordPad alle Zeilen abgearbeitet, erscheint die Meldung *Wordpad hat das Durchsuchen des Dokuments beendet*.

10. Schließen Sie den Dialog *Ersetzen* mit einem Klick auf die Schaltfläche *Abbrechen*. Klicken Sie auf das Schließen-Symbol in der rechten oberen Ecke des WordPad-Fensters, um das Programm zu beenden. Bestätigen Sie die Sicherheitsabfrage *Änderungen an bilder.txt speichern*.

CD brennen mit Nero

Sie haben die nötigen Vorarbeiten erledigt, jetzt müssen Sie nur noch alle Daten des Ordners *Diashow* zum Beispiel in ein Nero-CD-Projekt einfügen und die CD brennen.

1. Rufen Sie Nero über *Start/Programme/ahead Nero/Nero – Burning ROM* auf. Wählen Sie im Begrüßungsdialog *Neue Zusammenstellung* den CD-Typ *CD-ROM (ISO)* mit der Option *Keine Multisession*. Klicken Sie auf die Schaltfläche *Neu*.

2. Wählen Sie im Datei-Browser den Ordner *Diashow* aus. Klicken Sie in der Dateiliste ganz rechts eine beliebige Datei mit der rechten Maustaste an und wählen Sie aus dem erscheinenden Kontextmenü den Befehl *Alle auswählen*.

3. Ziehen Sie die komplette Markierung in das Projektfenster und lassen Sie die Dateien dort an einer beliebigen Stelle fallen, um sie dem Projekt hinzuzufügen.

4. Klicken Sie in der Symbolleiste auf das Symbol *Brennen*. Wechseln Sie in das Register *ISO* und überprüfen Sie, dass die Option *Joliet* aktiviert ist. Andernfalls werden beispielsweise Leerzeichen in Dateinamen umgewandelt, was beim Aufruf durch IrfanView später zu Problemen führen würde.

5. Kontrollieren Sie im Register *Brennen* die allgemeinen Brenneinstellungen und klicken Sie auf die Schaltfläche *Brennen*.

6. Sobald die CD fertig gebrannt wurde, erscheint eine entsprechende Meldung, die Sie mit *OK* bestätigen. Klicken Sie auf die Schaltfläche *Verwerfen*, um die Statusmeldungen nicht länger aufzubewahren und den *Brennen*-Dialog zu schließen. Entnehmen Sie die CD aus dem CD-ROM-Laufwerk.

7. Beenden Sie Nero über *Datei/Beenden* und probieren Sie den automatischen Start der CD. Viel Spaß bei Ihrer Diashow.

best friend TIPP

Photo-CD mit WinOnCD

Mit der neuen Version von WinOnCD können Sie ebenfalls Foto-CDs erstellen. Diese werden dann als Diashow auf dem PC oder von jedem herkömmlichen DVD-Player abgespielt, dieser muss keine besondere Funktion haben. Die CD wird automatisch mit einem Menü versehen, das man leicht bedienen kann! Die CD kann in mehrere Alben aufgeteilt werden. Es passen ca. 150 bis 200 Bilder auf eine CD.

12.3 Eigene Bildschirmschoner entwerfen

Kleine Zusatzprogramme wie selbst zu gestaltende Bildschirmschoner finden Sie im Internet in großer Anzahl. Wenn Sie selbst nach einem Bildschirmschoner suchen möchten, geben Sie in eine Suchmaschine wie z. B. *www.google.de* die Suchphrase „Eigene Bildschirmschoner entwerfen" ein. Mit dieser Eingabe haben wir gute Ergebnisse erzielt.

1. Wir möchten dieses Beispiel an dem Bildschirmschoner Animated Gallery vorstellen. Wir haben diesen Bildschirmschoner unter der Adresse *http://deutsche-shareware.de/download/25.htm* gefunden. Rufen Sie diese Internetseite auf.

best friend TIPP

Shareware lizenzieren

Bevor die Vorgehensweise erläutert wird, möchten wir darauf hinweisen, dass nach Ablauf Ihres selbst gestalteten Bildschirmschoners Animated Gallery Saver die Meldung zeigt, dass es sich hierbei um eine unlizenzierte Shareware handelt. Anschließend läuft Ihre Animation von neuem ab. Wenn Sie mit dem Bildschirmschoner zufrieden sind, können Sie sich auf der Internetseite des Herstellers *www.murau.de* registrieren lassen.

2. Scrollen Sie auf der Seite soweit nach unten, bis Sie den Eintrag *Animated Gallery Saver 2.0* finden. Klicken Sie auf das Disketten-Symbol, um den Download zu starten. Aktivieren Sie die Option *Datei auf Datenträger speichern* und klicken Sie auf *OK*. Navigieren Sie in dem darauf folgenden Dialogfeld zum gewünschten Ordner, in den Sie den Schoner speichern möchten, und klicken Sie auf *Speichern*. Merken Sie sich den Speicherort, da Sie von dort aus das Programm installieren.

best friend TIPP

Animated Gallery Saver 2.0

Da das Internet sehr veränderlich ist, kann es vorkommen, dass Download-Empfehlungen gar nicht mehr auf der Seite zu finden sind, die ursprünglich angegeben wurde. Sie können diesen speziellen Schoner Animated Gallery 2.0 auch als Suchbegriff in Ihre Suchmaschine eingeben. Sie werden viele Einträge dazu finden.

3. Wenn der Download beendet ist, wechseln Sie zum Windows-Explorer und wählen den Ordner an, in dem die Datei liegt. Der Bildschirmschoner ist mit WinZip komprimiert, Sie müssen ihn zunächst entpacken und anschließend mit einem Doppelklick auf die Datei *AGSSetup.exe* die Installation starten. Bestätigen Sie die Dialogfelder der Installation und merken Sie sich auch hier, in welchem Ordner das Programm gespeichert wird, oder wählen Sie denselben Ordner, in dem auch die *AGSSetup.exe* liegt.

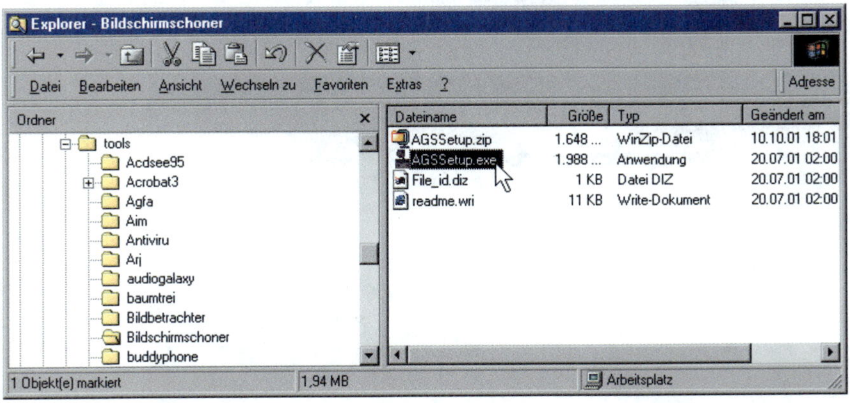

4. Wählen Sie *Start/Einstellungen/Systemsteuerung*. Klicken Sie doppelt den Eintrag *Anzeige* an und wechseln Sie dann zum Register *Bildschirmschoner*.

5. Wählen Sie aus dem Listenfeld *Bildschirmschoner* den Eintrag *Animated Gallery* aus. Klicken Sie danach auf *Einstellungen*. Es dauert einen Moment, bis die Einstellungen zu Animated Gallery geladen werden.

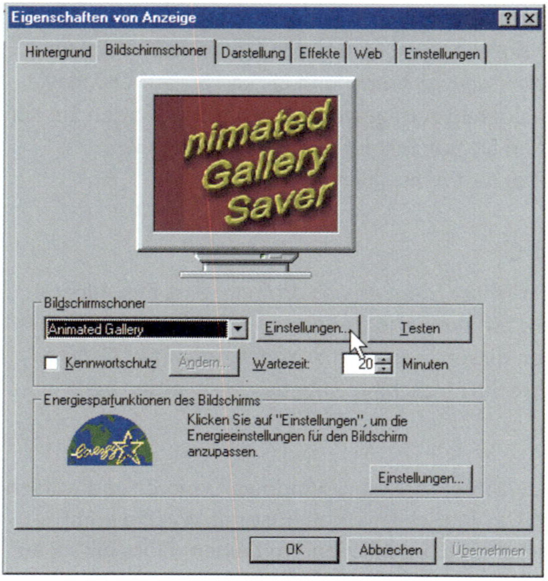

6. Sie befinden sich jetzt in dem Dialogfeld *Ablauf definieren*. Zurzeit befindet sich noch die Demo-Version in der Ablaufliste. Wählen Sie *Datei/Neu,* um einen eigenen Bildschirmschoner zu generieren. Im Ablauf befindet sich jetzt der erste Eintrag mit der Bezeichnung *Bild*.

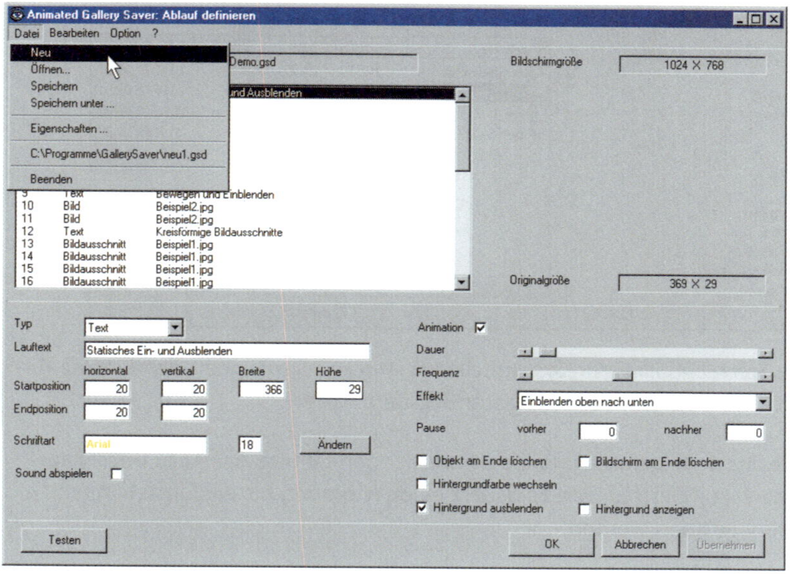

7. Klicken Sie auf das Symbol *Datei* in der Mitte des Dialogfelds, um die erste Befehlszeile mit einer Datei zu verknüpfen. Sie gelangen in das Dialogfeld *Bild auswählen*. Suchen Sie sich hier das gewünschte Bild aus. Klicken Sie auf *Öffnen*.

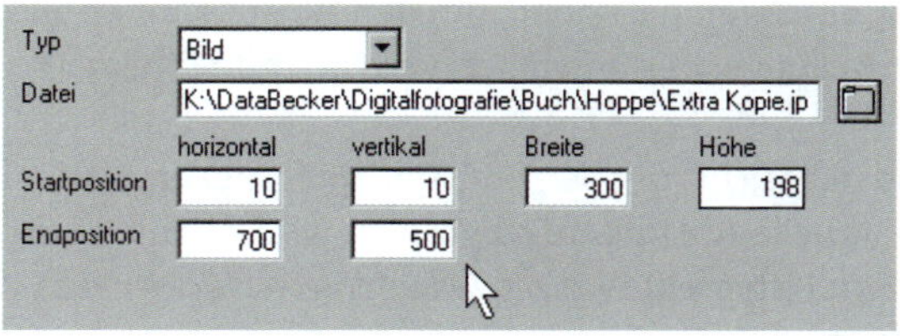

8. Sie erhalten eine Vorschau des Bilds im rechten Bereich des Dialogfelds. Darunter wird die Originalgröße angezeigt.

Sie müssen jetzt im Bereich *Startposition* angeben, an welcher Stelle, angegeben in Bildschirm-Pixeln, das Bild auftauchen soll. Geben Sie beispielsweise *horizontal 10* und *vertikal 10* an, erscheint das Bild 10 Pixel von oben und von links auf dem Bildschirm.

Wenn das Bild nicht in Originalgröße dargestellt werden soll, geben Sie in das Feld *Breite* eine neue Breite ein. Der Wert *Höhe* ergibt sich dann automatisch.

best friend TIPP

Wartezeiten

Wenn Sie nach dem Testen zurück zu den Einstellungen gelangen möchten, bewegen Sie einfach die Maus. Es dauert immer einen Moment, bis die Einstellungen wieder erscheinen.

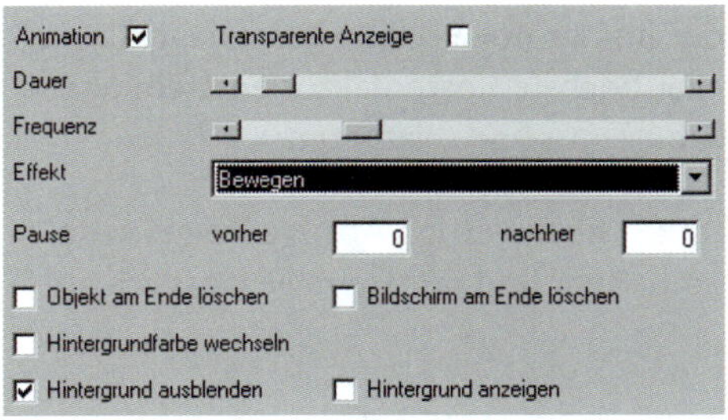

9. Aktivieren Sie das Kontrollkästchen *Animation*. Daraufhin müssen Sie zusätzlich eine Endposition eingeben.

Im Bereich rechts suchen Sie sich aus dem Listenfeld *Effekt* den gewünschten Animations-Effekt aus. Orientieren Sie sich bei Bedarf an der Abbildung.

10. Wenn Sie weitere Bilder einfügen möchten, wählen Sie *Bearbeiten/Neue Zeile einfügen*. Wiederholen Sie dann die gerade beschriebenen Schritte, um den Ablauf für das zweite Bild zu definieren. Diesen Vorgang können Sie beliebig fortsetzen. Klicken Sie zwischendurch gelegentlich auf die Schaltfläche *Testen*, um den Ablauf zu kontrollieren.

11. Wenn Sie den Bildschirmschoner gestaltet haben, wählen Sie *Datei/Speichern*. Speichern Sie den Bildschirmschoner unter einem prägnanten Namen im Ordner *GallerySaver*.

best friend TIPP

Experimentieren mit Gallery Saver

Hier wurden nur einfache Schritte zum Erstellen des Bildschirmschoners dargestellt. Gallery Saver verfügt über eine Vielzahl von Animations-Möglichkeiten. Nachdem Sie die Schritte durchgeführt haben, um den Ablauf kennen zu lernen, testen Sie weitere Einstellungen, es entstehen verblüffende Effekte.

12. Wenn Sie alles fertig getestet und gespeichert haben, müssen Sie festlegen, dass statt der Demo-Version Ihre Datei als aktuelle Ablaufdatei abgespielt wird. Wählen Sie *Option/Einstellungen.* Wählen Sie aus dem Listenfeld *Aktuelle Ablaufdatei auswählen* den zuvor von Ihnen gespeicherten Bildschirmschoner aus. Bestätigen Sie alle Dialogfelder, der Bildschirmschoner ist fertig gestellt.

best friend TIPP

PhotoSuite

Mit dem Bildbearbeitungsprogramm PhotoSuite Platinum Edition, Version 4.0, können Sie ebenfalls schnell und einfach Ihre persönlichen Bildschirmschoner mit eigenen Fotos gestalten.

12.4 Abzüge von Digitalfotos erstellen lassen

Das Produzieren eigener Bildausdrucke ist leider immer noch relativ kostspielig. Digitalkameras und Drucker werden zwar günstiger, der höchste Kostenfaktor entsteht aber langfristig bei der Ausgabe. Gutes Fotopapier und Tinte sind relativ teuer.

Kodak bietet ein komfortables System, mit dem Sie hochwertige Abzüge Ihrer Digitalfotos erstellen lassen können: Die Bilder sind so haltbar und farbtreu wie klassisch aufgenommene Fotos. So gehen Sie dabei vor:

1. Bannen Sie Ihre Bilder auf einen der Datenträger PC-Card (PCMCIA Card), Picture Card (compactFlash Card), SSFD Card, Standarddiskette 1,44 MByte, Superdisc 120 MByte, Zip-Disk 100 MByte oder CD-ROM 650 MByte. Die Order-Station ist in der Lage, eine Vielzahl von Bildformaten zu verarbeiten. Dazu gehören BMP, TIFF, JPG, GIF, FPX, PCD, WMF, PCX, EPS und TGA.

2. Gehen Sie zu Ihrem Kodak-Fotohändler und legen Sie das Speichermedium in die Order-Station ein. Sie werden dann am Bildschirm automatisch durch die verschiedenen Schritte geführt. Kodak garantiert, dass das Bedienen der Station genauso einfach wie das Bestellen herkömmlicher Fotos ist.

best friend TIPP

Händler-Suche

Falls Sie in Ihrer Nähe keinen Händler kennen, der über eine Order-Station verfügt, können Sie unter der Kodak-Website *www.kodak.de* nach einem Händler suchen. Noch sind die Händler nicht so weit verbreitet, aber immer mehr Fotofachgeschäfte werden mit der Station ausgerüstet.

3. An der Order-Station entscheiden Sie, ob Sie die Bilder bei Ihrem Händler abholen oder sie gegen eine geringe Gebühr gebracht bekommen möchten.

12.5 Bildbestellung über das Internet

Mit Fujicolor können Sie Ihre Digitalfotos einfach online zusenden und erhalten die Abzüge dann per Post für eine Gebühr von 3 €. Die Preise sind insgesamt nahe den herkömmlichen Abzügen. So bestellen Sie Ihre Bilder übers Internet:

1. Geben Sie in die Adresszeile Ihres Browsers die Adresse „*www.fujicolor-order.net*" ein. Wenn Sie auf der Seite angekommen sind, klicken Sie auf die Schaltfläche *Start*.

2. Sie müssen sich zunächst als Neukunde registrieren lassen. Klicken Sie auf die Schaltfläche *Neukunde*. Auf der nächsten Seite geben Sie Ihre Daten, Name und E-Mail-Adresse ein und klicken dann auf *Eine Kundennummer bitte*.

3. Lesen Sie die allgemeinen Geschäftsbedingungen und scrollen Sie zum Fuß der Seite. Klicken Sie hier auf *Ja, ich stimme zu*. Nach wenigen Minuten erhalten Sie per E-Mail Ihre Kundennummer und Ihr Kennwort, diese geben Sie dann in die Eintragfelder ein. Klicken Sie auf *Anmelden*.

4. Sie werden durch die weiteren Schritte geleitet. Sie geben erst die Anzahl der verschiedenen Motive an, die Sie in diesem Auftrag bestellen möchten, und klicken dann die Schaltfläche *Durchsuchen* an.

Wählen Sie das gewünschte Bild oder die gewünschten Bilder aus. Wählen Sie das Format und die Anzahl der Abzüge aus. Wenn Sie alles ausgefüllt haben, klicken Sie auf *Upload*. FujiColor informiert Sie über alle weiteren Schritte.

Best friend's Check up!

Hier finden Sie in einer Übersicht die wichtigsten Begriffe aus diesem Kapitel.

Funktionen/ Befehle/Begriffe	Bedeutung
Order-Station	Order-Station bedeutet übersetzt Bestellstation und ist eine neue Variante, mit der Sie Ihre digitalen Bilder auf Fotopapier bannen können. Sie erhalten detaillierte Informationen auf der Internetseite *www.kodak.de*.
Print on demand	Print on demand heißt übersetzt etwa „drucken bei Bestellung". Ein äußerst praktisches Verfahren, bei dem Sie Ihre Bilder online bestellen und dann per Post zugeschickt bekommen. Alternativ können Sie die Bilder auch zu einem Fuji-Händler in Ihrer Nähe schicken lassen.

13 Glossar

Adaptiv

Bei der Methode der perzeptiven Konvertierung erstellt Photoshop eine Palette, die Farben enthält, die das menschliche Auge am besten wahrnimmt.

Alpha-Kanäle

Alpha-Kanäle werden in Photoshop als Zusatzkanal zu den Farbkanälen gespeichert. Bildbearbeitungsprogramme erstellen Alpha-Kanäle, wenn Sie eine Auswahl sichern. Die Informationstiefe beträgt 8 Bit, das heißt, Sie können 256 Auswahlintensitäten speichern. Die Dateigröße erhöht sich durch das Speichern von Alpha-Kanälen um die Datenmenge, die eine Graustufendatei dieser Größe benötigen würde.

Ankerpunkt-einfügen-Werkzeug

Errichten Sie mit dem Ankerpunkt-einfügen-Werkzeug neue Stützpunkte innerhalb eines gezeichneten Pfads.

Ankerpunkt-löschen-Werkzeug

Mit dem Ankerpunkt-löschen-Werkzeug entfernen Sie überflüssige Stützpunkte.

Ankerpunkt-umwandeln-Werkzeug

Das siebte in der Reihe der Pfadwerkzeuge ist das Ankerpunkt-umwandeln-Werkzeug. Mit seiner Hilfe werden aus Kurvenpunkten Eckpunkte und umgekehrt.

Arbeitsfläche

In Photoshop gibt es zwei Dialogfelder, mit denen Sie Einfluss auf die Maße eine Bilds haben: Bildgröße und Arbeitsfläche. Wenn Sie ein Bild mit dem Befehl *Bildgröße* verändern, wird das Bild insgesamt vergrößert oder verkleinert. Wenn Sie dagegen den Befehl *Arbeitsfläche* verwenden, ändert sich nichts an den Maßen des Ursprungsbilds, die Arbeitsfläche wird aber erweitert, sodass Sie diese mit neuen Inhalten füllen können.

Bild-Gestaltung

Chaos kann auch als Stilmittel eingesetzt werden, grundsätzlich gilt aber bei den meisten Motiven, dass Chaos vermieden werden sollte. Ordnen Sie Ihre Bildkomposition, da das menschliche Auge nach Ordnung sucht. Sie erreichen diese Ordnung beispielsweise, indem Sie entweder einen markanten Punkt zum Hauptdarsteller in Ihrem Bild machen oder einen bestimmten Rhythmus im Bild einsetzen, der aus einer Folge von Steinen, Stufen oder z. B. verbindenden Bögen bestehen kann.

Blenden

Die meisten Digitalkameras verfügen über zwei bis drei verschiedene Lochblenden. Die Blendeneinstellung regelt – wie erwähnt – die Schärfentiefe. Zunächst etwas verwirrend ist die Tatsache, dass eine kleine Blendenzahl eine große Blendenöffnung bedeutet und somit eine große Menge Licht einfallen lässt. Die Schärfentiefe ist hierbei gering. Der Blendenwert regelt die Blendenöffnung. Übliche Werte sind z. B.: 1,4 – 2,0 – 2,8 – 4,0 – 5,6 – 8 – 11 – 16 – 22. Der größte Wert 22 steht hier für die geringste Blendenöffnung und umgekehrt – der kleinste Wert 1,4 steht für die größte Blendenöffnung. Bedenken Sie, dass bei einer kleinen Blendenöffnung (große Blendenzahl) eine lange Belichtungsdauer nötig ist, hierbei kann es zu Verwacklungen kommen. Sorgen Sie bei langen Belichtungszeiten für einen guten Stand, ein Stativ oder eine andere feste Unterlage.

Brennweite

Die Brennweite ist im Grunde die Entfernung zwischen dem Film bzw. bei Digitalkameras der CCD und der Objektiv-Hauptebene. Die Brennweite wird in mm gemessen, Je größer die Brennweite, desto enger wird der Bildausschnitt. Je größer die Brennweite, desto stärker der Vergrößerungsfaktor.

CCD

Die Abkürzung CCD steht für **C**harge **C**oupled **D**evice, was übersetzt etwa „ladungsgekoppelte Halbleiterelemente" bedeutet. CCDs wandeln Licht in elektrische Ladung um. Ihre Digitalkamera wandelt diese Ladung in das digitale Bild um.

CMYK

CMYK (**C**yan, **M**agenta, **Y**ellow, **K**ontrast) ist der Modus der Körperfarben. Die Farbmischung funktioniert subtraktiv, alle Farben zusammen ergeben Schwarz. Verwenden Sie diesen Modus für Bilder, die gedruckt werden sollen.

Direkt-Auswahl-Werkzeug

Durch das Direkt-Auswahl-Werkzeug werden entweder einzelne Ankerpunkte markiert und verschoben oder der gesamte Pfad wird ausgewählt, um ihn dann zu transformieren.

Dithering

Die Option Dithering (Rasterung) bringt bei manchen GIF-Dateien deutlich höhere Qualität. Kommt ein Bild nicht mit 256 Farben aus, ermöglicht das Rastern, Farbübergänge zu simulieren. Feine Details, die bei der Farbreduzierung verloren gehen und zu Flächen zusammengefasst werden, werden so wieder darstellbar.

Ebenenmaske

Ebenenmasken werden mit der Ebene gespeichert und decken Bildbereiche ab, die ausgeblendet werden sollen. Der große Vorteil ist, dass die Maske jederzeit modifizierbar ist.

Ebenenmodus/Füllmethode/Anpassungsmodus

Fast alle Bildbearbeitungsprogramme verfügen über verschiedene Modi, mit denen übereinander liegende Ebenen berechnet werden. Im Modus *Normal* liegt eine Ebene über einer anderen, so als würden Sie verschiedene Blätter Papier übereinander legen. Wenn Sie einen der anderen Modi verwenden, findet eine Operation statt. So werden z. B. bei Verwendung des Modus *Differenz* die Farbwerte der einzelnen Farbkanäle voneinander abgezogen. Die Ergebnisse der verschiedenen Modi sind zunächst nicht so leicht vorhersehbar, da teilweise komplizierte Berechnungen dahinter stecken. Experimentieren lohnt sich gerade deswegen. Viel Spaß!

Ebenenstapel

Mit Ebenenstapel könnte man die vielen einzelnen Ebenen, die Sie in Photoshop und anderen Bildbearbeitungsprogrammen übereinander legen können, bezeichnen. Stellen Sie sich die einzelnen Ebenen als Fotos vor, die übereinander liegen. Einige dieser Fotos haben einen deckenden Hintergrund, andere sind transparent wie eine Folie. Wie in einem gewöhnlichen Foto-Stapel können Sie einzelne Fotos anfassen und an einer anderen Stelle im Stapel wieder einfügen. Genau diesen Vorgang simuliert Photoshop mit der *Ebenen*-Palette. Viele Programme nennen diese Palette übrigens Objekte-Palette.

Echtfarbdarstellung

Je höher die Anzahl der Farben im Bild ist, desto naturgetreuer ist die Darstellung. Die Echtfarbdarstellung, auch TrueColor-Modus genannt, verfügt über rund 16,7 Millionen Farben. Sie eignet sich optimal für Foto- oder Videoanwendungen.

Einstellungsebene

Einstellungsebenen sind ein sehr praktikables Feature von Photoshop, nicht alle anderen Programme verfügen über diese Funktion. Sie kennen die Farbkorrekturfunktionen aus dem Menü *Bild/Einstellen*. Hier finden Sie z. B. die Gradationskurven oder die Farbbalance. Wenn Sie diese auf ein Bild anwenden, wird die Farb- bzw. Helligkeitsinformation verändert. Dies geschieht permanent, d. h., wenn Sie später die Korrektur zurücknehmen oder verändern möchten, ist dies nicht möglich, außer Sie gehen zu einer älteren Version zurück. Einstellungsebenen sind Farbkorrektur-Ebenen, die Sie über Ihre normale Bildebene legen. Zum Beispiel die Funktion *Farbbalance* wirkt sich dann auf die darunter liegende Ebene aus, kann aber jederzeit nachträglich verändert oder auch gelöscht werden.

EPS

Das EPS-Format wird häufig eingesetzt, um Grafiken aus vektororientierten Programmen zu exportieren. In bestimmten Anwendungsfällen, z. B. wenn Sie ein Duplex-Bild speichern, müssen Sie auch beim Speichern aus Pixel-Programmen das EPS-Format einsetzen.

Extrahieren

Die Funktion *Extrahieren* ist seit der Version 5.5 Teil von Photoshop. Mit ihr ist es möglich, effektiv Haare, Fell und Pflanzen freizustellen.

Farbfilter

Der Begriff „Filter" wird sowohl in der analogen und digitalen Fotografie als auch in Bildbearbeitungsprogrammen verwendet. Mit Filtern als Vorsätzen vor Kameras werden Farbeffekte und Kontrasterhöhungen erzielt. Bildbearbeitungsprogramme bieten eine Vielzahl von Filtern an, z. B. Scharf- und Weichzeichnungsfilter oder künstlerische Effekte.

Farbkreis/Farbstrahl

Das aktuellste Farbordnungssystem wurde von dem Reprotechniker Harald Küppers entwickelt. Küppers geht von acht Grundfarben aus: Weiß und Schwarz sowie Gelb, Grün, Cyan, Blau, Magenta und Rot. Je weiter zwei Farben auf dem Farbkreis entfernt zueinander liegen, desto höher ist der Kontrast zueinander.

Farbmanagementsysteme

Mit Farbmanagementsystemen steuern Sie die Farbwiedergabe über einen mehrstufigen Produktionsprozess hinweg, das heißt von der Digitalkamera, über den Bildschirm zum Druck. Bei der digitalen Produktion von Bildern wird in unterschiedlichen Farbräumen gearbeitet: Scanner, Digitalkamera: RGB, Monitor: RGB, Druck: CMYK.

Daher müssen diese Systeme aufeinander eingestellt werden. Dazu werden Profile für alle Geräte erstellt. Aus der Verbindung zweier Profile ergibt sich die Umrechnungstabelle. Farben, die in einem Farbraum nicht darstellbar sind, werden in die nächstmögliche Farbe gewandelt.

Farb-Paletten

Da Sie bei der Arbeit mit GIF nur 256 Farben einsetzen können, müssen Sie entscheiden, welche Farben das Bild beinhalten soll. Dies entscheiden Sie anhand verschiedener Farb-Paletten.

Farbseparation

Als Farbseparation bezeichnet man das Zerlegen eines Bilds in die druckbaren Grundfarben Cyan, Magenta, Yellow und Schwarz. Schwarz wird hierbei eingesetzt, um den Kontrast zu erhöhen. Bei der Farbseparation vom RGB-Modus zum CMYK-Modus entstehen Farbverschiebungen.

Fokus

Durch das Ändern der Abstände zwischen den verschiedenen Linsen des Kameraobjektivs können Sie Objekte scharf oder unscharf einstellen.

Frames

Frame ist die englische Bezeichnung für Rahmen. Als Frames werden in Photoshop und ImageReady die einzelnen Bilder einer Animation bezeichnet. Eine Internetseite kann in mehrere sichtbare oder unsichtbare Frames unterteilt sein.

Freiform-Zeichenstift

Mit dem Freiform-Zeichenstift malen Sie einen Pfad so, als würden Sie mit dem Buntstift oder Pinsel arbeiten.

Freistellen

Den Begriff „Freistellen" könnte man gleichsetzen mit „den Hintergrund entfernen". Wenn Sie z. B. eine Person aus dem Gesamtbild extrahieren möchten, um sie in einem anderen Bild zu platzieren, müssen Sie sie vorher freistellen. So genannte Freisteller sind ein beliebtes Stilmittel, um das Layout einer Seite aufzulockern. Freigestellte Objekte werden dann so platziert, dass sie zum Teil in eine Textspalte geschoben werden, der Freisteller wird dann vom Text umflossen.

GIF

GIF ist das Komprimierungs-Format für Grafiken. GIF kann nur 256 Farben speichern und eignet sich deshalb nicht so gut für die Komprimierung von Fotos. Besonders wichtig ist dieses Format für das Publizieren im Internet oder für Multimedia-Präsentationen, da es als Animated GIF bewegte Bilder speichern kann.

Gradationskurven

Mit den Gradationskurven können Sie sowohl Helligkeits- und Kontrastkorrekturen wie Farbkorrekturen vornehmen. Der Begriff „Gradation" stammt aus der klassischen Fotografie. Er beschreibt die Abstufung der Helligkeitsunterschiede in einem Bild. Bei einer flachen Gradation sind viele Zwischenstufen zwischen Weiß und Schwarz vorhanden, bei einer steilen Gradation gibt es nur wenige Graustufen.

Histogramm

Das Histogramm ist die Bildstatistik. Anhand einer Tonkurve können Sie ablesen, wie viele Bildpixel eines Farbwerts im Bild vorhanden sind.

Hyperlinks

Hyperlinks sind Maus-sensitive Bereiche auf Websites, die Sie nach einem Klick darauf auf eine andere Internetseite weiterleiten oder auch Aktionen wie den Start einer Animation auslösen.

Interpolation

Wenn Sie ein Bild verkleinern, vergrößern, drehen oder verzerren, müssen Bildpixel entfernt und neue Bildpixel berechnet werden. Diese Berechnung wird als Interpolation bezeichnet.

JPEG

Die JPEG-Kompression ist am besten für Bilder geeignet, die viele Details enthalten, und funktioniert durch eine Trennung von Helligkeitsinformation und Farbinformation. Der Kompressions-Algorithmus wird auf eine Pixelgruppe von 8 × 8 Pixeln angewendet. Innerhalb dieser Gruppe werden Helligkeit und Farben je nach Kompressionsfaktor angeglichen.

Das Verfahren eignet sich also nur begrenzt für Kanten und Schrift. Diese Verringerung der Dateigröße wird als Lossy-Komprimierung bezeichnet – sie ist also nicht verlustfrei. Setzen Sie JPG besonders für die Komprimierung von Fotos ein. Die alte Version von JPG wird von JPEG 2000 abgelöst. Dieses neue Format soll höhere Kompressionsraten bei besserer Bildqualität erzielen.

Kanalmixer

Mit dem Dialogfeld *Kanalmixer* erstellen Sie nicht nur interessante Farbeffekte, Sie können damit auch Farbfotos in hochwertige Graustufenbilder umwandeln. Rufen Sie dazu *Bild/Einstellen/Kanalmixer* auf. Klicken Sie das Kontrollkästchen *Monochrom* an und mischen Sie dann die Anteile der Kanäle, bis der Kontrast der Graustufenumsetzung ideal ist.

Kantenlicht

Das Werkzeug *Kantenlicht* finden Sie in dem Dialogfeld *Extrahieren*. Mit diesem Werkzeug markieren Sie den teiltransparenten Kantenbereich von Haaren.

Kontaktabzüge

Der Begriff „Kontaktabzug" stammt aus der klassischen Fotografie. Hierbei wurden Negative direkt auf das Fotopapier gelegt und dann belichtet. Diese Kontaktabzüge dienten auch in der klassischen Fotografie der besseren Übersicht und auch der Möglichkeit, die Bilder vor dem Vergrößern zu Beurteilen.

Kopierstempel

Der Kopierstempel ist das wichtigste Werkzeug für die Bildretusche. Wie der Name schon sagt, kopiert dieses Werkzeug einen zuvor festgelegten Bildbereich. Wenn Sie einen Bildfehler überstempeln möchten, legen Sie vorher den Bereich fest, mit dem Sie den Fehler überdecken möchten, und überstempeln dann den Bereich.

Laufweite

Laufweite ist der Oberbegriff für Buchstabenabstände. Wenn Sie Text unterschneiden, verringern Sie die Laufweite, wenn Sie ihn sperren, erhöhen Sie die Abstände zwischen den einzelnen Buchstaben.

Magnetischer Zeichenstift

Wenn Sie den magnetischen Zeichenstift verwenden, bewegt sich der Pfad automatisch entlang klar abgegrenzter Kanten im Bild, wobei Sie innerhalb der Werkzeug-Optionen verschiedene Einstellungsmöglichkeiten zur Optimierung der Kantenfindung haben.

Maske

Der Begriff „Maske" stammt aus der klassischen Fotografie und Reprotechnik. Hierbei wurden rote Folien zurechtgeschnitten und auf das lichtempfindliche Fotomaterial aufgebracht, um diese Bereiche vor der Belichtung zu schützen.

Order-Station

Order-Station bedeutet übersetzt „Bestell-Station" und ist eine neue Variante, mit der Sie Ihre digitalen Bilder auf Fotopapier bannen können. Sie erhalten detaillierte Informationen auf der Internetseite *www.kodak.de*.

Perzeptiv

Die adaptive Konvertierung erstellt eine Palette, deren Farbauswahl sich nach den Farbtönen des Originalbilds richtet. Enthält das Original z. B. überwiegend die Farben Rot und Blau, wird bei der Konvertierung das Gewicht auf diese Farben gelegt.

Pixel

Pixel ist ein Kunstwort für die Bezeichnung Picture Element, die englische Bezeichnung für Bildpunkt.

Pixelorientierte Programme

Pixelorientiert beschreibt die Art der Verwaltung von Grafikdaten in Form einzelner Punkte. Dies ist das Gegenteil der Bezeichnung vektororientiert. Pixelorientierte Bilder setzen sich aus einzelnen Pixeln – Bildpunkten – zusammen, vektororientierte Grafiken werden mit mathematisch beschriebenen Kurven und Geraden errechnet. Jeder einzelne Bildpunkt kann einzeln bearbeitet werden.

PNG-Komprimierung

PNG wurde entwickelt, um JPEG und GIF abzulösen. Es soll bei minimaler Dateigröße maximale Qualität bieten. Bisher hat sich PNG allerdings noch nicht so richtig durchgesetzt. Einige ältere Browser können PNG nicht darstellen. Wir müssen also die Entwicklung abwarten, womöglich wird PNG das Format der Zukunft.

Print on demand

Print on demand heißt übersetzt etwa „drucken bei Bestellung". Ein äußerst praktisches Verfahren, bei dem Sie Ihre Bilder online bestellen und dann per Post zugeschickt bekommen. Alternativ können Sie die Bilder auch zu einem Fuji-Händler in Ihrer Nähe schicken lassen.

Protokoll-Pinsel

Der Protokoll-Pinsel ist ein komfortables Werkzeug, mit dem Sie Teile eines Bilds zur alten Fassung oder zu einem zwischendurch gespeicherten Schnappschuss zurückbringen können.

Radiergummi

Mit dem Radiergummi können Sie Bereiche aus dem Bild löschen. Standardmäßig hat das Werkzeug eine quadratische Form, Sie können allerdings in den Werkzeug-Optionen auch verschiedene Pinselspitzen auswählen.

Raster

Die Option *Dithering* (Rasterung) bringt bei manchen GIF-Dateien deutlich höhere Qualität. Kommt ein Bild nicht mit 256 Farben aus, ermöglicht das Rastern, Farbübergänge zu simulieren. Feine Details, die bei der Farbreduzierung verloren gehen und zu Flächen zusammengefasst werden, werden so wieder darstellbar.

RGB

RGB (**R**ot, **G**rün, **B**lau) ist der Modus der Lichtfarben. Die Farbmischung funktioniert additiv, das bedeutet, alle Farben zusammen ergeben Weiß. Verwenden Sie diesen Modus für Bilder, die ausschließlich am Bildschirm publiziert werden.

Sättigung

Für den Begriff „Sättigung" gibt es verschiedene Definitionen, sie hängen vom jeweils verwendeten Farbmodell eines Programms ab. Grundsätzlich kann man die Sättigung als Reinheit eines Farbtons bezeichnen. Dieser liegt beispielsweise zwischen Weiß oder Grau und Vollton.

Schriftfamilie

Die Schriftfamilie umfasst sämtliche Schnitte einer Schriftart.

Schriftschnitt

Die Bezeichnung „Schriftschnitt" bezeichnet das Attribut einer Schrift, z. B. Normal bzw. Regular, Fett bzw. Bold oder Kursiv bzw. Oblique.

Selektiv

Die selektive Konvertierung arbeitet mit einer Palette, die ähnlich der Option *Perzeptiv* arbeitet. Zusätzlich werden hierbei jedoch große Farbbereiche berücksichtigt und in die Palette aufgenommen, außerdem wird dem Erhalt von Webfarben der Vorzug gegeben.

Slices

Slices sind grundsätzlich rechteckige, funktionale Bereiche von Bildern. Jedes Bild hat zunächst ein Slice, Sie können es aber in weitere Slices aufteilen. Jedem Slice können Sie einen Hyperlink zuweisen und Sie können die verschiedenen Slices eines Bilds unterschiedlich optimieren.

Spiegelung fotografieren

Grundsätzlich eignet sich jede Digitalkamera gut, um Spiegelung zu fotografieren. Hierbei ist es wichtig, möglichst große Kontraste zu erzeugen. Am besten erreichen Sie das, wenn die Aufnahmefläche möglichst im Schatten, die zu spiegelnden Elemente aber in vollem Sonnenlicht liegt.

Störungen

Störungen sind Bildfehler in Form vereinzelter Pixel, die sich stark vom Kontrast des Bilds unterscheiden. Störungen werden auch als Rauschen oder Körnung bezeichnet. Der Filter *Störungen entfernen* ermittelt im Bild deutliche Kanten und zeichnet dann das Bild mit Ausnahme dieser Kanten weich, wodurch die einzelnen Pixel verschwinden.

Strichzeichnung

Strichzeichnungen nennt man Bilder, die lediglich aus Schwarz und Weiß bestehen, so als wären sie mit schwarzer Tinte gezeichnet.

Textglättung

Mit Textglättung oder Antialiasing wird das Angleichen von Schriftkanten an den Hintergrund bezeichnet. Die Randpixel werden weichgezeichnet, sodass die für pixelorientierte Programme charakteristische Treppchenbildung kaschiert wird.

Textur

Der Ausdruck „Textur" beschreibt die Beschaffenheit einer Fläche, z. B. die Struktur eines Steins.

Tiefe für Ihre Fotos

Ein wichtiges Gestaltungsmittel ist die Räumlichkeit. Beim Fotografieren wird eine dreidimensionale Szene in ein zweidimensionales Foto umgesetzt. Verleihen Sie Ihrem Foto Tiefe, indem Sie mit Gestaltungstricks arbeiten. Achten Sie darauf, dass im Bild verschieden große Objekte, z. B. Bäume, die in gewisser Entfernung zueinander stehen, sowie Straßen oder Schienen, die Dreidimensionalität simulieren.

TIFF

Das TIF-Format gehört zu den gängigsten Dateiformaten für die Bearbeitung und den Druck von Bildern. Es ist in der Lage, 16,7 Millionen Farben zu verwalten sowie Alpha-Kanäle zu speichern. Alle gängigen Layout-Programme sind in der Lage, TIF-Dateien zu importieren. TIF beinhaltet die Option der LZW-Komprimierung. Diese Komprimierung kann bedenkenlos eingesetzt werden, da sie verlustfrei arbeitet.

Thumbnails

Als Thumbnails werden kleine Miniatur-Vorschau-Abbildungen bezeichnet. Sie finden Thumbnails auf Webseiten, die Bildkataloge beinhalten, oder auch als Miniaturabbildungen z. B. in der *Ebenen*-Palette.

Unscharfmaske

Der Begriff stammt aus der klassischen Fotografie. Hierbei wurde ein unscharfes Positiv auf ein scharfes Negativ gelegt. Diese Kombination wurde vergrößert. Das Ergebnis ist eine Kantenbetonung, die zur Kontrasterhöhung führt. Die meisten Bildbearbeitungsprogramme beinhalten einen Filter mit ähnlicher Wirkung.

Verschlusszeit

Die Verschlusszeit ist neben der Blendenöffnung der wichtigste Faktor zum Regulieren der Belichtung. Die Blenden steuern die Lichtmenge, die einfällt, die Verschlusszeit steuert die Belichtungsdauer. Falls Ihre Digitalkamera über eine manuelle Verschlusszeit-Regelung verfügt, können Sie diese zur Bildgestaltung einsetzen.

Wenn Sie eine bewegte Szene fotografieren, aber eine möglichst hohe Schärfe erreichen möchten, verwenden Sie eine geringe Belichtungszeit. Möchten Sie hingegen gerade die Bewegungsunschärfe als Stilmittel einsetzen, verwenden Sie eine längere Belichtungszeit. Falls Sie Bewegungsunschärfe als Gestaltungsmittel einsetzen möchten,

Ihre Kamera aber nicht über eine Verschlusszeit-Regelung verfügt, verwenden Sie den Filter *Bewegungsunschärfe* im Menü *Filter/Weichzeichnen*. Bei einer automatischen Verschlusszeitregelung misst die Digitalkamera die Menge des einfallenden Lichts und schaltet die CCD ab, wenn die Lichtmenge ausreicht.

Weitwinkel

Die Objektivbrennweite bestimmt, welchen Bildwinkel die Kamera erfassen kann. Die normale Objektivbrennweite liegt bei 50 mm. Alle Brennweiten, die unter diesem Wert liegen, bezeichnet man als Weitwinkel. Den stärksten Weitwinkel erfassen Fish-Eye-Objektive. Sie besitzen eine Brennweite von ca. 16 mm und sind in der Lage, einen Bildwinkel von 180° abzubilden.

Achten Sie bei Verwendung von Weitwinkel-Objektiven darauf, dass Sie die Kamera möglichst parallel zum Bildmotiv halten, denn wenn der eigentliche Aufnahmepunkt höher oder Tiefer liegt als die Kamera, kommt es zu perspektivischen Verzerrungen.

Zeichenstift

Das „normale" Zeichenstift-Werkzeug erstellt mit jedem Mausklick einen Ankerpunkt für Pfade.

Special Thanks an Stefan Wesselhoefft für die Abbildungen Thailand.tif, Zauber.tif, Steppe.tif, Pano1.tif und Pano2.tif in den Projekten "Perfekte Bilder", "Bildteile mit dem Zauberstab auswählen", "Bilder retuschieren" und "Panoramabilder kombinieren".

Stichwortverzeichnis